U.S.Graduate Schools:
A Path
for
Global Scientists & Engineers

理系大学院
留学
アメリカで実現する
研究者への道

カガクシャ・ネット 著／山本智徳 監修

はじめに

『米国留学 尻込み：「競争が激しい」「英語に自信ない」…
―草食系？ 10年で1万人減』

　2009年12月11日付、朝日新聞の夕刊トップに、このような見出しが躍りました。実際に詳しく調べてみると、日本からアメリカへの留学生数は、1997-1998年の47,073人をピークに、2008-2009年には29,264人にまで落ち込んでいます。11年間で実に約38％もの減少です。一昔前には、日本からの留学といえばアメリカが定番でしたが、アメリカの大学・大学院が世界の求心力を失ってきた結果なのでしょうか。他国からの留学生はそうは見ていないようです。アメリカ同時多発テロ事件で一時減少はしたものの、世界各国からアメリカへの留学生総数は以前にも況して増え続けています。それでは、日本の高等教育システムが充実してきた結果、アメリカへ留学する必要性が薄れたのでしょうか。確かに、日本の大学・大学院へ進学する学生の数は増えましたが、特に国内大学院の状況は、決して堅調であるとは言えません（詳しくは、p.104のData 2「日本国内大学院への入学者数・在籍者数」とp.106のData 3「アメリカへの留学の動向」をご参照下さい）。
　このような状況を憂慮し、私たちカガクシャ・ネットのメンバーは、アメリカ理系大学院の実情をもっと多くの方に知ってもらいたい、一人でも多くの人に大学院課程・大学院修了後に成功して欲しいと願い、この本の執筆を始めました。

　カガクシャ・ネット（http://kagakusha.net）は、これからの日本の科学技術発展を願う、海外の理系大学院で教育を受けた研究者の卵たちによって、2000年に設立されました。当時の日本では、海外理系大学院留学の情報がなかなか得られなかったため、現役留学生や卒業生、そしてこれから大学院留学を目指す人たちの交流を深める目的で、メーリングリストとして発足しました。開設時は生命科学専攻者が多かったこと、また世界に通用する科学者を目指そうという意味を込めて、カガクシャ・ネットと名付けられています。現在メーリングリストには、さまざまな理工系専攻の人たちが約210名参加しています。そのうち現役大学院生は60名ほどで、残りの多くは既に大学院を卒業し、大学や企業などで活躍している社会人や、大学院留学に興味がある大学生・大学院生が中心となっています。
　カガクシャ・ネットは、メーリングリストの活動の他にも、これまでに数多くの雑誌やメディアにおいて活動をご紹介いただき、大学院留学生活の連載実績を持ってい

ます。また、2007年からは、ウェブサイトの運営と無料メールマガジン「海外の大学院留学生たちが送る！ サイエンス・実況中継」の発行も始めました。メールマガジンにおいては、開設1年目にして、発行元主催の「まぐまぐ大賞2007」の教育・研究分野にノミネートされ、現在読者数は1,000名を越えております。

　これまでに配信されたトピックには、
・メルマガ第一弾（2007年1月～2008年2月）
　　最先端の研究分野中継
　　アメリカの理系大学院を選んだ理由
・メルマガ第二弾（2008年4月～2009年6月）
　　留学本では教えてくれない海外大学院のホント
　　Ph.D. 取得後のキャリアを成功させるには
・メルマガ第三弾（2009年7月～現在）
　　最近発表された論文の簡単な紹介とその将来的な可能性など
　　大学院留学を実現するためのノウハウ

など、世界最先端の研究内容を一般の方にもわかりやすく解説し、大学院留学経験者として生の体験談を伝えるなど、私たちの強みを活かしつつ、多岐にわたる内容をカバーしています。

　そして、カガクシャ・ネット発足10周年を迎えた2010年、これまでのメーリングリスト運営やメールマガジン発行などで培ったノウハウを活かし、アメリカの大学院留学を目指す人たち、今後の日本や世界の科学技術を牽引してゆく方々に、私たちからのメッセージを託してまとめ上げたものが、本書なのです。

　本企画を進めるに当たり、私たちは科学技術進歩の多大な恩恵を享受しました。
　まず、カガクシャ・ネットメンバーの中から、メイン部分を執筆する有志を募ったところ、集まった10名は広大な北米大陸に分布しており、研究紹介や体験談の執筆者も含めると、日本やヨーロッパにまで散らばっていました。個人的な体験談はともかく、メインの本文を手分けして書き進めるのは、なかなか骨の折れる作業でした。
　皆が一堂に会することは非常に困難なため、基本的なコミュニケーション方法は、メールやチャット、そしてスカイプなどのインターネットツールが中心でした。特に、（株）アルク編集担当の小暮様とは、スカイプを用いたビデオ通話でのやり取りが主で、実際に打ち合わせでお会いしたのは、本企画を打診したときを含めて二度のみでした。おそらく、過去に例を見ないほど少ない打ち合わせ回数だったため、非常にご心配をお掛けしたのではと思います。それでもビデオ通話を使うことで、不思議と実際にお会いしているように感じられ、また昼夜逆転の時差が原稿のやり取りをする上で効果的に働き、日米間の距離をあまり感じさせずに進められたのではと思います。
　実際の執筆活動を進めるに当たって非常にお世話になったツールは、複数人がオン

ライン上で文書を共有・同時編集することのできるGoogleドキュメントです。担当者決めや予定一覧をスプレッドシートに書き込んだり、1つのトピックの下書きを複数人で書き上げる際には、常にオンライン上に最新バージョンが保存され、執筆者間でファイルのやり取りをする必要がなく、効率的に文書を仕上げることができました。

このように、インターネットの発達などによって、距離や時間差をあまり意識することなく物事を進められるようになってきましたが、そのような社会だからこそ、人と人とが実際に会うことで生まれるコネクションの力は非常に重要である、と私たちは考えています。インターネットを使うこと、科学技術分野における世界共通語である英語を使いこなすこと、そして、世界中から集まる多くの優秀な研究者と人脈を築くことで、あなたのネットワークは無限に広がってゆきます。本書では、その足掛かりを作る1つのオプションとして、アメリカへの理系大学院留学を提案しています。さまざまなバックグラウンドから成る私たちカガクシャ・ネットメンバーの知識と経験が、これから世界へ羽ばたく方たちの一助となることを、願ってやみません。

なお、本書のタイトルや記述では「理系」と、専攻分野を限定していますが、本書の執筆者たちが理学・工学専攻に限られているためです。例えば、政治学や経済学などの社会科学系統であっても、ほぼ同じ出願書類が要求され、似たような合否プロセスを経ると言われています。そのため、いわゆる「理系」専攻でなくても、学術系大学院への出願であれば、本書は何らかの役に立つでしょう。

最後に、本書Part Ⅲの作成にあたり、ご多忙な合間を縫って快くインタビューに応じて頂いた関係者各位に、改めてお礼申し上げます。また、このインタビューを実践するにあたり、科学技術社会論学会より、2009年度柿内賢信記念賞として研究助成金を頂戴致しました。厚くお礼申し上げます。（株）アルクの小暮貴子様と小川淳子様には、企画提案時から本書完成までのあいだ、いつも辛抱強く励まして頂き、多くの有用なフィードバックを頂きました。両氏のご協力なくして、本書の完成はありえませんでした。心よりお礼申し上げます。そして、執筆を円滑に進める上でなくてはならなかった、有用なツールを無料で提供しているSkype Technologies社とGoogle社に対して、この場を借りてお礼申し上げます。

2010年3月　カガクシャ・ネット執筆陣編集責任者　山本智徳

大学院入学までのスケジュール

*表は秋期入学の場合。（ ）内は本文の参照頁

	学業成績	出願書類	英語運用能力 渡米準備	情報収集 奨学金
留学を決意した日	高いGPAの獲得・維持 (p.155)	CV・レジュメの充実を図る	英語運用力の向上を図る	
2年前			TOEFL/GREの準備	
1年半前　3月				大学院プログラムのリサーチ (p.130)、国内奨学財団のリサーチ・応募 (p.186)
4月			TOEFL/GREの受験 (p.168)	
5月				
6月		エッセー準備、推薦者の選考		大学院訪問 (p.143)
7月				
8月		エッセー、CV・レジュメの作成 (p.157)		
1年前　9月				
10月	成績証明書の請求	推薦状の依頼 (p.156)		
11月				
12月				
1月		出願書提出		
2月		追記事項の提出 (p.198)		直面談、電話面談 (p.203)
3月				合格者訪問
4月		合否通知、入学校の選定 (p.212)	・予防接種 ・パスポート申請 ・ビザ申請 ・住居探し ・航空券予約 (p.218)	
5月				渡米前オリエンテーション
6月			語学研修	
7月				
8月				
大学院開始　9月				

Contents

はじめに ii
大学院入学までのスケジュール v
Introduction:
知らないと損をする――アメリカ理系大学院のQ&A x
留学用語の基礎知識 xiv

Part I　情報編

Chapter 1
世界で活躍する研究者を目指す 2
Section 1　世界で活躍する研究者を目指す！ 2
Section 2　なぜアメリカの大学院を選んだのか 9
　　　　　体験談：Case 1 / Case 2 / Case 3 / Case 4 / Case 5

Chapter 2
注目される研究分野・研究者と求められる人材 32
Section 1　生命科学（Life Science） 34
Section 2　材料科学・工学（Materials Science and Engineering） ... 44
Section 3　環境科学・工学（Environmental Science and Engineering） .. 55
Section 4　情報科学（Computer Science） 65

Chapter 3
アメリカの大学院教育――日本との比較 75
Section 1　大学院のシステム 75

| Section 2 | 大学院のカリキュラム | 78 |

Column：ライフサイエンスに見るアメリカの複合学部 85

Section 3	大学院入試	86
Section 4	大学院生のバックグラウンド	88
Section 5	大学院生に対する見方・学生の意識	92
Section 6	経済的支援	95
Section 7	大学院修了後の進路	99

Data 1　理系Ph.D.課程修了後の進路統計 103
Data 2　日本国内大学院への入学者数・在籍者数 104
Data 3　アメリカへの留学の動向 106
Data 4　日米における大学・大学院・大学教職員の女性率 109
体験談：Case 1 / Case 2 / Case 3

Part II　実践編

Chapter 1
目標を明確にする4つのチェックポイント 118

Check 1　なぜ留学するのか 118
Check 2　留学のメリット・デメリット 118
Check 3　修士・Ph.D. 課程の選択 121
Check 4　興味のある研究分野を絞る 122

Column：研究には Ph.D. の取得が必須なのか 124

Chapter 2
情報収集をする — 信頼のおける情報入手のノウハウ 125

Section 1　インターネットを使った情報収集 125
Section 2　コネクションを使った情報収集 127

Chapter 3
入学後を見据えて出願校を選ぶ 130

Section 1	大学・プログラム選びのポイント	130
Section 2	研究室・指導教官選びのポイント	137
	体験談：Case 1 / Case 2 / Case 3	

Chapter 4
出願準備 ... 152

Section 1	入学審査の基本要件	152
Section 2	出願書類作成のポイント	155
	成績証明書	155
	推薦状	156
	エッセー	157
	CV・レジュメ	159
	体験談：Case 1 / Case 2 / Case 3	
Section 3	出願関連テストのポイント	168
	TOEFL	168
	Column：TOEFL iBTと実際の留学生活における英語	173
	GRE	174
	体験談：Case 1 / Case 2 / Case 3	
Section 4	外部奨学金の獲得	186
	体験談：Case 1 / Case 2 / Case 3	
Section 5	出願後から合否通知をもらうまでにすべきこと	198
Section 6	合否決定のプロセス	200
	体験談：Case 1 / Case 2 / Case 3	

Chapter 5
合格通知取得後 ... 212

Section 1	入学校の選定	212
Section 2	入学辞退を伝える	217
	資料：入学辞退レターサンプル	217

Section 3	渡航準備	218
Section 4	プログラム開始前の準備	220
	体験談：Case 1 / Case 2 / Case 3	
	Column：専門語彙の増やし方	228

Part III　世界で活躍する研究者からのメッセージ ☆

Interview 1	小柴昌俊	232
Interview 2	安田涼平	234
Interview 3	鳥居啓子	236
Interview 4	黒川 清・岩瀬公一	238
Interview 5	石井 裕	242
Interview 6	篠原眞理	244
Interview 7	浅田春比古	246
Interview 8	北澤宏一・東原和成	248

☆ ☆ ☆

参考情報 ………………………………………………………………… 253
　　書籍・出願書類（推薦状サンプル / エッセーサンプル / レジュメサンプル）
著者紹介 ………………………………………………………………… 259

＊本書では日本の博士課程と区別するために、アメリカの博士課程をPh.D.と表記
　しています。

Introduction
知らないと損をする ― アメリカ理系大学院のQ&A

アメリカの理系大学院への留学と聞くと、みなさんはどのようなことを思い浮かべるでしょうか。準備すべき留学資金の額、入学の審査方法、専攻分野、卒業後の進路、要求される英語力などに関して、数多くの疑問がわいてくると思います。何事を始めるにしても、正しい情報の収集が肝心です。本書に詰まっているエッセンスの一部を、まずはここで簡単に紹介します。それぞれの質問に本書の参照先を記しましたので、詳しい解説を読んで、みなさんの疑問や不安を解決してください。

Question 1
大学院留学にはどれくらいの資金が必要ですか

Answer：多くの理系Ph.D. 課程では、授業料免除＋生活費の支援が一般的なので、留学資金はほとんど必要ありません。

　アメリカへ留学するとなると、そのための準備や留学先での授業料・生活費が必要になります。各大学のウェブサイトに掲載されている授業料を見ると、一部の私立大学では、年間授業料が$40,000（$1=100円換算で、400万円）を越える学校すらあります。そのため、「そもそも留学なんて無理だ」とあきらめてしまう人や、「留学するには一体どれくらいのお金が必要なのだろうか」と不安になる人も多いでしょう。しかし、アメリカの理系大学院、特にPh.D. 課程への在籍であれば、授業料免除＋生活費の支援が非常に充実しています。そのため、経済的な支援を受けられれば、留学に必要なお金は、渡航用航空券の代金と（一部の大都市を除き）車を買う初期投資費用だけで、あとは単身で贅沢をしなければ特に掛からないのが一般的です。

　修士課程の場合、分野やプログラム、所属研究室によっては、十分な財政援助がもらえる場合もありますが、Ph.D. 課程に比べて割合は低くなっています。そのため、修士課程のみの留学を考えている場合、もしくは合格しても財政援助がもらえなかった場合、大学院の授業料と共に、住む地域の標準的な生活費も考慮する必要があります。

＊もっと詳しく⇒「Part I　Chapter 3　Section 6：経済的支援」(p.95)

Question 2
どのような入学審査が行われますか
Answer：書類選考が中心です。アメリカの大学院では、いわゆる筆記試験はありません。

　アメリカの大学院では、出願書類による審査が主体となっており、日本の大学院入試選抜のような、いわゆる専門分野の力を試す筆記試験は課されません。その代わり、留学生の英語力を計るTOEFL、アメリカ人も受験が必要なGRE Generalという共通試験（場合によっては専門科目のGRE Subjectも）を受けるのが一般的です。

　出願書類主体の審査であるため、書類さえ用意できれば何校でも出願することが可能です。そのため、超一流・難関校へは、経歴や業績がハイレベルな出願者が世界中から応募してきます。特に留学生の枠は限られているため、入学審査が非常に厳しいのは確かです。しかし、アメリカ理系大学院の入学審査方法を熟知することで、合格への道は開けてくるでしょう。

＊もっと詳しく⇒「Part I　Chapter 3　Section 3：大学院入試」(p.86)

Question 3
学部から大学院で専攻の変更は難しいですか
Answer：いいえ。専門分野の変更には非常に寛容です。

　前項でも少し触れたように、アメリカ理系大学院の入学審査では、一部のプログラムのみに課される特定分野の共通試験を除き、日本の大学院のような専門分野の筆記試験はありません。そのため、入学時点において、それほど専門分野における知識は要求されておらず、基礎さえしっかりしていれば、専門分野を変えることに関しては非常に寛容です。むしろ、多様性を求めて世界中から優秀な人材を集めるアメリカらしく、応募者のバックグラウンドと将来の目的を明確につなげることさえできれば、新しい風を送り込むことのできる異分野からの学生は、非常に歓迎されるでしょう。

＊もっと詳しく⇒「Part I　Chapter 3　Section 4：大学院生のバックグラウンド」(p.88)

Question 4
学位レベルと平均給与は比例しますか
Answer：はい。アメリカでは、平均年収は、学部卒＜修士卒＜Ph.D. 卒です。

　アメリカの大学は産業界との結びつきが強く、高等教育システムと企業側のシステムとがうまく噛み合わさっているため、知識・経験ともに豊かな修士号・Ph.D. 取得者に対するニーズは高く、仕事場での役割や待遇面での違いにその期待が表れています。一例として、アメリカにおける学位レベル別の平均年収を比較してみると、学部卒：$67,776（約678万円）、修士卒：$82,022（約820万円）、Ph.D. 卒：$115,377（約1,154万円）と、顕著にその違いが表れています。特に、問題解決能力を備えていると期待されているPh.D. 取得者たちは、大学院卒業後の進路も多種多様です。ポスドクなどのアカデミアへの就職はもちろんのこと、国の研究機関や企業就職をする人たちも多いですし、大学院での専門分野にこだわらない職種、例えば法律事務所やコンサルティング会社、金融業、ベンチャー・キャピタルなどへの就職も人気を集めています。

＊もっと詳しく⇒「Part I　Chapter 3　Section 7：大学院修了後の進路」(p.99)

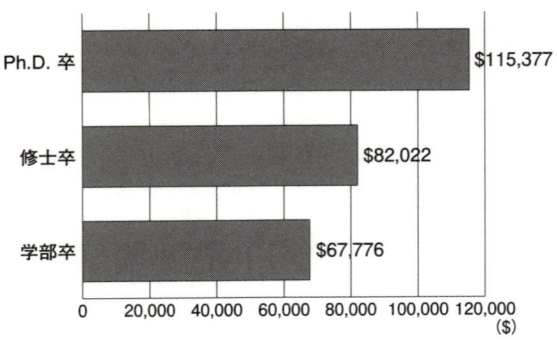

アメリカにおける学位レベル別平均年収の比較
(出典：U.S. Census Bureau, Current Population Survey, 2007 Annual Social and Economic Supplement)

Question 5
英語力は必要不可欠ですか

Answer：はい。合格のためにはTOEFLで最低必要点数を取得し、留学後には実用的な英語力を身につける必要があります。

　一般的に日本人は英語が苦手だからといって、アメリカの大学院がその点を考慮して入学審査をしてくれる、などという甘い話はありません。大学院への入学を目指す場合、TOEFL iBT 120点満点中、ほとんどのプログラムで80点以上[*1]が要求されています。英語力と出願者の資質には相関関係があるとは言えず、一般的にTOEFLのスコアは、第一次段階の選抜としか使われません。つまり、応募先プログラムにおいて最低基準点数が定められている場合、よほど特別な場合を除き、その点数をクリアする必要があります。

　努力の末、無事に必要最低点数をクリアし、めでたく大学院に合格できたとしても、それはあくまでスタートラインに立っただけです。入学後には、そもそもTOEFLなど必要とされない、英語が母国語である学生たちとも渡り合ってゆく必要があります。時には、あなたの考えを巡ってディスカッションするときもあるでしょうし、研究セミナーで発表し、矢継ぎ早に質問が浴びせられることもあるでしょう。そのときに必要とされるのは、英語を使いこなす運用能力です。そのため、留学を目指したその日から、TOEFLの勉強などを通じて、英語を意識的に使いこなす訓練が必要になります。

＊もっと詳しく⇒「Part II　Chapter 4　Section 3：出願関連テストのポイント（TOEFL）」（p.168）

> **Memo**
>
> **日本人の英語力**
> 　世界と比較して、日本人の英語力はどれくらいなのでしょうか。日本から北米圏への留学には、TOEFLを受験する必要がありますが、2008年にTOEFL iBTを受験した人の平均点数を国別に見てみると、アジア30カ国において、日本は下から3番目です。スピーキングセクションに至っては、全世界で最下位に位置しているという、かなり不名誉な結果に終わっています。（数値出典：ETS: TOEFL® Test and Score Data Summary for TOEFL Internet-based and Paper-based Tests: 2008 Test Data）

＊1：最低必要点数は、各大学院・プログラムによって異なるので、必ず出願先ごとにチェックすること。

留学用語の基礎知識

＊大学院留学に関する用語をまとめました。
事前に目を通して、本書の理解に役立てましょう。

▶ TOEFL
トーフル

Test of English as a Foreign Languageの略称で、北米へ留学する場合、通常必須とされる英語の試験。PBT（Paper-based Test）、CBT（Computer-based Test）、iBT（Internet-based Test）と移り変わり、2010年現在、iBTが主流です。詳しくは、本書Part II Chapter 4 Section 3「出願関連テストのポイント：TOEFL」を参照。

▶ GRE
ジー・アール・イー

Graduate Record Examinationの略称で、アメリカの学術系大学院の出願審査において、多くの大学院で要求される試験。一般科目のGRE Generalと、専門科目のGRE Subjectに分けられ、TOEFLとは異なり、アメリカ人も受験を求められます。詳しくは、本書Part II Chapter 4 Section 3「出願関連テストのポイント：GRE」を参照。

▶ GPA
学業成績平均点

Grade Point Averageの略称で、履修した科目の成績を4点満点に換算し、算出された全体平均点のこと。アメリカの大学院入学審査にも要求されます。一般的にすべての科目のGPAを求められますが、大学院選考では、専門科目のGPAを求められる場合もあります。詳しくは、本書Part II Chapter 4 Section 2「出願書類作成のポイント：成績証明書」を参照。

▶ CV
履歴書

Curriculum Vitaeの略称で、詳しい職歴や学歴をリストした履歴書。イギリスやオーストラリアでは一般的ですが、北米でも、大学や研究機関への応募時に要求されることが多い。詳しくは、本書Part II Chapter 4 Section 2「出願書類作成のポイント：CV・レジュメ」を参照。

▶ Resume
履歴書

基本的な主旨はCVと同じですが、通常、北米の企業へ応募するときに要求される履歴書のこと。CVよりも応募先の仕事内容に応じた技能や成果をコンパクトにまとめ、自らを売り込む文体で書くことが求められます。詳しくは、本書 Part II Chapter 4 Section 2「出願書類作成のポイント：CV・レジュメ」を参照。

▶ Academia
アカデミア

大学などの教育機関のこと。大学院修了後の進路を大別すると、Academia（大学）への就

職か Industry（企業）への就職になります。

B.S., M.S.（Bachelor of Science, Master of Science）
理学学士号、理学修士号

アメリカの大学の理系分野で授与される学士号、修士号のことです。ただし、大学によっては、例えば数学専攻などは、B.A.（Bachelor of Arts）となる場合もあります。

Ph.D.（Doctor of Philosophy）
博士号

直訳すると、哲学博士となりますが、アメリカの学術系大学院で授与される博士号のことです。本書では日本の博士課程と区別するために、アメリカの博士課程を意味する場合はこのPh.D.を用いています。もとは、ラテン語のPhilosophiae Doctorからきています。

Postdoctoral Researcher (PostDoc)
博士研究員（ポスドク）

博士号を取得した後の任期付き研究員のことで、ポスト・ドクター（通称ポスドク）と呼ばれます。物理学系や生命科学系では非常に一般的な卒業後の進路です。ポスドクは必ずしもアカデミアというわけではなく、企業でのポスドクというポジションもあります。

PI（Principal Investigator）
研究グループリーダー

資金付き研究プロジェクトに対して、一切の責任を持つ人のことです。一般的に、研究室の主宰者である教授が研究資金へ応募するので、指導教官のことをPIと呼ぶ場合もあります。そのような意味で、PI = Bossでもあります。

Faculty
大学教授陣

大学や学部の教授たちを、ファカルティと呼びます。大学教授には、主にLecturer、Assistant Professor、Associate Professor、（Full）Professorの4つの区分があります。

Tenure
テニュア

終身在職権のこと。一般的には、Assistant Professorとして働き始めてから5〜7年後にAssociate Professorへの昇格審査があり、昇進と共にテニュアが付与されます。この審査に落ちてしまうと、その1年後には大学を去る必要があります。

Laboratory
研究室

研究室・研究グループのことです。略してラボと呼ぶのが一般的です。

留学用語の基礎知識

▶ Lab Rotation
ラボ・ローテーション

大学院入学時には所属研究室・指導教官を決めず、入学後に複数の研究室を試すことによって、お互いにマッチする研究室を選ぶ仕組みです。通常最初の1年目に、3つの研究室をそれぞれ約3カ月ずつまわります。医学・生物学系では標準的なシステムです。

▶ Qualifying Examination
適性試験

Ph.D. 課程の学生として適切な資質を備えているかを試される試験です。口頭試験、筆記試験、もしくは両者の組み合わせなど、テスト形式はプログラムによって大きく異なりますが、一般的にこの試験に合格できないと、Ph.D. 課程退学となります（修士号を与えられて終了することもあります）。名称はさまざまで、Preliminary Exam、Comprehensive Exam、Quals、Prelims、Compsなどとも呼ばれます。

▶ Defense
学位論文口頭試問会

学位論文を発表し、学位論文審査員の批評に答えます。一般には、はじめに公開発表（約1時間）を行い、一般の参加者からの質問に答え、そのあとに、審査員や指導教官のみと非公開の審査（約1時間）を行います。

▶ TA（Teaching Assistant）
ティーチング・アシスタント

大学などにおいて、授業を担当する教官の手伝いをします。主に、講義や実験の準備を手伝ったり、宿題や試験の採点をしたり、オフィス・アワーを受け持ったり、場合によっては授業を担当したりすることもあります。一般的に、労働の対価として授業料免除や給料がもらえます。また、大学院やプログラムによっては、TAを規定回数こなすことが、卒業条件として組み込まれていることがあります。

▶ RA（Research Assistant）
リサーチ・アシスタント

研究プロジェクトに従事することで、その対価として、授業料免除や給料がもらえます。一般的には、RAとして従事している研究トピックが、修士論文や博士論文の題材になってきます。特に工学系においてRAが多く、自然科学系などではTAが多いのが特徴です。

▶ Fellowship
フェローシップ

TAやRAとは異なり、特定の労働義務の必要がない奨学金です。特に優秀な1年目の学生に奨学金を与えることで、その学生は入学と同時に特定の指導教官を選ぶ必要がなく、じっくり研究室を吟味することが可能です。また、専攻やプログラムによっては、1年目は全員

Fellowshipで賄う場合もあります。

Scholarship
スカラシップ

一般に、財団などからの奨学金のことです。日本では、貸与であっても奨学金と呼ぶ場合がありますが、アメリカでは、奨学金（fellowship, scholarship）と貸与（loan）は大きく区別されます。なお、外部奨学金を獲得できる人＝優秀な人、とみなされるため、入学審査等において非常に有利になります。

Semester, Trimester, Quarter
学期

一般的にアメリカの教育システムは9月から始まり、1年間を二期（セメスター）制、三期（トリメスター）制、もしくは四期（クォーター）制に分けています。二期制の場合は15週間、三期制の場合は10～11週間、四期制の場合は10週間で1つの学期となります。セメスター制が最も標準的で、その次にクォーター制、トリメスター制はややまれです。

Coursework
授業、コースワーク

アメリカでは、Ph.D. 課程であっても授業を履修するのが一般的です。プログラムによっては、必修科目（core courses）と選択科目（electives）に分けられています。

Office Hour
オフィス・アワー

授業の補習を行ったり、宿題や授業に関しての質疑応答をしたりする時間です。講義形式の一般的な授業であれば、担当教官のOffice Hourと、TAなどのOffice Hourが別々にあります。

Journal Club
ジャーナルクラブ

最近発表された興味深い論文を選び、学生や教授の前で、文献紹介を行います。特に、医学・生物学系のプログラムにおいて、一般的に行われます。

Retreat
リトリート

リゾート地など、普段の仕事場から離れた場所において、お互いの研究を発表したり、親睦を深めたりするためのイベントです。リラックスした和やかな環境の中で研究の話をすることで、リフレッシュすることが目的です。学外で開催されることが一般的で、その場合には宿泊を伴ったイベントになります。

留学用語の基礎知識

Sabbatical
サバティカル

大学などにおいて、一定年数（5～7年程度）働くと、半年から1年間ほど、俗に研究休暇と呼ばれる、自由な時間をもらうことができます。サバティカルの期間中は、大学・学科からの制約なしに好きなことができるため、他大学の研究室に客員教授として滞在したり、もしくは自分の研究活動に時間を充てたりします。

NIH（National Institute of Health）
アメリカ国立衛生研究所

多くの研究者を抱える、アメリカの医学研究の拠点研究所であり、医学系研究分野に多額の研究資金を提供する機関でもあります。

NSF（National Science Foundation）
アメリカ国立科学財団

アメリカの科学技術振興を目的に設立された連邦機関であり、医学分野を除く、幅広い科学・工学分野において、多額の研究資金を提供しています。

Grant Proposal
研究資金申請書

研究に力を入れている大学の場合、そこに勤める大学教授は、国の機関や私企業などから研究資金を獲得し、その資金から研究に必要な人件費や実験器具の費用などを支払います。その資金を得るためには、現状の課題、解決方法、研究プランなどを書いた、研究資金申請書を提出し、勝ち取らなくてはなりません。特に生命科学系では、NIHの形式に沿ったGrant Proposalの書き方を、大学院のカリキュラムに組んでいるプログラムが数多く存在します。

Part I

情報編

★★★

アメリカ理系大学院事情

Chapter 1
世界で活躍する研究者を目指す

Section 1　世界で活躍する研究者を目指す！

> みなさんは、将来どのような分野でどのような仕事に就くのが夢ですか。「夢は大きくノーベル賞！」とか、「後世に残るような大発明をするのが目標！」という、大いなる野望を持っている人もいれば、「今はそんな大それた目標はないけれど、なんとなくこの分野の研究に興味があって、大学・大学院での研究経験をもとにやりがいのある仕事に就きたい」と考えている人もいると思います。現状の夢が大きくても小さくても、常に目標を掲げることで、今後の自分の方向性が明確になり、何よりもその興味・関心を持っている事柄を持続するモチベーションの向上につながります。

〈研究とは何か〉

　数多く存在する夢の中で、研究の世界に身を置く人であれば、「世界で活躍する研究者になりたい」と漠然とでも思う人は少なくないでしょう。それでは、世界で活躍する研究者になるためには、どのような素養を身に付ける必要があるでしょうか。その答えを探るために、まず「研究とは何か」を考えてみます。

　三省堂大辞林第二版によれば、研究とは、「物事について深く考えたり調べたりして真理を明らかにすること」と説明されています。つまり、ある特定の物事に関して、何らかの考えを提案し、理論や実験、観察や調査などを通じて、その仮説を証明し、世に公表してその反応を問う、これら一連の過程が研究であるといえます。

　それでは、実際に研究とはどのように進められるのでしょうか。ここでは、研究を一からスタートさせるプロセスを想定して、それぞれの段階においてどのような力が必要とされるのか、考えてみましょう。

《 Step 1 》
研究対象の選定

　まず、研究を始めるに当たり、研究対象となるトピックの選定が必要です。研究トピックが与えられた時点からスタートする場合もありますが、ここでは自ら研究対象を選ぶところから考えてみます。

　トピックを選ぶにあたって重要なことは、今、世界では何が必要とされているのか、どんな問題が存在してどんな事柄が未解決なのか、それらを包括的に

把握することです。そして、数ある未解決問題のリストの中から、あなたの興味・関心を引くトピックを選びます。そのためには、まず情報収集が必要です。これらの情報の多くは、英語で発信されているため、英語で理解する能力も求められます。この情報収集がうまくできなければ、すでに誰かが解決した方法を研究してしまう可能性もありますし、世の中にはあまり必要とされていない事柄に心血を注いでしまうことも考えられます。

　研究の世界では、科学論文を読んだり、セミナーや学会に参加して講演を聴いたりして情報収集を行います。毎日、数多くの研究成果が発表される現代において、どの情報が確からしく、どの情報が自分にとって有用なのか、それを正しく取捨選択することは、研究を遂行する上で非常に重要です。

　研究対象の選定をするに当たっては、書かれている専門的な事柄を理解するための、最低限の基礎知識を蓄えている必要があります。基本的な情報がわかっていなければ、そもそも何について書かれているのか読み解くことは困難で、果たしてそれが正しい情報か判断できません。また、文章を読んで理解するための力、話を聞いて理解するための力も必要です。すべての情報が正しいわけではなく、誤った情報には何らかの論理の矛盾があります。そのため、得られた情報が、果たして理にかなっているか、それを自ら判断する力が求められます。

《 Step 2 》
問題解決法の探求

　まだ解明されていない問題点の把握ができたら、次にその問題を解決するためのアプローチを探る必要があります。未解決の問題の場合、それまでに情報収集を通して蓄えた知識や、実験などを通して得られた経験をもとに、こうすればこのようになるかもしれない、と推測する作業が求められます。すなわち、仮説の構築です。これまでに誰も試したことのない試みのため、何を読んでも誰に聞いても答えはわからないでしょう。しかし、自分が持っている最大限の知識と経験とをつなぎ合わせていくことで、精度の高い仮説を立てることができます。もちろん、どんなに確からしく思えても、それはあくまでも仮の自説ですので、最終的にはその仮説を立証することが研究の核となります。

　仮説を立てることは、その大小を問わず、研究を進めていく上で非常に重要なステップです。せっかく立てた仮説も、理論上ではもっともらしく聞こえても実際に実験してみるとうまくいかない、逆に実験ではそうなるのに理論的にはつじつまが合わない、というのはよくある話でしょう。しかし、仮説を立て

て証明してみるという試行錯誤を繰り返していくことによって、今まで誰も成し遂げられなかった真理を探究していく過程が、研究の醍醐味だと言えます。

　この過程においても、やはり基礎学力は重要です。しかし、いくら基礎学力が備わっていても、その知識が頭の中に混在していては、新しい発見や大きな飛躍は見込めません。全くつながりのなさそうな情報や、点在しているように見える情報でも、それらの相互関係を理解し、点として存在している情報を線で結びつけることによって、新たな可能性が広がってゆきます。つまり、さまざまな情報・知識・経験を論理的に統合してゆく力が求められます。さらに、従来とは全く異なる新しい発想で、斬新で独創的なアイデアが求められるポイントでもあります。

《 Step 3 》
仮説の検証

　知識や経験をもとに仮説を立てたら、その仮説を論理的かつ明快に説明する必要があります。論理的証拠なくしては、仮説はただの想像の産物に過ぎないからです。研究対象にもよりますが、大きな段階としては、まず理論的に証明し、さらに実験を通して証明することになります。研究分野や何を示したいかによっては、理論だけの証明で十分な場合もあれば、実験結果をもとにして理論的に示す場合もあるでしょう。

　仮説の検証には、論理的な思考力が求められます。すべてのステップが、その前後のステップと明確につながっているかが重要であり、1つでも飛ばしてしまうと、後々大きな問題となることがあります。まず、前提としていることは確からしいのか、現実的な設定なのかを吟味することに始まり、そこから1つ1つ論理的な流れを確認し、事実と根拠を積み上げていくことで、万人にとって受け入れられる証明となり得ます。

《 Step 4 》
結果の発表

　次に、日常的な研究ミーティングや論文執筆、学会でのポスター・口頭発表などの手段を使って、あなたのアイデアを他の人と共有します。国際会議や国際学術誌であれば、英語を使って発表します。研究で結果を出して、自分自身だけ納得しても、それだけでは十分ではありません。どんなに素晴らしいアイデアを持ち、素晴らしい結果が出たと思っても、その結果を他人に理解しても

らえなければ、全く意味がないからです。

　結果を発表する際には、仮説の検証と同様、論理的に説明することが極めて重要です。発表の場が論文執筆であれば、その論文が1つの完結したストーリーになるよう、すべてが矛盾なく受け入れられるよう書き上げることが要求されます。また、結果を口頭で発表する場合、聴衆の知識レベルに応じてわかりやすい表現を心がけることが大切です。そのため、他人と円滑にコミュニケーションを図る力も必要になってきます。あなたの研究紹介をする場合を考えてみてください。同じ分野の研究者に説明する場合と、分野外の人に説明する場合では、表現方法を変えるべきだということは、容易に想像できると思います。ノーベル賞受賞者の講演を聴いてみると、本当に優秀な研究者は、どんな知識レベルの人に対してもわかりやすく説明できることが、よくわかるでしょう。

《 Step 5 》
他者からのフィードバック

　結果を発表することにより、その情報の受け手から、何らかのフィードバックをもらうことになります。例えば、論文を執筆した場合、論文査読者からもらうコメントや採択・非採択通知がフィードバックになります。査読者からのアドバイスにより、より良い論文に仕上げられることは非常に多いですし、将来の新しいプロジェクトに対するアイデアが湧いてくることもあるでしょう。また、その論文が採択されたか採択されなかったかによって、その分野におけるあなたの研究のインパクトを推し量ることができます。

　一方、口頭発表をする場合、発表後の質疑応答はもちろんのこと、その発表中にうかがえる聴衆の顔付きや態度なども、重要なフィードバックです。口頭発表は、話者から聴衆への一方的な情報提供に見えるかもしれませんが、聴衆の反応を即座にくみ取り、そのフィードバックをうまく反映させることで、聴衆と共により良い発表を作り上げることができます。また、国際会議での質疑応答は英語で行われるため、瞬時に相手の意図を理解して応答できる英語力が不可欠です。

　有用なフィードバックをもらうためには、「Step 4．結果の発表」で述べたように、まず、相手にあなたのアイデアを明確に説明し、理解してもらう必要があります。また、相手からのフィードバックを理解するため、最低限の知識を持っていることが前提条件です。特に異なる分野の人に説明する場合、相手の言っていることを理解できなければ、どんなに有用なアドバイスでも無駄に

してしまう可能性があります。このように、基礎的な知識の習得とコミュニケーション能力を兼ね備えていることが、他者からのフィードバックを効果的に活かす秘訣といえるでしょう。

〈研究に要求される能力〉

以上の5つのステップを繰り返すことで、研究活動は進められていきます。これらのステップにおける、研究を遂行するために求められる力を大別してみると、「基礎力」「論理的思考力」「創造力」「コミュニケーション力」「英語運用力」の5つに分類されます。

基礎力

基礎とは「物事が成立する際に基本となるもの（三省堂大辞林）」です。研究活動に限らず、どんな物事を試みるにしても、基礎は重要です。プロスポーツ選手は、基本事項を反復練習することで、より高度なテクニックを身に付けます。研究においては、基本的な知識を意味します。取り組んでいる分野の基礎知識がしっかりと身に付いていなければ、未知なる新しい発見の糸口すら見つからないでしょうし、同分野の研究者と「共通語」を使った会話が成り立ちません。また、根本的な基礎知識が欠けていると、どんなに有用な意見を聞いても、それが素晴らしいアドバイスであることすら、わからないかもしれません。

基礎を固めるのは、小・中学校や高校で学習する範囲はもちろんのこと、大学・大学院での教養科目や初歩的な専門科目で得られる知識の積み重ねです。つまり、学校の授業で学習する内容が、基本的な知識を身に付ける源となります。そのため、本格的な研究活動を始める前に、どれだけしっかりとした基礎学力を体系的に身に付けられるかが、大きな鍵となります。

論理的思考力

論理的に考えることは、科学技術を議論する上で絶対に欠かせません。すべての物事を順序立てて、みなが納得できるストーリーに仕上がっていないと、時代や国・文化を越えて受け入れられることができないためです。前述の基礎知識とは異なり、こちらは「なぜそうなるのか」を筋道立てて説明する思考力だといえます。議論の出発点から終着点まで、すべての段階において、明確に前後関係を述べる必要があります。

物事の因果関係を正しく把握し、それを明快に説明するためには、まず物事の本質を見抜き、すべてが必然の結果としてつながるよう、演繹的に明らかに

する必要があります。これは基礎知識を習得した上で、個々の知識を順序立ててつなぎ合わせる力ともいえます。つまり、点と点を線で結ぶ作業に当たります。ある知識をそれ単体だけの情報として考えず、他の知識と体系付けてつながりを見出すことで、論理的思考力を磨くことができます。

創造力

　これまでのコンセプトとは全く異なる、新しいアイデアを初めて考え出すことが、創造力です。例えば、自然科学分野における最大級の栄誉であるノーベル賞は、0から1の発見をし、それがのちの科学技術の発展に大きく貢献した研究や、人々の常識を覆すきっかけとなった研究をした人に贈られるとされています。

　では、創造力はどのようにすれば身に付くのでしょうか。世紀の大発明とまではいかなくても、小さなレベルでの創造力を磨くために誰にでもできることは、問題となっている事柄を徹底的に考え抜くことです。寝食を忘れて、とまでいかなくとも、常にその問題に興味関心を持ち続けることが、新しいアイデアの発見につながります。また、こうした既存とは異なる考えを許容・評価し、伸ばしてくれる周囲の環境も重要です。

コミュニケーション力

　他者との会話を円滑に図り、互いに理解し合う力が、コミュニケーション力です。あなたの持っている素晴らしいアイデアを、論理的に示すことはもちろん大事ですが、さらにどんな相手にでも理解してもらえるよう、わかりやすく説明することも重要です。それと同時に、相手の主張を理解することも求められます。つまり、話者から聴衆への一方通行の情報伝達ではなく、相互に理解し合う力が求められるのです。また、例外的な場合として、コミュニケーションの相手が人間ではなく、本や雑誌などの活字であることも考えられます。この場合には、書かれている事柄を正確に読み解く力ともいえるでしょう。

　論理的思考力とは異なり、一人で考えているだけでは、コミュニケーション力の向上は見込めません。コミュニケーションは、対話する相手がいて、初めて成り立つからです。そのため、常日ごろからあなたの持っているアイデアを他人と共有し、披露した考えに対する他者からのフィードバックを取り込み、それ以降の発展に結びつけていくことが重要です。

英語運用力

　上述した４つの能力を身に付けられれば、世界で活躍できる研究者になれるでしょうか。残念ながら、答えは"No"です。グローバル化が加速する今、科学技術分野の世界共通言語である、英語を使いこなす力が求められます。

　英語は、英語圏の人々だけとのコミュニケーション・ツールではなく、アジアやヨーロッパなど、非英語圏の人々と意思疎通を図るためにも必要とされます。同じ事柄を発信するにしても、日本語を話し理解できる人の数と、英語を話し理解できる人の数を考えてみれば、自明の事実でしょう。また、ただ単に最低限度の英語の読み書きができるだけでは不十分です。あくまで言葉はコミュニケーション・ツールですから、英語を使いこなすための運用能力の習得が必要になってきます。語学としての英語の勉強だけではなく、実践の場で使い続けることで、英語運用能力は飛躍的に向上するでしょう。

　以上、世界を舞台に研究者として活躍するためには、５つの能力、「基礎力」「論理的思考力」「創造力」「コミュニケーション力」「英語運用力」が必要であることがわかりました。研究者としての基礎は、大学・大学院時代の教育を通して身に付くと言われており、早い段階でこの５つの力を身に付けられるかどうかが、その後の研究者としての人生の充実度に大きく関わってきます。そのため、これらの素養を身に付けられる環境に身を置くことが、成功への近道となります。

　それでは、どのような高等教育システム・カリキュラムを受ければ、世界で活躍する研究者としての素地を身に付けられるのでしょうか。まず次節では、アメリカの大学院留学を経験したカガクシャ・ネットメンバーへの調査による、なぜアメリカの大学院を選んだのか、などの分析結果を踏まえて、留学体験者の経験談をもとにした、日本とアメリカの大学院教育の特徴について考えてみます。また、Chapter 2 では、アメリカが世界をリードしている研究分野を紹介し、これから期待される研究領域や、その分野で求められる人材を探ります。そして、その後のChapter 3 では、客観的な統計データを提示した上で、より詳しくアメリカの理系大学院教育システムをみていきましょう。

Part I　情報編

Section 2　なぜアメリカの大学院を選んだのか

> 私たちカガクシャ・ネットのメンバーは、日本の大学を卒業した後、直接、もしくは修士課程や企業就職を経て、アメリカの大学院の修士・Ph.D. 課程へと留学しています。なぜ、身近な日本の大学院ではなく、遠く離れたアメリカの大学院を選択したのでしょうか。2007年4月〜2008年1月まで、カガクシャ・ネットに在籍する23人のメンバーが、アメリカ大学院留学を志望した理由を、カガクシャ・ネット提供のメールマガジンにて配信しました。ここでは、その留学生たちのエッセーをもとに、
> 1．なぜアメリカの大学院を選んだのか
> 2．アメリカの大学院へ進学して良かったこと
> 3．日本の大学院の方が優れていると感じた点
> を分析します。

《 調査1 》
なぜアメリカの大学院を選んだのか

　23人が書いた各自のエッセーを分析し、アメリカの大学院を選んだ主な理由をおおまかに分類すると、図1のようにまとめられます。

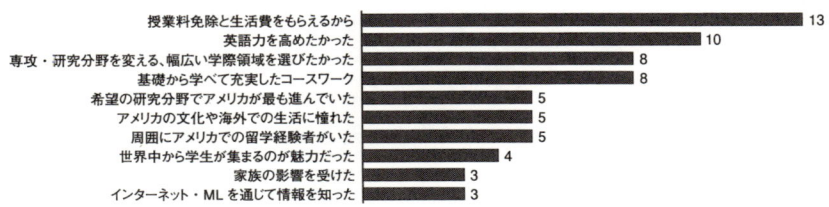

図1：なぜアメリカの大学院を選んだのか、カガクシャ・ネット在籍メンバー23名からの主な理由（横軸は人数）。重複回答含む。

　23名中13名と、一番多くの人が挙げているのは、「授業料免除と生活費をもらえるから」です。詳しくはChaper 3　Section 6（p.95）で説明しますが、博士課程の場合を比べると、日本の大学院では自ら授業料と生活費を払う学生が多いのに対して、アメリカの大学院では、授業料免除かつ生活費をもらいながら、博士号取得を目指すのが一般的だからです。これは、日本においては、大学院生はあくまで「学生」として見られるのに対して、アメリカでは、大学院生は研究員として見られることに起因します。

　二番目に多かった「英語力を高めたかった」（10名）には、今後さらに加速するグローバル化の時代に備え、世界で活躍する研究者を目指すためには、や

はり英語の習得が不可欠である、という理由が読み取れます。「基礎から学べて充実したコースワーク」、「専攻・研究分野を変える、幅広い学際領域を選びたかった」（共に8名ずつ）は、アメリカの高等教育が他国のそれよりも優れているといわれる特徴です。一般的に、日本の研究者は1つの分野を掘り下げることに長けていますが、アメリカの研究者は、幅広い知識を身に付けることで、異分野間の共同研究を開拓することが得意です。

　他に挙げられた特徴的な理由として、「周囲にアメリカでの留学経験者がいた」（5名）や、「家族の影響を受けた」（3名）など、まわりの影響によって大学院留学を意識していることが挙げられます。ある事柄を始めるきっかけの1つに、周囲の影響が大きな要因となるのは、大学院留学に限った話ではありません。逆にまわりに経験者がいないと、大学院留学するというオプション自体が、はじめからないのかもしれません。そのような方にでも、本書を通じて留学経験者の意見を伝えられればと思います。

　ランキングから漏れたユニークな志望動機には、「就職活動で内定がもらえなかった」、「日本の大学院入試に失敗して、留学という選択肢を見つけた」という、敗者復活的な理由が挙がっています。留学前の時点において、大学院留学を志す人＝優秀な人、という図式が必ずしも当てはまるわけではなく、結局はチャレンジ精神を持っているかが、最終的に留学するかの決め手になります。日本の場合、近年変わってきたとはいえ、入った大学や始めに就職した会社によって、その後の人生・出世が大きく左右される傾向がまだ残っています。アメリカの場合、大学を卒業し社会に出てからでも、その後の人生の再設計がしやすい仕組みになっており、人生のある時点において失敗をしても、もう一度やり直すことに対して非常に寛大な社会です。そのため、新たな再スタート先として選ぶには、向いているかもしれません。

《調査2》
アメリカの大学院へ進学して良かったこと

次に同様にして、23人のエッセーから、実際にアメリカの大学院へ進学して良かった点を図2にまとめました。

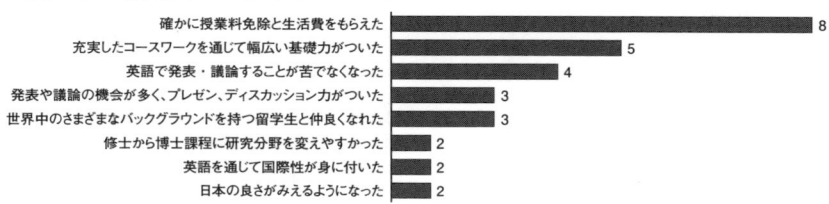

図2：アメリカの大学院へ進学して良かったこと、カガクシャ・ネット在籍メンバー23名からの主な理由（横軸は人数）。重複回答含む。

他を引き離して第1位に挙がっているのは、調査1でもトップに挙げられた「確かに授業料免除と生活費をもらえた」です[*1]。また、2、3番目に挙がっている「充実したコースワークを通じて幅広い基礎力が身に付いた」や「英語で発表・議論することが苦でなくなった」から、アメリカ大学院留学前に期待していた結果が、実際に留学経験を通じて得られたといえます。

「世界中のさまざまなバックグラウンドを持つ留学生と仲良くなれた」、「英語を通じて国際性が身に付いた」というのは、世界各国から留学生が集まるアメリカならではの体験です。また、「日本の良さが見えるようになった」というのは、留学して他文化に触れることで、あらためて日本の良さを実感した、ということでしょう。日本では当たり前に思うようなことでも、他国においてそうでないことは数多くあります。そのような新しい発見ができるのも、留学する1つの醍醐味です。

ランキング外では、「世界一流の科学者と研究できるチャンスが多い」、「特定分野で優秀な教授の層が厚い」といった理由も挙がっています。アメリカの国土は日本の約25倍、人口も約2.5倍（共に2008年現在のデータ）と、多くの人が広大な地域に分布しています。そのため、日本では名を聞いたことのないような大学でも、特定分野では超一流の研究機関であることが少なくありませ

[*1]：調査1において「授業料免除と生活費をもらえるから」を挙げたのは13人、調査2において「確かに授業料免除と生活費をもらえた」を挙げたのは8人と減っているが、アンケート形式で得た結果ではなく、自由なフォーマットで各自書いたエッセーから抜き出した回答なので、残りの5人は、「授業料免除と生活費がもらえなかった」ことを意味するわけではない。調査3の回答数が少ないのも、必ずしも23人すべてが回答しているわけではないことによる。

ん。まさに、研究者層の厚い科学技術先進国アメリカならではです。

《 調査3 》
日本の大学院の方が優れていると感じた点

　最後に、日米両方の高等教育機関に在籍したからこそわかる、「日本の大学院の方が優れていると感じた点」を図3に示しました。

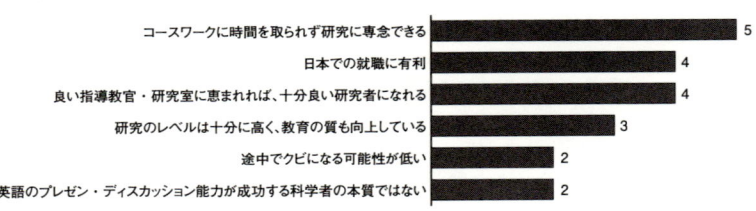

図3：日本の大学院の方が優れていると感じた点、カガクシャ・ネット在籍メンバー23名からの主な理由（横軸は人数）。重複回答含む。

　第1位に挙がっているのは、「コースワークに時間を取られず研究に専念できる」です。充実したコースワークはアメリカの大学院の大きな利点でもありますが、逆に研究に専念したいと思っている人には、難点として映ります。一般的にアメリカの大学院では、Ph.D. 課程においても、所定単位数の授業を履修する必要があります。コースワークが非常に充実しているがゆえ、宿題や試験などで多くの時間が取られることになります。そのため、日本の学部・修士課程できっちりと基礎を積み、大学院では研究だけに集中したい学生にとっては、アメリカの教育システムはやや不満に感じるかもしれません。

　「良い指導教官・研究室に恵まれれば、十分良い研究者になれる」、「研究のレベルは十分に高く、教育の質も向上している」という回答から、日本の教育レベルの高さがうかがえます。ただし、これは日本の大学院が優れている点というよりは、わざわざアメリカの大学院まで行かなくても、日本には十分な教育・研究の環境が整っている、と解釈できます。

　それでは、アメリカの大学院へ留学するリスクとはなんでしょうか。日本の大学院へ進めば、「日本での就職に有利」なのは、地の利を考えれば明らかです。特に博士課程修了後に日本のアカデミアへ残る場合には、大学院在学中、多くの日本の大学関係者とコネクションを作るのに非常に有利です。また、アメリカの大学院では給料が支払われることが多いため、その対価としてある水準以上の成績・研究成果を残すことが求められます。そのため、日本の大学院へ進学した方が「途中でクビになる可能性が低い」と考えられます。

ランキング外では、「日本語で研究の話ができる」という、日本で学び育った者にとっては切実な問題が挙がっています。初めての事柄を外国語で学ぶと、母国語ではどのように表現するのかがわかりにくくなります。また、日本とアメリカの教育システムの違いのため、日本で修士号を取ってアメリカの大学院のPh.D. 課程に入学しても、それが時間の短縮にはつながらないことがあります。最後に、日本とアメリカは遠く離れているため、アメリカの大学院を選択すると「恋人がいる場合、超遠距離恋愛になってしまう」という、大学院進学を希望する年代にとっては、非常に苦しい選択を迫られる場合もあります。

まとめ

調査1・調査2から、留学生たちは、留学前に伝え聞いていたアメリカ大学院の良さを、実際に体験・習得できたと考えられます。どのような媒体からアメリカ大学院の特徴を知ったのかは、今回の調査からはわかりませんが、まわりの留学経験者からの生の声、留学本・留学雑誌からの情報、そしてインターネットからの情報や体験談などが、主な情報源と考えられます。そのため、一般的に出回っているアメリカ理系大学院留学の利点は、ある程度信頼性の高い情報であるといえます。

その一方、実際に大学院留学を体験してからわかったこととして、調査3のように、日本の大学院へ進学していれば良かったであろう点もいくつか挙げられました。他国の異なったシステムを知ることで、自国の良い点に気が付くことはよくあることです。今回の調査結果には表れていない不満事項もいくつかあると考えられます。

次章では、アメリカが世界を牽引している4つの研究分野に関するレポートを紹介します。そしてChapter 3では、本章の調査を踏まえた上で、日米の大学院システムの違いを、もう少し詳しく分析してみます。両者の違いをより深く知ることで、日本とアメリカの大学院システムのどちらが自分に合っているか、ぜひ考えてみてください。

Case 1

「Section 2 なぜアメリカの大学院を選んだのか」体験談

企業で働いたことがきっかけでアメリカのPh.D. 課程へ

杉尾 明子 *Akiko Sugio*

▶留学先大学名／専攻分野
　Kansas State University／Plant Pathology：植物病理学
▶年齢（出願当時）／性別
　26歳／女性
▶学部から現在までの経歴
　1997年 東京工業大学生命理工学部卒業。1999年 東京工業大学大学院生命理工学研究科修士課程卒業。1999～2001年 ノボザイムズジャパン研究開発部勤務。2005年 Kansas State University, Department of Plant Pathology Ph.D. 課程卒業。2006～2007年 Marie Curie Incoming International Fellow（John Innes Centre, UK）。2008年～ 現在 Post Doctoral Scientist（John Innes Centre, UK）。

　私がアメリカの大学院を選んだ理由は、主に２つあります。第一に経済的な理由、次に実践的な英語の習得のためです。そのほかにも、アメリカ行き、そして博士課程行きを、少しずつではあっても方向付けていくこととなったさまざまなことがあるので、修士課程から留学までの数年間を記してみたいと思います。

■修士課程卒業後、企業の研究員に

　私は日本で修士課程を卒業後、二年間民間の企業で研究員として働いてからアメリカでPh.D. 課程に進みました。当時、修士課程の一年目でその後の進路を決めるのが普通でしたが、私はこの時点では博士課程に進むことには踏み切れませんでした。博士号取得後の進路があまり明るく思えなかったからです。当時の私が想像した博士号取得後の生活というのは、「長時間労働が必要、短期契約で先行き不安」という暗いものでした。それでも研究をすることには興味があり、博士課程に行こうかどうか少し悩んだ時期に、隣の研究室の助手の方が「迷っているなら、20代のうちにお金を稼いで、買い物をしたりおしゃれをしたりして人生を楽しみなさい。その後どうしても勉強したければ大学に戻ってくればいいんだから。」と言ってくださったのが、修士課程修了後の就職を選ぶきっかけとなりました。

　修士課程修了後、私は外資系の会社の日本支社の研究開発部門で働くことになりました。私は学部時代からこの会社にとても強く憧れており、就職が決まったときは本当に天にも上る気持ちでした。そして、実にたくさんのことを学ばせてもらいました。この会社で働いたことが、この後アメリカに留学をする最初のステップとなりました。

　会社では大学の研究室と異なり、研究の方向性やその結果が社会とつながってい

るのが、とても刺激的で楽しかったです。また、研究にお金をかけているという意識から、研究結果や試料の管理が体系的になされていて、大変勉強になりました。さらに、会社の一員として学会に行ったり、外部の人と会ったりするのもとても興味深い経験でした。会社の名前を背負うと、ただの修士卒のお子様ではなく、もう少し丁寧に、または興味を持って、一人前の人間として扱ってもらえるような気がしました（もちろん半人前にも満たない新人研究員でしたが）。今思えば、会社のような組織というのはその名に力があって、ただの若者にも社会を別の側面から見たり、なかなか会うこともままならないような人と話をしたりするチャンスを与えてくれるものだと思います。

　この会社で働いて、また、勤務時間外にたくさん遊んで、いくつか考えたことがありました。1つには、実験材料は異なっても長い目で見ると私が日本支社で担当できる実験というのは同じことの繰り返しであり、定年までそれを繰り返していくのは退屈かもしれないということ。もう1つは、会社の研究開発とは必要のないところに必要性を作り出していくものであること。さらに、会社で働いていればとりあえず安定は得られると思っていましたが、会社の再編成で数人が解雇されて安定すら得られないということを思い知らされました。

研究者として出直したい

　そういうことなら、不安定であっても自分のやりたい研究テーマを選び、多少なりとも世の中の役に立つような研究をできたら、退屈とは無縁の毎日を過ごせるのではないだろうか、と思うようになりました。一研究者として働いて研究結果が世のため人のためになるほどの能力が自分にあるかは疑問でしたが、きちんと学位を得て、研究を積み重ねていくことで、自分の後から来る若い人の教育や、科学とは無縁の人とのコミュニケーションにも役に立つことができるのではないか、といった考えをもちました。そこで、もう一度大学院に戻って、学位を取得して、少なくとも研究者として一人前になって出直したいと考えました。植物病理学を選んだのは、農業の役に立てると思ったことと、植物と微生物の戦争を研究するのは、まるでスターウォーズを観るようで、とてもおもしろそうだと思ったためです。

アメリカへの留学を決めた理由

　留学を考えたのは、第一にアメリカの大学院ではスタイペンド（stipend）と呼ばれる経済的な支援が得られ、学生が親のすねをかじらずに勉強ができると知ったからです。私は修士課程の2年間に、育英会（現・日本学生支援機構）から200万円を借りていたので日本でさらに借金を重ねて大学院に行く気にはなれず、アメリカの大学院は経済面でとても魅力的でした。実は文化的な面で、アメリカよりイギリスに行くことに憧れたのですが、イギリスの大学院に外国人として入学してさ

らに経済支援を得るのは難しいこと、アメリカの大学院では授業をとることが必須のため、私にとって新しい分野である植物病理学を一から学ぶにはアメリカのほうが体系的に勉強しやすい、との情報を得て、結局アメリカの大学院を目標としました。

　次に、英語力を鍛える、という点で留学は魅力的でした。研究をして、その結果を世界の研究者に報告したり、海外の研究室と共同研究をしたりするためには、英語の読み書きと会話の力が必要です。私が働いていたのは外資系の会社であるため、時々英語で研究結果の発表をする必要があり、会社のお金で英語を勉強させてくれました。しかし、私の英語力はあまり改善されず、歯がゆい思いをしました。そのため、アメリカの大学院で勉強することは英語をマスターする手っ取り早い方法に思えました。

　この２つの理由から、私はアメリカの大学院に進みました。幸運にも、私はスタイペンドに加えていくつかの奨学金をもらえたので、４年間アメリカで大学院生として過ごして、結局貯金ができました。英語力もそれなりに上達したので、この２つの面では期待したとおりで満足しています。また、アメリカの大学院ではたくさんの授業を取ることが必要なため、私にとって新しい分野である植物病理学を基礎から幅広く学ぶことができました。大変でしたが、最終的にはとてもよかったです。英語の専門用語も自然に覚えることができました。

　そのほかに、留学前には考えなかったようないい経験ができました。まず、アメリカには世界各国から留学生が集まっているので、いろいろな国からきた友達ができ、異なる国の文化や価値観を学べたのが楽しく、貴重な経験になりました。同時に、いろいろな国から来た人のなまりのある英語にも慣れ、理解できるようになったことも、国際学会などで役に立っています。

アメリカとイギリスの大学院の違い

　さて、アメリカで大学院を卒業し、イギリスでポスドクとして働き始めて４年がたち、アメリカとイギリスの大学院の違いがはっきりとしてきました。もちろん、私が比較できるのは私の卒業したカンザス州立大学の大学院と、イギリス、ジョン・イネス・センターで博士号を取る場合ですが、最後に参考までに私が気付いたことを二点記しておきます。

　まず１つ目は、授業の有無です。アメリカでは、Ph.D. 課程の学生もたくさん授業をとってレポート等を提出することが必要でした。そのため、学生は嫌でも勉強をしなければならない状況に置かれます。そんな面倒見のいいアメリカ大学院のシステムは、私のように専門分野を途中で変えた学生に新分野を学ぶ機会を与えてくれます。ただ、その分研究に費やせる時間が削られてしまうのが、難点といえるでしょう。イギリスでは、日本同様、授業を取ることが必須ではないので、勉強する

かしないかは本人次第、ラボの面倒見の良さ次第ということになります。そのため、博士課程から専門分野を変える事は難しいですし、自分の研究プロジェクトに関わる研究や論文には詳しい知識があっても、その分野全体についての知識に欠ける学生が多いように思えます。

　もう1つの違いは、博士課程卒業までに必要とされる年数です。アメリカでは、あまりはっきりした決まりがなく、担当教授による学生の評価次第、といった傾向がありました。私のいた学部では、4年で卒業できれば早い方であり、たいていの学生は5～6年かけて卒業していました。多くの学生が早く卒業しようとして、できるだけ早くいい研究結果を出そうとする一方で、じっくりと研究に取り組み、いい研究成果が出た後も自分の納得行くところまで研究を進めてから卒業する学生もいました。一方、イギリスの場合、スタイペンドの出る期間が3年または4年間のみ、とはっきり決まっているため、ほとんどの学生は研究成果に関わらずこの期間内に卒業しなくてはなりません。限られた時間の中でいい結果を出そうとがんばる学生が多いですが、中には研究成果にあまりこだわらずのんびり実験をしている学生もいて、イギリスに来たばかりのころはちょっと驚かされました。

　アメリカ、イギリスそして日本、と大学院の仕組みにはいろいろ違いがありますが、その良し悪しは、大学院に行く目的とその人の性格次第で随分変わってくると思います。これから留学を考えている方には、それぞれの大学院の仕組みを入念に調べ、自己解析を行い、自分にぴったりと思える大学院探しをすることをお勧めしたいです。

2005年冬の大学院卒業式、博士課程修了者が入場するところです。夏の卒業式に比べて卒業生はずっと少ないのですが、後ろに飾られた卒業生の出身国の国旗が留学生が多いことを示しています

Case 2

大事なのは志

石井 聡 *Satoshi Ishii*

▶留学先大学名／専攻分野
　Iowa State University／Soil Microbiology：土壌微生物学
　University of Minnesota／Soil Science（major）and Microbial Ecology（minor）：土壌学（専攻）及び微生物生態学（副専攻）
▶年齢（出願当時）／性別
　21歳／男性
▶学部から現在までの経歴
　2001年東京大学農学部生命化学専修（旧農芸化学科）卒業。2003年、Iowa State University, Ames, Iowa土壌学科にて修士号取得。2007年、University of Minnesota, St. Paul, Minnesotaで土壌科学（専攻）と微生物生態学（副専攻）のPh.D.取得。現在、東京大学大学院農学生命科学研究科特任助教。

■学部卒業と同時にアメリカ大学院に留学

　研究者を志していた私にとって、海外での研究生活は、視野を広げ、仲間を増やし、さまざまな経験を積むうえで必須のプロセスと考えていました。もともとは日本で博士を取ってからポスドクとして海外留学をしようと思っていました。考えが変わったのは大学3年生のとき、配属を希望していた研究室の教授が私の学部卒業と同時に退官されるということを知ったことがきっかけでした。それなら学部卒業と同時に大学院留学するか、ということになったのです。また、当時の私は、日本人研究者の多くは英語での発表がうまくないために研究成果を世界的にあまり認めてもらえない、と思っていました。大学院留学をすることで、英語での発表やレポート執筆の訓練ができると期待したのも動機の1つです。

　さて、どこに留学しようか、と考えたとき、真っ先に浮かんだのはアメリカでした。なぜならアメリカは農業大国だからです。ダイズやトウモロコシ等の穀物や、牛肉等を国外に輸出しており、それに関する農業分野の研究も盛んに行われています。農学（土壌学）を専攻していた私にとって、アメリカが留学先になった自然なことでした。アメリカのなかでも、穀物地帯である中西部が農業の研究が盛んだったので、Iowa State University を進学先に選びました。

　アメリカの大学の農学部大学には、たいてい土壌学科があります。土壌学は主に4つの分野に分かれており、土壌の水分や熱の移動を研究する土壌物理学（Soil Physics）、土壌の化学的成分を調べる土壌化学（Soil Chemistry）、土壌の分類や様態・形成を探求する土壌生成分類学（Soil Genesis and Classification）、そして土壌の生物を研究する土壌生物学（Soil Biology）、があります。それらの

分野は、作物生産や土壌荒廃、環境汚染、などのテーマと関連付けて研究されます。日本の大学では、これらの分野はそれぞれ別の学科に分かれていることが多く（例えば、土壌物理学は農業工学科、土壌生物学は農芸化学科）、土壌学全般を広く深く学ぶ機会は多くありません。アメリカの土壌学科では、これら四分野をすべて学ぶので幅広い知識が身に付きます。私の専門は土壌生物学、特に土壌微生物学だったので、土壌学全般の知識に加えて、微生物学の知識も必要になります。そこで、微生物生態学（Microbial Ecology）を副専攻にして微生物学および生態学を勉強することにしました。

■ 修士・博士一貫ではない大学院システム

　1つ計算ちがいだったことは、アメリカの大学院システムは、すべて「修士・博士一貫」教育だと思っていたことです。つまり、大学院入学後1〜2年でQualifying Examを受け、合格したらPh.D. 課程へ、不合格だったら（または修士の学位を希望したら）修士課程へ配属される、という仕組みだと思っていたのです。実際にこのような仕組みは医学系や基礎科学系で一般的ですが、農学や工学のような応用科学系では、Ph.D. 課程入学の必須条件として修士号取得が挙げられていることが多いようです。日本の書店で売られている大学院留学の本の著者は医学系や基礎科学系留学の人が多いので、「修士・博士一貫」教育を紹介していることがほとんどです。日本における大学院留学の情報には偏りがあるな、と実感しました。

　なんらかの手違いでIowa State UniversityにはPh.D. 課程の学生として受け入れられましたが、入学後に修士を持っていないことを告げると、修士課程に配属させられました。当時は不満でしたが、今から思うと基礎をしっかり学ぶことができ、研究の幅も広がってよかったな、と思います。修士号取得後はIowaの北、Minnesotaに移り、Ph.D. を取得しました。

　学部（東大）、修士課程（Iowa）、Ph.D. 課程（Minnesota）、と3つの大学を移り渡ってきた私ですが、それぞれに良い点、悪い点がありました。学部のときの研究室では、卒業後に留学することを初期から公言していたため、1年で完結するようなテーマを与えてもらい、研究の基礎をいろいろ教えてもらいました。今でも当時学んだことが役に立っています。私の研究者としての基礎はそのころに培われたものといえましょう。修士課程のときは、授業が多く、研究に割ける時間があまり取れませんでした。Ph.D. 課程に進学後もQualifying Exam等で最初の1年はあまり実験ができませんでした。アメリカの大学院で修士号の取得に2〜4年、Ph.D. の取得に4〜8年と時間がかかるのは、卒業要件が厳しいということとともに、授業やTeaching Assistant等で研究に割ける時間が少ないことも影響しているでしょう。ただ、授業で学んだ幅広い基礎知識やプロポーザルを書く練習、

Teaching Assistant での指導経験等はその後の教育研究活動において大きく役に立っています。研究以外の道に進む場合でも、これらの経験は役に立つはずです。

■ いい研究は、英語力にかかわらず認めてもらえる

　私自身はアメリカの大学院に留学したことに大変満足していますが、だからといって誰にでもアメリカ大学院留学を勧めるわけではありません。留学が珍しかったころならいざ知らず、現在ではアメリカの大学院を卒業しただけでは評価されません。どこにいたかではなく、なにをしたか、のほうが重要だからです。私の場合は、土壌学を幅広く学べたという意味でアメリカに行ってよかったと思いますが、日本がリードしている分野では日本で研究したほうが良いかもしれません。

　これを読んでいるあなたが大学院留学すべきかどうか迷っているのなら、自分は将来なにをしたいのか、そのためには日本・アメリカ・そのほか海外、どこで学位を取ったほうがいいのか、をよく考えてください。さらに、日本でもアメリカでも大学院生活は研究室（ボスの人柄、業績、研究費）に左右されるので、いいボスを選ぶように心がけてください。大学の知名度ではなくボスで選ぶことをお勧めします。

　大事なのは、どこで大学院生活を送るにせよ、高い志を持って、目標を見失わずにいい研究に邁進することです。Good luck!

私はミネソタ大学の自転車部に所属していたので、ときどきこうしてレースに参加していました。大学院生で部活動をする人は多くありませんが、せっかくのアメリカ留学ですからいろいろ楽しまないとね！

Case 3 「ドッグイヤー」のIT分野におけるアメリカ

嶋 英樹 *Hideki Shima*

▶留学先大学名／専攻分野
　Carnegie Mellon University／Computer Science：コンピューターサイエンス（計算機科学）
▶年齢（出願当時）／性別
　22歳／男性
▶学部から現在までの経歴
　2000年〜2004年　早稲田大学理工学部情報学科（学士）。2004年〜2006年　Carnegie Mellon University, Computer Science（修士）。2006年〜現在　Carnegie Mellon University, School of Computer Science, Language Technologies Institute（Ph.D.課程）在学中。

■コンピューターサイエンスの本場、アメリカ

　私がアメリカの大学院を選んだ一番の理由は、アメリカがサイエンス、特にコンピューターサイエンスの本場だからです。

　大学に入って最初にJavaというプログラミング言語を習ったのですが、教科書は当年から新たに採用された、"Thinking in Java"という分厚い英語の本でした。教授陣の間でも、英語の教科書を使うのは理解を妨げるとの議論があったようですが、この教科書を選んだ先生の意図は、コンピューターサイエンスに携わるなら英語での情報収集に慣れてほしい、ということでした。

　ITの世界における時間の流れの速さは、犬が人間の7倍もの速さで成長するのに匹敵することから、「ドッグイヤー」と例えられています。技術仕様やソフトウェア新機能など、目まぐるしく環境が変わる中で、常に新しい変化に対応していかなくてはなりません。英語圏の企業・大学・コミュニティがITの世界をリードする中、英語の最新情報が日本語に翻訳されるまで、のんびり待っているのは致命的なのです。

■アメリカ留学の問題点Q&A

　さて、そんなミーハー（？）な理由で留学を思い立つと、さまざまな現実的な問題が決断を思いとどまらせます。私の場合は、大学4年生になってすぐ、大学院への推薦を受けるか辞退するかの時が、決断の瞬間でした。当時の問題を質問形式で再現すると、次のようになります。

　Q．最先端のことをやるなら日本でもできるのでは？
　日本でも最先端の研究をやっている大学・企業はたくさんありますが、私が見て

きた画期的な技術・研究などはアメリカから来ていました。どういう人たちがどういう発想をして変革を起こしているのか、実際に観察・体験したいという知的好奇心もありました。

今まで東京にしか住んだことがなかったので、違う環境で視野を広げたかったというのもあり、将来国際的に活躍できるよう、素地を身に付けるのにはいい機会だと思いました。

Q．最先端のことをやるなら論文を読んだりして独学でもできるのでは？

もちろんそうですが、行けるチャンスがあるのなら行ったほうがいいに決まっています。ノーベル物理学賞を取った量子力学の父、ハイゼンベルクは自伝で「科学は討論の中から生まれる」と書いていますが、研究について気軽に議論できる相手が身近にたくさんいる環境は、とても重要だと思います。

また、高等教育が形骸化せず健全に社会に組み込まれている（といったら大げさかもしれませんが）、アメリカの大学院の教育を受けられるだけでも価値があると思いました。

Q．今本当に行くべきか。会社派遣で行ったほうがいいのではないか。

学費を考えると、ポスドク留学や会社派遣留学という選択肢もありました。考えてみても答えが見つからないので、留学経験のある教授に片端からアポを取って、留学体験談を聞かせて頂きました。早いうちに行ったほうが環境にも適応しやすいのでいいということで、学部卒業後すぐ行くことにしたのですが、学費の捻出だけは、最後まで頭を悩まされました。

博士課程に出願するならお金の心配はほぼいらなかったのですが、さまざまな大学の博士課程の学生の履歴書をダウンロードしてみてみると、あまりのレベルの高さに受かる自信はありませんでした。よって修士に入学し、親や貸与奨学金で借金をして、卒業後に働いて返す案でいこうと決心しました。結果的には、修士1年目からスタイペンドが出て、幸運なことに借金はせずに済みました。

Q．合格はできるのか。受かっても無事卒業できるのだろうか。

研究実績がほとんどないのに、世界中から集まる出願者の中から選ばれるのかという不安はありましたが、10校も出せば1校ぐらい拾ってくれるだろうと思っていました。卒業に関しては、おおっぴらに言うのは恥ずかしいのですが、努力すること、忍耐力などには自信がありましたので、ポジティブ思考で大丈夫だろうと考えていました（結果として、修士は無事に卒業し、現在の博士課程に至っています）。

いい意味でのポジティブ思考は、研究にとっても大切だと思います。研究者は普通、ちょっとやそっとでは答えが出ないような問題に取りかかるので、現実を直視

しすぎると着手すらできなくなりますから。

Q．日本にいたら安泰なのにレールからはずれるリスクを取る価値はあるか。
　日本の産業界にはいい就職先がたくさんあるので、留学はリスクになるかといえばなるでしょう。ただ、さまざまな人の留学後のキャリアパスを調べてみると、リターンは大きそうでしたので、ハイリスク・ハイリターンの留学を選ぶことにしました。私事ですが、彼女と遠距離恋愛になるというというのも大きなリスクでしたが、なんとかなるもので、今年無事にゴールインできました。

Q．身近に留学した人があまりいないのに、手続きなどできるのだろうか。
　留学した先輩など身近におらず、留学関連の書籍はあまり参考になるものはありませんでした。しかし、研究留学の経験がある大学の先生や、kagakushaメーリングリストなど、インターネットからの情報が大変心強く、感謝しています。
　留学予備校は予算の都合上行かなかったのですが、お金が許すなら英文履歴書やStatement of Purposeの添削くらいはしてもらうといいと思います。

　以上ですが、留学をするか迷っている読者の方は、気にかかる質問がありましたか。この記事が皆さんの背中を押すのに、少しでも役立てば幸いに思います。

大学のキャンパスにて。冬は雪景色ですが、夏になると芝生の上での授業も見られます

Case 4

専攻分野を変えて好きなテーマを選ぶのに もってこいのアメリカ

武田 秀一郎 Shuichiro Takeda

▶留学先大学名／専攻分野
　San Francisco State University／M.A.（Philosophy and Mathematics：哲学及び数学）
　University of Pennsylvania／Ph.D.（Mathematics：数学）
▶年齢（出願当時）／性別
　22歳／男性
▶学部から現在までの経歴
　東京理科大学工学部機械工学科卒業後、San Francisco State UniversityにてPhilosophyとMathematicsの修士号を取得。その後、University of Pennsylvania, Department of MathematicsにてPh.D.を取得。University of California, San Diego（UCSD）にて客員教員、イスラエルのBen-Gurion University of the Negevでのポスドク研究員を経て、現在はPurdue UniversityにてVisiting Assistant Professor。

　現在、私は数学を専攻しているのですが、アメリカに来た当初は哲学を専攻していました。そんな訳で、私がアメリカに来た動機や経緯などは、多くのサイエンス系の大学院留学生とは異なると思います。

　私がアメリカの大学院を選んだ大きな理由は2つあります。1つ目は、「専攻分野を変更したかった」から。2つ目は、「はじめに自分の研究テーマを決める」のではなく、「いろいろな分野のことを勉強しながら、徐々に自分の分野を絞りこめる環境が欲しかった」からです。

　もちろんそれ以外にも、「アメリカに来たかったから」とか「英語がもっとできるようになりたかったから」とか「昔から何となく憧れていたから」とか、多くの留学生にあてはまるような小さな理由はいくつかありますが、基本的には、上にあげた2つが主な理由です。そして、この2つは大きくリンクしています。

▌学部では機械工学を専攻

　私は、日本の大学で学部の4年間を過ごしましたが、日本にいるときは機械工学を専攻していました。日本の大学では皆さんもご存知のように、基本的に大学を受験する際に、専攻分野を決めなければいけません。しかし、大学受験当時、高校生であった私には、大学でどのようなことが勉強できるかとか、自分にはどのような分野のことが適しているのかなど、大してわかるわけもなく、なんとなくといった感覚で機械工学科を受験し、某私立大学に入学しました。

哲学に興味を持つ

　しかし、大学に入学してから、いろいろなきっかけなどもあり、哲学、特にアメリカ・イギリスを中心に盛んな「分析哲学」と呼ばれる学問に興味を持つようになりました。初めのうちは、その分野の本を趣味程度に読みあさる、といった感じでしたが、そのうち徐々にのめりこんでいき、本格的に勉強してみたいと思うようになりました。しかし、ここで、日本の大学制度が大きな壁となったのでした。

　日本の大学制度では、ご存知のように、専攻分野の変更は極めて困難。さらに、当時すでに大学2年の終わりぐらいに差しかかっていた私には、大学を辞めて再び受験しなおすなど、なおさら困難に感じました。

　はじめに考えたことは、日本の大学院で哲学科を受験することでした。そこで、日本の大学院入試情報をいろいろと調べ始めました。当時はインターネットが現在ほど発達しておらず、かなり手探りで調べた感じだったのですが、大体わかったことは、「大学院に入るには、まず確固たる具体的な研究テーマを決めなければならない」といったことでした。

　しかし、何しろ機械工学から哲学という、ほとんど180度の進路変更であるうえに、哲学を素人感覚で勉強し始めたばかりの私には、そんなことまで決めるのは不可能に思えました。それに、そもそもそんなふうに「はじめにテーマを絞り込む」のではなく、「少しずついろいろな勉強をしながら、徐々に自分の分野を絞り込める」ような環境が欲しいと考えていました。

サンフランシスコ州立大学哲学科の修士課程に合格

　そして、いろいろ調べた末、これらすべての問題を一気に解決できるのが「アメリカの大学院に行く」ことでした。しかし、学部での専攻が機械工学で、大学レベルの哲学の授業など基本的に履修していなかった、というか履修できなかった私には、いわゆる Ph.D. プログラムに進むことは困難に思えました。そこで、選んだのが、アメリカのそれほど有名でもない大学のマスターのプログラム（修士課程）に入学する、という道でした。

　アメリカのごく一般的な、Ph.D. 課程を有さない修士だけの大学院であれば推薦状なども必要なく、かなり簡単に入学できる場合もあり、とりわけ哲学のようにそれほど人気があるわけでもない専攻であれば、なおさらです。そして、私はカリフォルニアにある、サンフランシスコ州立大学の哲学科の修士課程に見事（？）入学できました。

　しかし、多くの（特にサイエンス系）のPh.D.プログラムとは異なり、気前のいい学費免除だとか、財政援助などのようなものは一切なく、すべて自腹を切る必要がありました。そこで、私の場合、日本の学部時代、深夜のバイトや肉体労働などで貯めたお金と、やはり学部時代にもらっていた育英会の奨学金をためた貯金など

を徐々に食いつぶして留学生活を送ることになったのです。

■ 数学に出会う

　さらに、アメリカに来た当初は、ただ哲学を勉強してみたいという、純粋な学術的好奇心だけしか持っておらず、その後のプランなども特にありませんでした。「まぁ、貯金が底をついたら日本に帰るのかなぁ～」くらいの感覚でした。しかし、哲学の修士を取る過程で、いくつかの偶然も重なり、数学という学問に出会い、また、数学科でTAの仕事が得られ経済的な問題が解決された、という理由もあり、結局サンフランシスコ州立大学に4年間も在籍し、哲学と数学の2つの分野で修士号を習得することになりました。

　ちなみに、その後は、ペンシルバニア大学の Ph.D. プログラムに進み5年間でPh.D. を取得し、一年間UCSDでポスドクの（ような）ポジションを経験し、その次の1年間はイスラエルでポスドク研究員として数学の研究に従事し、現在はパーデュー大学でVisiting Assistant Professorというポジションについています（Visiting Assistant Professorといっても、基本的にはいわゆるポスドクのことなのですが）。そして、気が付いたらアメリカに渡って12年以上の月日が過ぎていったことになります。

　単純に計算すると、私の場合Ph.D. を取得するまでに、標準と比べて4年間遅れたことになります。そして現在では、哲学からは離れ、数学の研究および教育に、全力投球の毎日を送っています。哲学科で学んだことなど、直接的には全く関係のない生活を送っており、たま～に自分の本棚に飾ってある哲学科時代に使った教科書などを眺めて、昔を懐かしむ、といった程度です。しかし、今振り返ると、サンフランシスコでの4年間は私にとっては「学部のやり直し」のようなものであり、今までの人生の中で、最も重要な時期であったように思います。そして、この時代があったからこそ、ここまでやってこられたと確信しています。

■「なんとなくこんな分野を学んでみたい」で十分

　私がアメリカに来て、その後12年間を過ごしたいきさつはそんな感じですが、あらためて思うことは、アメリカの大学・大学院の裾野の広さと柔軟さです。日本人は「まず始めにやりたいことを決めて」とか「確固たる目的を持たなければだめだ」などとよく口にしますが、私はそのような考え方には強く反対します。そんなことを考えなくても、もう少し気楽に「なんとなくこんな分野の勉強がしてみたい」とか「いろいろなことをやりながら徐々に自分の道を決めていく」といったスタンスで十分だと思います。そして、そのようなスタンスを受け入れ、柔軟に自分の道を決められるような環境を提供してくれた、アメリカの大学制度にはとても感謝しています。

Part I 情報編

Chapter 1
世界で活躍する研究者を目指す

UCSDでは生徒の数が約200人のクラスを毎学期2つ受け持っていた。授業を行った教室の教壇からの眺め

Case 5

給与をもらえる院生とフレキシブルな就職口

青木 敏洋 Toshihiro Aoki

▶留学先大学名／専攻分野
Arizona State University／Science and Engineering of Materials Interdisciplinary Program：材料科学・工学学際プログラム

▶年齢（出願当時）／性別
25歳／男性

▶学部から現在までの経歴
1998年3月熊本大学工学部材料開発科卒業。2000年4月熊本大学材料システム工学専攻博士前期課程修了。2000年8月Arizona State University, Science and Engineering of Materials Interdisciplinary Program留学。2003年12月Ph.D. 修了。2003年12月Arizona State University, John M. Cowley Center for High Resolution Electron Microscopyの博士研究員に就任。2004年9月JEOL USA, Inc. に入社。2009年10月からLehigh University, Department of Materials Science and Engineering客員研究員を併任。

日本の大学院に在籍しながら留学の準備をしていた時に多くの方から、なぜアメリカの大学院に留学したいのか？という質問を受けました。アメリカの大学院は難しいよ、博士号を取れるかどうかわからないし、研究のレベルも日本とあまり変わらないじゃないか、日本で博士号を取ってポスドクで数年留学すれば良いのではないか、という訳です。確かにそれも一理あるのですが、アメリカの大学院には日本ではあまり知られていない多くの魅力があるのです。いくつかその魅力を挙げてみます。

■ 返済しなくてよい経済援助が豊富である

この豊富な財政援助という点は私がアメリカの大学院を選ぶ上で非常に重要な要素でした。私自身、裕福な家庭の出身ではなかったので、お金のかからない地元の大学に進学し、さらには毎日アルバイトに明けくれていました。

しかし、4年生になり研究室に配属されると俄然、研究が面白くなり、アルバイトと研究の両立をするのに苦しむようになりました。大学院も、同地元大学の修士課程に進学しましたが、授業料と生活費の一部を稼ぐのに忙しい研究の合間に週7日もアルバイトをしていました。とても集中して研究できる状況ではありませんでした。育英会から"奨学金"をもらうというオプションもありましたが、これはいわば借金、いつか返さねばなりません。

そんな時、友人から、アメリカでは理系の大学院生の授業料はただ、さらに給料までもらえる、という話を聞いて、ぜひアメリカの大学院に行きたい、と思いいろいろと調べました。そしてアメリカの大学院でティーチングアシスタント（TA）かリサーチアシスタント（RA）をすると、TAの場合は学科が、RAの場合は教授

が授業料と給料を支給してくれるということがわかりました。まるで夢のような話で、すぐにリサーチを始めました。

実際に入学して、院生の給料は教授、学科そして大学によって異なるのがわかりました。私の場合、最初の1年目は所属学科のRAとして共同実験室の運営を週に20時間手伝うことで、授業料・健康保険を払ってもらい、さらに月に1330ドルの給料をもらいました。2年目からは指導教官のRAになり、自分の博士研究をすることで授業料と健康保険を指導教官が払ってくださり、さらに月に1750ドルの給料（2001～2003年当時）をくださいました。私の住んでいたアリゾナならば、独身の学生であれば悠々とくらせる給料です（私は結婚していたので結構厳しかったですが）。

私のいた学科には、現在でも100人ほどの博士課程の学生がいますが、ほぼ全員がTAかRAとして授業料・給料をもらっています。これは日本の大学院生に対する財政援助とは全く比べ物にならないほど、充実したものです。この素晴らしい制度のおかげで、私はアルバイトで研究以外のことに時間を費やすことなく、大学院の教育・研究に集中することができました。さらには日本でいう"奨学金"＝借金をすることなく博士号を取得することができました。

教育の充実・柔軟性

私は日本で学士を取った後に同じ大学の修士課程に進学しましたが、授業には正直がっかりさせられました。授業は準備されたものとはとても言えず、ただ英語のテキストを訳すだけでしたし、自分の研究に関係ないこと、つまり授業に時間を費やすのは"時間の無駄"という雰囲気さえありました。

また、私自身は研究を進める中で、私の専攻であった金属工学よりも毎日実験に使っていた電子顕微鏡のことを勉強したいと思うようになりました。ナノテクノロジーのキーツールだと感じたからです。電子顕微鏡を理解するには固体物理、量子力学、結晶学、回折物理などの物理・応用物理を学ぶ必要があることを痛感しました。しかし日本の大学院は、授業は形だけで研究がメイン。研究室を移ったり、大学を移ったりするにしても、自分の専門を大きく変えるのは結構難しいと感じました。

大学院を探す過程で、Arizona State Universityに私の一番勉強したい電子顕微鏡を教育・研究の中心にすえているScience and Engineering of Materials Interdisciplinary Program（材料科学・工学学際プログラム、現School of Materials）があることがわかりました。このプログラムでは自分の興味に合わせて他学科（物理学科、化学科、地学科、材料・化学工学科、電子・電気工学科、機械工学科、航空工学科）から自由に授業を履修できましたし、電子顕微鏡の基礎から応用までを完璧にカバーした大学院レベルのコースが4つも準備してありまし

た。
　入学後は予定通り、物理学科から固体物理、量子力学、回折物理のクラス、化学科から結晶学のクラス、さらには電子顕微鏡法のクラスを4つすべてを履修するとともに、興味のあった半導体・デバイス関連のクラスを電子工学科から履修しました。アメリカの大学院の授業は形だけではなく、非常に充実した内容で、徹底的にしごかれて勉強しました。おかげで短期間のうちに、自分が研究したいと思っていた分野の基礎を固めることができました。希望通り私が勉強・研究したいと思っていた電子顕微鏡法を専門にしている物理学科の有名な先生に指導教官になってもらうことができ、さらに物理的な物の考え方を学ぶことができました。

■英語力の向上と国際交流

　現代は国際化社会、企業でもアカデミアでもますます英語力が求められる時代です。英語の吸収力は若ければ若いほど早いと一般的に言われていますので、アメリカの大学院留学を通して英語力を磨きたいと思っていました。英語で授業を受け、ディスカッションし、プレゼンテーションをし、文章を書くことでかなり英語力は磨かれたと思います。

　またアメリカの大学院には世界各国から優秀な人たちが集まってきます。私のプログラムには2003年当時、フランス、イギリス、ブルガリア、インド、中国、韓国、オマーン、そして日本（私）からの留学生が在籍しており、留学生が大学院生全体に占める割合は7割を超えていました。そしてその優秀な学生たちと知り合い、一緒に勉強・研究したり、ディスカッションをしたりすることができました。今でもクラスメートの大部分と連絡を取り合っています。

■就職のフレキシビリティ

　アメリカにおけるサイエンス・工学系博士号取得者の就職は、日本に比べ非常にフレキシブルです。Ph.D.をとった後、すぐ企業に就職する人、数年ポスドクをして企業に就職する人、企業に就職してから数年たってアカデミアに戻ってくる人と、さまざまです。このように博士号取得者の就職が多様であるのは、アメリカの企業が積極的にサイエンス・工学系のPh.D.を高給で雇うからです。

　分野によっては（応用系は特に）、Ph.D.の学生の多くが最初から企業就職を目指しています。また学科内に、企業で働きながら修士号や博士号を目指している人たちも、結構いました。私は自分の可能性を企業・アカデミアのどちらでも試すことができるアメリカのシステムを、非常に魅力的だと感じました（＊分野によっては、理系分野でも企業就職するとアカデミアに戻るのが難しい場合もある）。

　実際、私もPh.D.取得後に9カ月間ポスドクをした後、企業就職をしました。学会でお会いした企業の方に、電子顕微鏡研究では名の知れたArizona State

Universityに面白い日本人がいる、ということで興味を持っていただき、日系ナノテク・電子顕微鏡会社のアメリカ法人から誘いを受けました。仕事の面接では仕事内容についていろいろと聞いてみましたが、私がこれまで学士・修士・博士課程で学んできたことがすべて必要とされるポジションだと実感しました。これまでの教育を実社会でどう活かせるのか試してみたいと思い、就職を決めました。

就職して以来、会社におけるPh.D.に対する期待・責任の大きさに日々驚かされています。なんでも知っているのは当然の如く扱われますし、普段、お客さんとディスカッションをしたり、お客さん向けにデータを取ったりレポートを書いたりするのですが、言葉一つ一つに責任を感じます。お客さんは直接口には出しませんが、Ph.D.を持つあなたが取ったデータ・書いたレポートなら信用しましょう、という態度を取られます。お客さんによっては、ほかのエンジニアのとったデータを取り直すように要求します。プレッシャーは大きいですが、やりがいもあり、若くして責任あるポジションをまかされたりします。また現実的な話ですが、給料も学士・修士を持っている人に比べて格段に良く、Ph.D.が企業に流れるのも当然だ、と実感しました。

最後に

私はアメリカの大学院の一番のよいところは、学生を教育し将来のためにトレーニングすることに、重点を置いている点だと思います。そのトレーニングを受けることで、日本にそのままいた場合よりも、もっと幅広い知識と視野を身に付けることができたと思います。日本の大学院はどちらかというと研究者の輩出が目的であり、教育よりも研究。幸い、私のアメリカ大学院での指導教官はとても教育熱心で、かなり頻繁に一緒に実験をしましたし、データの解釈についてもディスカッションをしてくださいました。彼から受けた訓練は私の武器かつ宝であり、今後の私を支え続けてくれることと思います。

グランドキャニオンの州、アリゾナに家族3人で留学した私たちが、卒業後すぐにグランドキャニオンで見た最高に美しい夕日の写真。将来への希望で胸が一杯になりました

Chapter 2
注目される研究分野・研究者と求められる人材

前章のアンケート調査「なぜアメリカの大学院を選んだのか」の質問に対し、複数名が「希望の研究分野でアメリカが最も進んでいたから」と答えています。自分の携わる研究分野において、アメリカが世界をリードしている場合、アメリカの大学院へ進学することは理にかなっているといえます。

この章では、アメリカが世界を牽引している分野のうち、「生命科学」「材料科学・工学」「環境科学・工学」「情報科学」の4つを取り上げ、それぞれの分野で求められている人材、注目される研究対象や研究者、今後さらに発展しそうな研究トピックについて、カガクシャ・ネットのメンバーを中心に、現在活躍中の研究者の方々に紹介していただきます。

Section 1 | 生命科学 (Life Science)

生命科学は、生命の成り立ちとその機構を扱う研究分野です。生命科学の基礎となる分子細胞生物学、行動・知覚・記憶を司る中枢神経を扱う神経科学、最後に、システム工学的な考え方を生物学に取り入れた分野であるシステムバイオロジーについて解説します。

Section 2 | 材料科学・工学 (Materials Science and Engineering)

材料科学は、物理、化学、生物、工学などの知識が必要とされる学際領域分野です。カーボンナノチューブやグラフィンに代表される炭素系ナノ材料、燃料電池や太陽電池などのエネルギー関連材料、IT社会を支える光エレクトロニクス材料、電子スピンを利用するスピントロニクス、電気抵抗をゼロにする超伝導材料、そして人体内に移植されるバイオマテリアルに関して解説します。

Section 3 | 環境科学・工学 (Environmental Science and Engineering)

環境科学は、これからも健全な生態系を地球上で保つために重要な学問です。今世紀最大の関心事項の1つである地球温暖化、生活環境の向上や社会資本の整備を目的とした土木・環境工学、基礎科学・工学と実社会を結びつけるため

の環境科学と社会科学の3つの領域を中心に解説します。

Section 4 | 情報科学（Computer Science）

　情報科学は、数学の理論からセキュリティまで、コンピューターに関する多種多様な内容を扱います。今後も飛躍が見込まれるユーザーインターフェースの開発、機械学習をはじめとした人工知能、インターネットなどでおなじみの情報検索、知能化の進むロボット工学について解説し、これからのコンピューターの行方を左右する量子コンピューター・DNAコンピューターにも言及します。

　さらに詳しい情報を得たい方のために、各研究分野の紹介の最後に、関連した研究者情報を記載しました。分野の規模や従事する研究者の人数、研究の進め方（少人数の研究グループか、大規模なチームか）は、それぞれの分野で異なるため、紹介されている研究者の数にばらつきがあります。なお、スペースの都合で紹介できなかった研究者を含めた一覧情報を、カガクシャ・ネットのウェブサイト（http://kagakusha.net/alc/）に掲載しています。

Section 1 | 生命科学 (Life Science)

出雲麻里子
Vanderbilt University, Biological Sciences, Ph.D. 課程修了
University of Texas Southwestern Medical Center
Dept. of Neuroscience 所属
専門分野：分子遺伝学・神経科学

岩田愛子
Purdue University, Interdisciplinary Life Science, Ph.D. 課程所属
専門分野：細胞遺伝学・ゲノム科学

今村文昭
Tufts University, Nutritional Epidemiology, Ph.D. 課程修了
Harvard School of Public Health, Dept. of Epidemiology 所属
専門分野：疫学・栄養学

生命科学とは

　生命科学（Life Science）とは、生命の成り立ちと機構について研究する学問です。私たちヒトを含む動物、植物やウィルスを構築する分子の働きに関する分子生物学は、生命科学の中でも基礎を成す分野です。生命科学の中心にあるのは、自己複製とタンパク質発現を担っている遺伝子（DNA）です。この遺伝子に着目した分子生物学の手法が、高次のレベルでの機能解明に大きく役立っています。さらに、研究技法の発展に伴って、実験効率が上がり、より幅広い研究が可能になってきました。近年では、基本的な生命機構だけでなく、細胞や組織の種類の違い、私たち個々のわずかな違いも研究対象となり、病気の予測や治療の効率化にまで生命科学の貢献が期待されています。ここでは、最近の発展が特に著しい分子細胞生物学、神経科学、システムバイオロジーに絞って、詳しく紹介していきます。

求められる人材

　分子生物学というのは、生命機能を分子のレベルで研究する学問です。対象となる分子は、カルシウムなどの小分子から、DNAやタンパク質などの高分子になります。それら関係する分子をまず同定し、細胞内あるいは組織内でどのような性質を持ち、どのような振る舞いをするのか、研究興味の対象となる

現象について分析していきます。こうした研究に必要なのは、定性的かつ定量的に実験できる能力です。従って、生物学に加え、化学、生化学、あるいは物理化学の基礎のある人が有力な人材となります。

神経科学の特徴は、神経という特別な細胞と、その統合組織である脳に関して研究する、ということです。中心課題には、情報伝達のしくみ、神経ネットワーク、それらが生み出す個体の行動などがあります。こうした神経活動を解析するには、生理学、上述の分子生物学、心理学、行動学の手法が有用となっています。細かく見ていくと、電気生理的な実験や顕微鏡操作を可能にするための物理学、工学、光学の基礎知識、あるいは工作技能や、データを解析するための数学とプログラミング能力を合わせ持った人は、今後も神経科学の分野で求められる人材となるでしょう。

そして、システムバイオロジーでは、分子生物学の知識に加えて、膨大なデータを処理したり、計算したりするためのコンピューターサイエンスの技術が不可欠です。データ処理のソフトを作れるプログラミング能力や、実験のスケールを上げるための機械工作の技術など、需要が大きいものといえます。

どういった生命機能に着目するか、その視点を養うために生物学の基礎は大切ですが、それに加えて必要とされるのは、自分だったらどのようなアプローチで問題解決に貢献できるか、という点です。これまでは生命科学内での協力が主に行われてきましたが、今後は、より幅広い知識と技術を合わせ持つ人が、次世代の生命科学を切り開く力となるでしょう。

今後注目される研究分野

1. 分子細胞生物学（Molecular Cell Biology）

分子生物学というのは、生命機能を物理化学的な手法を用いて分子のレベルで研究する分野です。その主因子である遺伝子に関する研究は、DNAの二重らせんの発見から57年たった今でも、生物科学の中心課題となっています。というのも、ほとんどすべての生命活動に必要なシステムの担い手であり、技術の発展とデータの蓄積に伴い、ますます複雑さを増しているからです。今後は細胞だけでなく、各組織の機能や、私たちの身体の発達、ガンなどの病気の発症、ウイルス感染などの仕組みについて、分子生物学の基礎的な知見を元に解明が進むでしょう。同時に、病気の治療を目指した創薬にも貢献していくことでしょう。

転写（Transcription）

　生物は、遺伝情報を基に、細胞が機能するためのタンパク質を生産しています。遺伝情報が発現される最初のプロセスである「転写」は、タンパク化学の向上につれて、より詳細な研究が可能となっています。例えば、どの細胞でも同様に働くと思われていた基本転写因子が、組織（筋肉・卵巣など）によって役割が異なることや、組織ごとに異なる転写因子が他の分子と複合体を形成して転写を制御していることがわかってきました[1]。現在では、転写因子同士の相互作用を可視化したり[2]、複合体の構造などが調べられたりしています[3]。転写の分野の最前線で行われているのは、DNAの高次構造であるクロマチンを対象とした研究です[4-6]。これまでの二次元での考え方を発展させ、DNAが核内で存在している本来の姿から転写制御を解き明かそうと試みられています。

　転写の研究で新たな局面を迎えたのは1998年、RNA干渉（RNA interference, RNAi）が見つかってからです[7,8]。RNAは、タンパク質生産の仲介役を担うものと理解されていましたが、二重鎖構造を作ると、遺伝子の発現を特異的に抑える（干渉する）働きがあるのです。近年では、細胞に内在的に備わっているRNAiの作用機構の解明が進んでいます[9-12]。その働きを担うmicroRNAと呼ばれるRNAは、ガン細胞の制御[13,14]、心臓などの器官形成[15]など、種々の生理機能に関わっていることがわかってきました。

タンパク質の修飾（Post-translational modification）

　細胞の中で実際に働きを担うのは、遺伝子産物であるタンパク質です。これまでに多くのタンパク質が同定されましたが、その作用機構が正確にわかっているものは、まだわずかです。これを理解するための1つの視点として、翻訳（translation）後の修飾があります。タンパク質が修飾を受けることによって、機能制御にダイナミクスを与えるなど、重要な役割を果たすことがわかってきているのです。例えば、タンパク質を壊すユビキチンの働きが、転写因子の制御と遺伝子発現の活性化に連動していることが報告されました[16]。リンをタンパク質に付加する「リン酸化」についても、古くから研究されているものの、その重要性の認識がさらに深まっています。事例の1つとして、藍藻の概日時計（circadian rhythm）を司る時計タンパク質自身に、24時間のリン酸化周期を持つことが見つかり、それが概日時計の制御に関わっていることが発見されました[17]。このように、既知の分子でも、それまで知られていた以上に、時

空間的に多様な動きをしていることがわかってきています。今後は、タンパク質のネットワークや、ホルモンやカルシウムなどの小分子との関わりについても、詳細に調べられていくことでしょう。

分子生物学（Molecular Biology）における技術と応用

　分子生物学の研究は、物理化学の原理を基礎とした手法に支えられ、新たな技術も生み出してきました。現在先端で利用されている主なものとして、三種類の技術を紹介します。1つは、X線回折などで分子の三次元構造を同定していく技術です。近年では、精製技術の向上により、複合体を作る巨大分子の構造解析や[18,19]、膜タンパク質の状態も同定できています[20,21]。こうした構造解析から、アミノ酸配列と合わせて化学的な特性を考察したり、未知の機能を推察したりすることが可能になりました。2つ目は、上述のRNAiを利用した技術です。人工的に合成した二重鎖のRNAを細胞に取り込ませ、RNAiを誘導し、特定の遺伝子の働きを抑えるのです[22]。これにより、従来の方法では解析しにくかった遺伝子の機能や、生命・病理現象を検討できるようになりました。3つ目に、分子や細胞をラベルして、その挙動を空間的・時間的にイメージングする方法です。下村博士[23]が精製・発見したGFP（Green Fluorescence Protein、1964年）が、1994年に生物体内で遺伝子発現のマーカーとして使えることが報告され[24]、以降、GFPが爆発的に利用され始めました。現在では、元のGFPは改良され、色も青から赤まで40種類以上が揃うまでになりました[25]。使用法もさまざまで、特に、FRET（Fluorescence Resonance Energy Transfer）と呼ばれるタンパク質同士の相互作用を可視化できる技術[26]は、あらゆる実験で使用されています。こうした技術革新は、今後も生命機構の新たな発見や新たな仮説をもたらしていくでしょう。

　分子細胞生物学の中で新しい展開を見せている分野の1つに、幹細胞（stem cell）の研究があります。幹細胞というのは、将来何にでも分化する能力のある細胞で、体内では必要に応じて細胞分裂を続けています。この研究には2つの目的があり、1つは、多細胞生物の初期発生と分化のメカニズムを解き明かすことです。もう1つは、臨床応用です。例えば、病気で体の一部が損傷した時に、拒絶反応のない治療法として患者自身の細胞を用いるというものです。しかし、胚を使うという倫理的な観点から、ヒトの幹細胞研究は非常に困難な状況にありました。そんな中で登場したのが、山中教授[27]によるiPS細胞（induced pluripotent stem cell）です（2006年）。マウスの皮膚細胞に4つの

因子を導入するだけで、幹細胞に似た性質をもつ万能細胞ができるのです。その後の進展は目覚ましく、今では世界中の研究者がiPS細胞の研究に参入しています。また、ガン組織の細胞分裂をなかなか止める事ができないのは、幹細胞様のガン細胞があるからではないかという仮説が検証されており[14]、ガンの治療法に新たな希望が見出されています。

2. 神経科学 (Neuroscience)

生物の機能の中でも、行動や知覚、記憶などを司る中枢神経は、動物として生きていくために必要不可欠な機構です。また、高等生物では、感情、言語、思考といった高次の機能が発達しており、こうした脳の活動がどのように生み出されるのかというのは、大変謎の多い部分です。複雑さを極める脳のメカニズムについては未解決の問題が多くあり、近年では重点的に研究される領域となっています。

神経科学において1つのターニングポイントとなったのは、1991年、ラットから嗅覚の受容体をコードする遺伝子が同定された時です[28,29]。この発見以降、旧来からの電気生理学と心理学に加えて、分子遺伝学のアプローチが参入し、現在では一大分野を成しています。

神経回路 (Neural circuit) の研究

今後、神経科学において主流になると言われているのが、神経回路の研究です。研究が最も進んでいる嗅覚の分野を例に紹介しますと、匂いを探知する受容体は特定の器官（鼻）に発現しており、そこで匂いの成分が結合します。しかし、実際に匂いを"感じて"いるのは脳です。つまり、嗅覚の細胞から脳内へシグナルが伝達され、そこで何らかの仕組みにより、特定の匂いを"感知"しているわけです[28-31]。外界の刺激は一体どういう経路で伝達され、脳内で明確に選り分けられているのでしょう。視覚、味覚、聴覚についても同様なことがいえます。さらに、感知したものが「記憶」され、「行動」に反映されるのは、どういったメカニズムによるのでしょう。記憶の研究で特に興味深いのが、場所細胞（Place Cell）と呼ばれる神経細胞です。不思議なことに、動物がある位置に立った時だけ発火し、それ以外の場所では静止しています。つまり、特定の場所を"記憶"できる細胞というわけです。記憶の解明にもつながる研究で、先端研究の1つとなっています[32,33]。このような神経回路がどのようにできるのか、発生学的な観点からの研究もあります[34,35]。

Part I　情報編

全神経回路のマッピング

　こうした神経回路の研究を支える技術が、現在猛烈な勢いで生み出されています。最前線で行われている研究の1つが、全神経回路のマッピングです。脳の切片を前部から後部まで順次作り、電子顕微鏡で撮影し、脳内の全神経のつながりをマッピングしていくというものです[*36,37]。これには膨大な画像処理が必要で、最新の技術をもってしても、哺乳類の脳で何十年もかかると予測されています。神経回路の構造決定を促進するための技術開発も数多く行われ、その1つが、上述のGFP由来の蛍光タンパク質の応用です。脳細胞でさまざまな蛍光タンパク質を発現させ、100種類近くの色を生み出す"Brainbow"と呼ばれるマウスが作られ、個々の神経細胞を識別することが可能になりました[*38]。これと並行して、神経同士の機能的なつながりを調べる研究も出てきています。2005年から発表されているのは、生きた脳内にて、複数の神経の活動を二光子顕微鏡で同時に可視化するという実験です[*39,40]。この技術により、知覚や行動パターンと、神経回路の関係を調べることができるようになりました。また、脳の表層だけでなく、海馬や視床下部などの深い部位でのイメージング[*41]や、神経細胞樹上突起上のスパインといったミクロなレベルでのシグナル解析[*42]、さらには、単一分子の動きを特定できる高解像度のイメージング[*43,44]といった最新の技術も、新たな知見を切り開くと期待されています。

シナプス経路の停止・活性化の技術

　神経回路の機能を調べる手法として、特定のシナプス経路を止める、あるいは活性化するという技術の開発が行われています[*45-48]。最も画期的な技術として近年登場したのは、クラミドモナス（藻の仲間の単核細胞生物）から得られた光感受性（photosensitive）のイオンチャンネルを、哺乳類の神経細胞に導入し、光刺激により神経活動を自在に活性化するというものです。チャンネルロドプシンというこの分子は2005年に発表され[*49]、神経科学界に急速に浸透していきました。2007年には、逆に、光刺激で神経活動を抑制できるハロロドプシンが発表されました[*49,50]。単離した神経細胞や、脳スライスだけでなく、生きた動物で使えることも実証されており[*51]、神経回路と行動の関係を解析するツールとして期待が寄せられています。

　こうした研究から、神経同士のコミュニケーションの機構が明らかになり、記憶力や学習能力の発達、子どもの認知力への環境の効果、そして記憶の衰えのメカニズムの理解が進むことが期待されています。また、高齢化による認知

症、うつ病の発症・進行など、社会の負担が増しており、こうした脳の病気に対して、神経科学の発展に医療分野からの望みも託されています。

3．システムバイオロジー (Systems Biology)

1996年の酵母の全ゲノムシークエンスの完了を皮切りに、バクテリア、線虫、ハエ、マウス、そして、ヒトの全ゲノムがシークエンスされました。遺伝子の数と位置も大まかに同定され、ポストゲノムの時代へと入っていきました。ここで登場したのがシステムバイオロジーです。システムバイオロジーというのは、ある側面（多くは遺伝子）について網羅的に調べ、その観察からネットワークの構造と機能を推察し、生命の理解につなげる学問です。すべての目的因子を一挙に研究していくので、非常に大掛かりになるという特徴があります。そのため、システムバイオロジーを支える技術と膨大なデータをさばく情報科学の進展が必要となってきます。

マイクロアレイ (Microarray)

まずは、90年代から開発が重ねられてきたマイクロアレイです[*52]。何千何万という遺伝子の発現や遺伝型を一気に調べることができるDNAチップは、ゲノムを相手に研究する人たちに特に受け入れられました[*53,54]。全遺伝子の発現パターンを観察できる強みは大きく、初期発生やガン細胞の進展様式などについて、網羅的に調べる研究が可能になりました。また、分子生物学でよく使われるChIP（Chromatin Immunoprecipitation）と組み合わせることによって、転写因子のターゲットを探索することができています[*54-56]。ChIP-on-Chipと呼ばれるこの技術は、幹細胞の特性や細胞周期（cell cycle）などを調べたりするのに使われています。ターゲット遺伝子を迅速に同定し、ネットワーク解析を促進するために、今後はシークエンスと組み合わさったChIP-seqや、タンパク質の結合相手を調べるProtein array[*56]という新たな技術とともに、精度や規模の点でも充実していくと期待されています。

次世代シークエンサー (Next generation sequencer) の誕生

こうした研究から、ゲノムを相手に研究する需要は非常に大きく、シークエンスの技術改良も躍進しています。1977年から30年もの間、シークエンシングの主流として使用されてきたサンガー法は、コストが高く、ハイスループット（high throughput）ではないなどの問題も抱えていました。そこで、最新

のマイクロ流体学（fluid mechanics）、ナノテクノロジー、情報学を駆使して誕生したのが、次世代シークエンサーです。2009年11月現在、市場に出回っている主なものはRoche/454 FLX Pyrosequencer、Illumina/Solexa Genome Analyzer、Applied Biosystems SOLiD TM Sequencerです。これらのシークエンサーを使うことにより、短時間で膨大な量のシークエンスデータを得ることができるようになりました。また、次世代シークエンスを超える第三世代シークエンス技術も発達しています。これは従来のシークエンスのようにDNAを増幅せずにたった一分子のDNAのシークエンスを読み取るもので、現在市場に出ているものでは、Quake教授[57]の研究をもとにしたHelicos Biosciences社のHeliScopeがあります。このようなシークエンス技術の発展は、システムバイオロジーに必要なゲノミクス（genomics）、トランスクリプトーム（transcriptome）、プロテオーム（proteome）といった網羅的解析を効率よく迅速に行うことを可能にしています。

計算科学と分子生物学（Computer science and molecular biology）

また、計算科学も分子生物学に密接に関わってきています。主な研究は、分子の挙動と化学的な性質をもとに、コンピューターでシミュレーションし、現在わかっていない性質を予測するというものです。一方、その逆のアプローチとして、Synthetic Biologyと呼ばれる分野が躍進しています。物理化学的知見と分子挙動の計算を元に、実際に分子生物学の手法で実証するという研究です[58-60]。現在では、人工的に生物現象をデザインできるまでに至っています[61]。将来的には、こうした理論の応用が、私たちヒトで実験・観察できないこと、例えば病気の進行や薬の副作用などの検討を可能にすることが期待されます。

大規模プロジェクトの展開

これまでシステムバイオロジーで検討されていたのは、細胞における遺伝子のネットワークでしたが、現在では大規模な研究が展開しています。例えば、マウスの遺伝子をすべてノックアウトするというプロジェクトが進んでいます。これにより、個体レベルでの研究が可能になります。脳科学の分野においても、脳内における遺伝子発現を網羅的に調べ、その情報を基に、さまざまな研究が行われようとしています[62]また、インフルエンザウィルスのゲノム解析（Influenza Genome Sequencing Project）や植物のゲノム解析（Plant Genomics Consortium）などの世界規模のプロジェクトも進んでいます。この

ようなリソースが、今後の生命科学の進展に与える影響は大きいと思われます。基礎的な現象のみならず、例えば、遺伝情報の違いや環境でわずかに異なってくるヒトの病気や、植物の繁殖能の違いを包括的に検討することが可能なのです。病気の予防・治療、エコシステムの改善を目指して、生命科学が実験室や理論だけでなく、私たちの身近な社会に貢献していくことでしょう。

研究者情報
1.　分子細胞生物学
＊1：Robert Tjian, Univ. of California at Berkeley, Dept. of Molecular and Cell Biology
＊2：Tom Kerppola, Univ. of Michigan at Ann Arbor, Dept. of Biological Chemistry
＊3：Eva Nogales, Univ. of California at Berkeley, Dept. of Molecular and Cell Biology
＊4：C. David Allis, Rockefeller Univ., Lab of Chromatic Biology and Epigenetics
＊5：Timothy J. Richmond, ETH Zürich, Institute of Molecular Biology and Biophysics
＊6：Shelly L. Berger, Univ. of Pennsylvania, Dept. of Cell and Developmental Biology
＊7：Andrew Fire, Stanford Univ. School of Medicine, Dept. of Pathology and Genetics
＊8：Craig Mello, Univ. of Massachusetts Medical School, Program in Molecular Medicine
＊9：Gary Ruvkun, Harvard Medical School, Dept. of Genetics
＊10：Victor Ambros, Univ. of Massachusetts Medical School, Dept. of Molecular Medicine
＊11：David P. Bartel, MIT, Whitehead Institute for Biomedical Research
＊12：Thomas Tuschl, Rockefeller Univ., Lab of RNA Molecular Biology
＊13：Todd R. Golub, MIT, Whitehead Institute for Biomedical Research
＊14：Tyler Jacks, MIT David H. Koch Institute for Integrative Cancer Research, Dept. of Biology
＊15：Eric N. Olson, Univ. of Texas Southwestern Medical Cneter at Dallas, Dept. of Molecular Biology
＊16：William P. Tansey, Cold Spring Harbor Lab
＊17：近藤孝男, 名古屋大学, 理学研究科生命理学専攻
＊18：Roger D. Kornberg, Stanford Univ. of Medical School, Dept. of Structural Biology
＊19：Thomas A. Steitz, Yale Univ., Dept. of Chemistry
＊20：Roderick MacKinnon, Rockefeller Univ., Lab of Molecular Neurobiology and Biophysics
＊21：Eric Gouaux, Oregon Health & Science Univ. Vollum Institute, Dept. of Biochemistry and Molecular Biology
＊22：Greg Hannon, Cold Spring Harbor Lab
＊23：下村脩, Woods Hole Marine Biological Laboratory
＊24：Martin Chalfie, Columbia Univ., Dept. of Biological Sciences
＊25：Roger Tsien, Univ. of California at San Diego, Dept. of Pharmacology
＊26：宮脇敦史, 理化学研究所, 脳科学総合研究センター
＊27：山中伸弥, 京都大学, 再生医科学研究所

Part I 情報編

2. 神経科学

* 28：Linda B. Buck, Fred Hutchinson Cancer Research Center, Division of Basic Sciences
* 29：Richard Axel, Columbia Univ., Dept. of Neuroscience
* 30：Cori Bargmann, Rockefeller Univ., Lab of Neural Circuits and Behavior
* 31：Catherine Dulac, Harvard Univ., Dept. of Molecular and Cellular Biology
* 32：Edvard I. Moser, Norwegian Univ. of Science and Technology, Centre for the Biology of Memory
* 33：May-Britt Moser, Norwegian Univ. of Science and Technology, Centre for the Biology of Memory
* 34：Thomas M. Jessell, Columbia Univ., Dept. of Biochemistry and Molecular Biophysics
* 35：Liqun Luo, Stanford Univ., Dept. of Biology
* 36：Winfried Denk, Max Planck Institute for Medical Research, Dept. of Biomedical Optics
* 37：Dmitri B. Chklovskii, Howard Hughes Medical Institute Janeila Farm Research Campus
* 38：Jeff Lichtman, Harvard Univ., Dept. of Molecular and Cellular Biology
* 39：Clay R. Reid, Harvard Medical School, Dept. of Neurobiology
* 40：Karel Svoboda, Howard Hughes Medical Institute Janeila Farm Research Campus
* 41：Mark Schnitzer, Stanford Univ., Dept. of Biological Sciences and Applied Physics
* 42：安田涼平, Duke Univ. of Medical Center, Neurobiology Dept.
* 43：Eric Betzig, Howard Hughes Medical Institute Janeila Farm Research Campus
* 44：Stephen W. Hell, Max Plank Institute for Biophysical Chemistry, Dept. of NanoBiophotonics
* 45：Alla Y. Karpova, Howard Hughes Medical Institute Janeila Farm Research Campus
* 46：David Anderson, California Institute of Technology, Division of Biology
* 47：利根川進, MIT, Dept. of Biology
* 48：Gero Miesenböck, Oxford Univ., Dept. of Physiol
* 49：Karl Deisseroth, Stanford Univ., Dept. of Bioengineering
* 50：Ed Boyden, MIT, Media Lab
* 51：Luis de Lecea, Stanford Univ., School of Medicine, Dept. of Psychiatry & Behavioral Science

3. システムバイオロジー

* 52：Patrick O. Brown, Stanford Univ., School of Medicine, Dept. of Biochemistry
* 53：George Church, Harvard Medical School, Dept. of Genetics
* 54：Richard A. Young, MIT, Dept. of Biology
* 55：Bing Ren, Univ. of California at San Diego, Dept. of Cellular and Molecular Medicine
* 56：Michael Snyder, Stanford Univ., School of Medicine, Dept. of Genetics
* 57：Stephen Quake, Stanford Univ., Dept. of Bioengineering
* 58：Stanislas Leibler, Rockefeller Univ., Lab of Living Matter
* 59：Uri Alon, Weizmann Institute of Science, Dept. of Molecular Cell Biology & Physics of Complex Systems
* 60：James J. Collins, Boston Univ., Dept. of Biomedical Engineering
* 61：Michael Elowitz, California Institute of Technology, Division of Biology
* 62：Allen Institute for Brain Science

Section 2 | 材料科学・工学 (Materials Science and Engineering)

青木敏洋
Arizona State University, Science and Engineering Materials
Ph.D. 課程修了
JEOL USA, Inc. および Lehigh University 所属
専門分野:ナノマテリアルサイエンスと高分解能電子顕微鏡法

材料科学・工学とは

　材料科学・工学（Materials Science and Engineering）とは、物理、化学、生物、工学などの知識を利用して、物質のさまざまな性質を理解する学問です。また、それを利用して、私たちの生活を豊かにする新素材を開発したり、バイオテクノロジー、ナノテクノロジー、情報科学、エレクトロニクス、エネルギー、生産など、幅広い分野のニーズに合う材料・システムを研究・開発したりします。

求められる人材

　材料科学・工学は、従来の金属、ポリマー、セラミックスなどのように簡単に分類できない他の分野と密接に関連した学際的な学術分野に発展しました。この分野で今後求められる人材とは、材料科学の基礎に加えて、基礎科学、つまり物理、化学、生物、数学をきっちりと身に付けている人であろうと思います。幅広い基礎科学の知識があれば、学部・学科の壁を越えた学際的な分野でもスムーズに対応できます。

　物理や化学の知識の中でも、特に量子力学・量子化学の知識は必須です。近年、ナノ材料科学・工学が主流となっているため、ナノサイズの小さな領域、あるいは原子・分子の世界で起こる現象、量子効果や量子閉じ込め効果などを理解し、応用するには、高度な量子力学・量子化学の知識が必要となります。

　また伝統的に、材料科学・工学分野の人は、生物学にあまり強くない傾向があります。しかし、近年は、ナノテクノロジーとバイオテクノロジーの融合により、材料科学の医療分野への応用が拡大しており、今後はますます生物学の知識が重要性を増すと考えられます。

　材料科学・工学の分野で成功する人は、しっかりした基礎科学を身に付け、さらには自分の研究以外のことにも目を向けられる人です。そして、自分の知

識・研究の幅を、時代の要請に応じて、あるいは将来のニーズを先読みする目を持って、自発的に広げることのできる人です。今後は、地球環境を考慮した材料やシステム開発を念頭に置くことも重要となることでしょう。

今後注目される研究分野

　材料科学は一般的に広く認知されている学問ではないかもしれません。しかし私たちは、普段、さまざまな材料を利用し、その恩恵を受けて生活しています。錆びない鉄、ステンレス鋼、プラスチック、HDテレビに使われる液晶やガラス、化合物半導体材料でできた半導体レーザーや発光ダイオード（LED）、半導体シリコンでできたコンピューターチップなど、例を挙げれば限りがありません。このように非常に幅広い材料を取り扱う材料科学の中から、いくつか注目されている材料について紹介します。

1．炭素系ナノ材料（Carbon Nanomaterials）
CNT（Carbon Nanotubes）

　炭素系ナノ材料は、フラーレン（Fullerene）、カーボンナノチューブ（以下CNT）などの存在により、常に注目され、活発な研究が行われてきました。特にCNTは、実験・理論の両方を通じて、理想的な材料であることが示されました。例えばCNTは、機械的には鋼の数十倍も強いだけでなく、軽量でしなやかな性質を持っています。また、原子の配列により、金・銅などの金属よりもずっとよく電気を流す金属的性質や、半導体のような性質を発現します。CNTについて、これまで基礎および応用研究が盛んに行われてきました。例えば、CNTは非常に良い半導体にもなるので、CNTを用いた電子一個で動作可能なトランジスタが試作され[*1]、この技術を用いたエレクトロニクス研究が盛んに行われています。またCNTは形状が小さいことから電界放射に適していると考えられ、高性能ディスプレイに使おうとする研究、あるいは安全に水素を内部に貯蔵できることから燃料電池などに応用する研究など、さまざまな試みがなされています。

グラフィン（Graphene）

　グラフィンは近年、発見され、CNT以上に注目を集めるようになった材料です。グラフィンとは、炭素原子が蜂の巣型（ハニーコーン構造）の強い結合を作った一原子厚しかない二次元材料で、丸めるとゼロ次元材料であるフラー

レンとなり、ロール状に巻くと一次元材料のCNTになります。さらにフラーレンを何枚も重ねると三次元材料のグラファイトとなります。グラフィンは元来、単原子層のシートとして存在し得ないと考えられていましたが、2004年にUniversity of Manchester（UK）とInstitute of Molecular Electronics（Russia）のチームが偶然グラフィンシートを発見しました。それ以来、グラフィンは材料科学および物性物理において最も注目を集める材料となりました。Geim教授とNovoselov博士[*2]は、論文の中でグラフィンのことを"Rapidly rising star on the horizon of materials science and condensed matter physics（材料科学および物性物理界で急速に台頭する新星）"と呼んでいます。

　グラフィンは素晴らしい電気伝導性をもっており、電子の移動度は室温で15,000cm^2/Vsと当初報告されました（シリコン内での電子の移動度約1,350cm^2/Vs、電子の移動度が速いと言われているガリウム砒素でも8,000cm^2/Vs）。しかし近年では、より質の高いグラフィンで200,000 cm^2/Vsの超高速移動度の報告もあります。Boston UniversityのNeto教授[*3]が、共同研究者と共にグラフィンの電子特性について詳しいレビューを発表し、グラフィンの優れた、そして特異な性質が明らかとなりました。

　Georgia Techのde Heer教授[*4]のグループは、シリコンカーバイド（SiC）基板上にグラフィンを作ることに成功し（それまではセロハンテープを使ってグラファイトからグラフィンを剥がし取っていた）、半導体プロセスを使って回路を作ることが可能なことを報告しました。University of ManchesterのSchedin教授ら[*5]は、グラフィンの表面にガスが吸着、脱着する際に局所的な電子状態がかわることに着目し、グラフィンをガスセンサーに用いる研究に着手しました。CNTも同様にセンサーに適していると考えられていますが、グラフィンの方がよりこの応用に適しています。また、グラフィンはスピントロニクスへの適性も良く、University of ManchesterのHill教授ら[*6]は、グラフィンを用いたスピンバルブ素子について研究をし、将来の可能性を示唆しました。また、量子コンピューターや水素を吸着する特性を利用した、水素貯蔵用材料としての研究も検討されています。

　グラフィンはまだ新しい材料であり、完全にその特性が明らかとなっていません。しかし理論的・実験的に、これまでの炭素系ナノ材料以上に素晴らしい特性を持っていることわかってきており、今後の基礎的特性の解明に加えて、更なる応用研究の発展が期待されます。

2. エネルギー関連材料

　温室効果による気候の変動への危惧に加え、不安定な石油供給・価格に対する不信感から、代替・クリーンエネルギー開発の研究が世界中で活発に行われています。米国では「維持可能なエネルギー」研究に対して、National Science Foundation が大きな研究予算を配分し、バイオマス、バイオ燃料、バイオエネルギー、光起電力効果を利用した太陽エネルギー利用、風力・波力エネルギー、燃料電池など、さまざまなクリーン・グリーンエネルギー研究を活性化しようとしています。

燃料電池 (Fuel Cells)

　燃料電池は、水素あるいはエタノールなどの燃料から電気を作り出すデバイスのことであり、温暖化ガスの排出が少ないことから、石油・石炭などにかわる次世代エネルギー源として期待されています。燃料電池にもさまざまな種類がありますが、基本的な原理は水の電気分解の全く反対の原理を利用することです。水の電気分解では、水（電解質）に陽極および陰極の電極を浸し電圧をかけると陽極側では酸化反応が起こり、酸素が生成し、負極側では還元反応が起こり、水素が発生します。一方、燃料電池では、陰極側（燃料極）に水素などの燃料を供給して、水素をイオン化し、これが陽極側の酸素と反応して水を作る時に電気を発生します。燃料電池は、燃料である水素、酸素を供給している限り、電気を生成し続けることができます。

　この技術の最大のチャレンジは、コスト、耐久性、信頼性に加え、小型化などが挙げられます。材料科学は、これらのチャレンジにおいてこの燃料電池内に使われている材料、例えば電極材料や電極に使われている触媒などの改善により、効率を上げてコストを下げるための研究や、ガスのままでは取り扱いが難しく、貯蔵にも大きなタンクが必要となる水素をより安全で効率的に貯蔵するための材料開発（水素吸蔵合金など）に貢献しています。

プラチナにかわる電極触媒の開発

　Los Alamos National Laboratoryの Bashyam博士とZelenay博士[*7]は、これまで使われてきた非常に高価なプラチナ（白金）触媒にかわる、コバルト-ポリピロール-炭素（Co-PPY-C）ナノコンポジット材料の電極を作製し、コバルトを用いた電極触媒の開発を進めています。コバルトは白金に比べ安価なので、コスト削減につながります。また、フランスのLe Goff博士ら[*8]は、ヒ

ドロゲナーゼ（酵素の一種で非常に効率よく酸化還元反応を促進する）にヒントを得て、プラチナよりもずっと安いニッケル錯体触媒を作成し、これを表面積の大きいCNT上に堆積して効率を上げた電極開発を試み、成果を得ています。

太陽電池（Solar Cells）

　太陽などの光エネルギーを、材料の光起電力効果を利用して電力に変換する太陽電池は、理想的なクリーンエネルギー技術です。光を直接、電力に変換するため、温室ガスの放出はなく、どこにでも設置することができるので、電線を張り巡らせる必要もありません。一口に太陽電池と言っても、材料の種類によって、単結晶シリコン電池、多結晶シリコン電池、薄膜シリコン電池、CdTe太陽電池、有機半導体太陽電池、III-V族半導体系、量子ドット電池など、さまざまなものがあり、それぞれ長所・短所があります。例えば、最も古くからある単結晶シリコン太陽電池は、太陽光を電圧に変換できる効率は20%を越えますが、コストがかかります。多結晶シリコン太陽電池は、変換効率は15〜18%と劣るものの、より安価なため、汎用されています。また、薄膜シリコンを用いた太陽電池も、変換効率は劣るものの、大量生産・軽量化・フレキシブル化(薄く柔らかいシールのようなものを作れる)可能などの長所があります。

CIGS太陽電池

　また、比較的新しい材料であるCIGS系は、Cu（銅）、In（インジウム）、Ga（ガリウム）、Se（セレン）からなる半導体です。半導体シリコンよりも効率よく光を吸収するため、太陽電池を作る時にさらに材料の厚みを薄くすることが可能です。このCIGSを用いると、軽量化、およびフレキシブル化が可能であり、National Renewable Energy LaboratoryのRepins博士ら[*9]は、CIGS系の太陽電池で19.9%の高い変換効率を報告しています。

III-V族半導体系電池ほか

　変換効率が非常に高い太陽電池に、III-V族半導体系電池（Group III-V Compound Semiconductor Solar Cells）があります。Fraunhofer Institute for Solar Energy SystemsのGuter博士ら[*10]は、GaInP半導体を用いて効率が41%を超える電池を作製しました。ただし、多結晶シリコンなどに比べ非

常に高価なため、どこにでも使えるというわけではありません。

また近年は、有機半導体 (Organic Semiconductors) を用いた太陽電池の研究が急ピッチで進められています。University of California at SantaBarbaraのHeeger教授らのグループ[*11]は、半導体ポリマー製の光吸収特性の異なる2つのセルを縦につなげて、より広い範囲の光を利用できるタンデムポリマー太陽電池の試作を報告しています。一方、ポリマーおよび有機系太陽電池は、長時間の使用により劣化する危惧もあります。従って、変換効率を上げること以外にも劣化を防ぐことが、ポリマー・有機系太陽電池の今後にとって非常に重要となってきます。

米国National Renewable Energy LaboratoryのNozik博士ら[*12]は、量子ドットを利用した太陽電池を使うことで変換効率を61％くらいまで向上することが可能との見解を発表し、その後、多くの研究が行われています。量子ドットの太陽電池はまだ実用段階には達していないようですが、今後の更なる発展が期待されています。

3．光エレクトロニクス材料 (Opto-Electronic Materials)

電子工学と光学の融合学問である光エレクトロニクスは、現在のIT社会を支える重要な研究分野です。光通信や光記録、情報表示などのシステムを支える光デバイス（LED、レーザー、光ファイバー、光センサーなど）は、さまざまな材料で作られており、材料技術の発展はこの分野においても重要となってきます。

III族窒化物半導体 (Group III Nitrides)

シリコンやガリウム砒素（以下GaAs）などの半導体は、これまで多くの研究が行われ、技術がかなり確立されています。1990年代に、中村教授（元日亜化学、現在University of California at Santa Barbara）[*13]が、窒化ガリウム（GaN）系のIII族窒化物半導体を用いて、20世紀中には不可能といわれた青色の発光ダイオード（LED）、レーザーダイオード（LD）を世界で初めて開発しました。それ以来、III族窒化物半導体と呼ばれるGaN、窒化インジウム（InN）、窒化アルミニウム（AlN）などの材料も、多くの研究者の関心を集めています。

III族窒化物半導体は、どれも発光に非常に適した直接遷移型です。3つの材料を混ぜ合わせて、窒化アルミニウム・ガリウム合金（$Al_xGa_{1-x}N$）を作

ると、遠紫外線〜紫外線のLED、LDを生み出すことができ、窒化インジウム・ガリウム合金（InyGa1-yN）を用いると青色〜緑色のLED、LDを作ることができます。III族窒化物は、他のシリコンやガリウム砒素（GaAs）などの確立された半導体に比べて欠陥密度が非常に高いこと、大きな結晶を作ることが困難なこと、また結晶を従来の方向に成長させた場合、材料内部で分極が起きてしまう（Polarization）ことなどを解決すべく、今でもかなり活発な研究が行われています。この分野での日本人の活躍は著しいですが、アメリカで活発な研究が行われている研究機関はUniversity of California at Santa Barbaraなどが挙げられます。

酸化亜鉛（ZnO）

　ZnOは古くから研究されてきた材料です。ワイドバンドギャップ（ほぼ紫外線領域の光に対応する）に加え、発光に適した特性を持っているので、レーザー・LED応用への期待が高まり、注目される材料となりました。同様に、紫外線〜青色領域のGaNは、既に広く実用化が進んでいますが、材料中に欠陥が多いことが欠点です。一方、ZnOは欠陥の少ない結晶を比較的容易に、簡便な方法で作ることができるため、コスト、効率、信頼性の問題でも期待が大きいといえます。また欠陥が少ないことから（欠陥が少ないことはLD材料にとって理想的）エキシトンと呼ばれる現象を利用した室温でのレーザー発振の報告もあり、魅力的な材料です。Virginia Commonwealth UniversityのÖzgür教授ら[14]は、ZnOについてかなり包括的なレビュー論文を発表しています。

　University of California at Berkeleyのグループ[15]は、自己組織化によりサファイア基板上に作製したZnOのナノワイヤを用いて室温で紫外線レーザー発振をすることに成功し、ZnOのナノワイヤ、ナノロッド、およびZnOによるレーザー研究を活性化しました。MOXtronics, Inc.のRyu博士[16]は、共同研究者らと共に多重量子井戸構造（Multi-Quantum Well: MQW）を有するZnO/BeZeO薄膜を用いて紫外線レーザーダイオードを作製しました。また、遷移金属を添加することで希釈磁性半導体となるという報告もあり、スピントロニクスへの応用の面でも研究が進められています。

4．スピントロニクス（Spintronics）

　従来の電子デバイスでは、電子の持つ電荷のみを利用してきました。現在で

は電子の持つもう1つの特性、スピン（upとdownの2種類がある）を制御し、それを利用するデバイスの開発が試みられています。

GMR素子、TMR（Tunneling Magnetoresistance = TMR）

このスピントロニクスの前衛と言える巨大磁気抵抗（GMR）を用いたデバイスは、ハードドライブの高集積化に多大な貢献をしました。発見者のFert博士とGrünberg博士[17]が2007年のノーベル物理学賞を受賞したことはまだ記憶に新しいかと思います。トンネル磁気抵抗（TMR）という現象を利用した素子も広く用いられています。

GMR素子、TMRなどの研究においてはIBM Almaden研究所[18]が大きな貢献をしており、Stanford Universityと共同で、2004年にスピントロニクスの科学と応用を研究するIBM-Stanford Spintronic Science and Applications Centerを設立しました。磁性を持つ半導体（Magnetic Semiconductor）研究においては、東北大学の大野教授のグループが先駆的な仕事をし、大きな業績を残しています。

University of MarylandのAppelbaum教授[19]は、磁性材料中ではなく、半導体シリコン中でのスピン注入、輸送、コントロールについて研究を進めてきましたが、彼の成果はスピンを利用するシリコンの集積回路が開発可能であることを示唆しています。

分子スピントロニクス（Molecular Spintronics）

Institut Néel, CNRS & Université Joseph FourierのBogani博士とWernsdorfer博士[20]は近年、分子エレクトロニクスとスピントロニクスの融合とも言える単分子磁石（磁性、スピンを持つ分子）を用いたスピントロニクスデバイス、例えば、分子スピントランジスタ、分子スピンバルブ、分子マルチドット素子などの研究のアイデアについて言及しています。この分子スピンエレクトロニクスは新しい分野であり、磁性・スピンを持った単一分子を作り、それを室温で制御するなど難しい課題は多いでしょうが、今後の発展が期待される分野といえます。

スピンをベースとした量子コンピューターを開発するには、量子ドット中の電子のスピンをコントロールすることが鍵となってきます。Delft University of TechnologyのKoppens教授ら[21]は、実験的に単一電子のスピンを量子ビットとしてコントロール可能なことを示しました。

5．超伝導材料（Superconductors）

　超伝導とは、物質を冷却していったときに、ある特定の温度で電気抵抗がほぼゼロになる現象です。1980年代に銅酸化物による高温超伝導材料が発見され、大ブームが起きましたが、ここ最近は下火でした。しかし、2001年に青山学院大学の秋光教授のグループ[*22]が、金属間化合物であるMgB2が39Kで超伝導を示すことを発見しました。銅酸化物超伝導よりも低い温度ですが、金属系の超伝導温度の記録更新であり、第2の高温超伝導材料として注目されました。また、2008年には、銅を含まず、これまで超伝導の発現を阻害すると考えられていた鉄を含む新しい第3の高温超伝導材料を、東京工業大学の細野教授のグループ[*23]が発見し、新たなブームを生み出しました。超伝導と相性が悪いと思われていた鉄ですが、細野グループとその共同研究者の研究で、鉄がどのように超伝導に寄与するのかが明らかになりつつあります。T_c（超伝導の発現する温度をT_cと呼ぶ）は銅系のものと比べるとまだ温度は低いものの、この材料系は基礎の面でも応用の面でも今後の発展が期待されます。

6．バイオマテリアル（Biomaterials）

　伝統的なバイオマテリアルとは、一般的に、病気や怪我により失われた人体の機能を補うために体内に移植される材料のことを指します。人体中で長期にわたり用いられるため、人体に毒性がないこと、拒絶反応がないことなどが必須となります。これまでさまざまな材料が開発され、ステンレス鋼、チタン合金、そしてアルミナ、ハイドロキシアパタイトなどのセラミックス、カーボン系のコンポジットなど、多くの材料が用いられています。これまで人工関節、歯科用インプラント、人工骨、人工心臓弁、人工血管、人工皮膚などにおいて、実績を挙げてきました。

ドラッグ・デリバリー（Drug Delivery）

　近年ではバイオテクノロジーやナノテクノロジーとの融合が進んでおり、ドラッグ・デリバリーはその典型といえます。普通、薬を服用すると全身にほぼ均一に薬が行き渡ります。こうなると薬の効果も落ちますし、有害な副作用が生じることもあります。例えば、抗癌剤などの場合は副作用が大きな問題になります。

　ドラッグ・デリバリーとは、サイズが1～100nmほどの「キャリア」と呼ばれる媒体を用いて患部のみに薬を運び、そこで薬を放出するようなシステムを

開発しようという研究です。こうすると薬が患部のみ運ばれるため、薬の効果が十分に発揮されるだけでなく、副作用がかなり軽減されます。このようにドラッグ・デリバリーの概念はしっかりしているのですが、実際にはまだ希望通りの機能を持つキャリアの探索が続いています。

最近、ポリマーと薬の分子を接合したキャリアの研究が活発に進められ、水に溶けやすいナノサイズのポリマーを水に溶けにくい薬の分子と融合することで、ドラッグ・デリバリーの能力が大きく向上しました。

東京大学マテリアル工学系の片岡教授グループ[*24]は、両親媒性のポリマーが自己組織化により作る内殻構造を有するナノ構造を開発しました。これをPolymeric Micellesと呼びます。この内角構造が、薬を入れるカプセルの働きと薬の放出をコントロールする機構として使われます。また近年はWorm-like MicellesやPolymersomesなど、新しいドラッグ・デリバリー用のナノ構造が開発されています。

現代のポリマー化学の発展により、ドラッグ・デリバリーに適したさまざまなポリマーが開発されるようになりました。これらの合成ポリマーはニーズに応じて自在に構造を変えることができるため、この分野に大きな革新を起こしています。まだ解決すべき点は多いものの、今後の発展が楽しみな分野です。

このSection 2では、炭素系ナノ材料、エネルギー関連材料、光エレクトロニクス材料、スピントロニクス、超伝導、バイオマテリアルについて紹介しました。材料科学はさまざまな分野で私たちの生活を豊かにするだけではなく、医療、地球環境などの改善にも貢献しており、将来、これらの技術の更なる発展と実用化・高性能化が期待されます。

研究者情報
1．炭素系ナノ材料
＊1：Cees Dekker, Delft Univ. of Technology, Dept. of Applied Physics and DIMES
＊2：Andre Geim and Kostya Novoselov, Univ. of Manchester, School of Physics
＊3：A. H. Castro Neto, Boston Univ., Physics Dept.
＊4：Walter A. de Heer, Georgia Institute Technology, Physics Dept.
＊5：Fredrik Schedin, Univ. of Manchester, Dept. of Physics
＊6：Ernest W. Hill, Univ. of Manchester, School of Computer Science

2．エネルギー関連材料
＊7：Rajesh Bashyam and Piotr Zelenay, Los Alamos National Lab., Materials Physics and Applications
＊8：Alan Le Goff, Commissariat à l'Énergie Atomique (CEA), Institut Rayonnement Matière de Saclay, Service de Physique et Chimie des Surfaces et Interfaces
＊9：Ingrid Repins, National Renewable Energy Lab., National Center for Photovoltaics
＊10：Wolfgang Guter, Fraunhofer Institute for Solar Energy Systems
＊11：Alan J. Heeger, Univ. of California at Santa Barbara, Dept. of Physics
＊12：Arthur Nozik, National Renewable Energy Lab., Center for Advanced Solar Photophysics

3．光エレクトロニクス材料
＊13：中村修二, Univ. of California at Santa Barbara, Dept. of Materials
＊14：Ümit Özgür, Virginia Commonwealth Univ., Dept. of Electrical and Computer Engineering
＊15：論文、Huang et al., Science 292 (2001) 1897-1899を参照ください。
＊16：Yungryel Ryu, MOXtronics, Inc.

4．スピントロニクス
＊17：Albert Fert, Université Paris-Sud and Peter Grünberg, Forschungszentrum
＊18：Stuart S. P. Parkin, IBM Almaden Research Center
＊19：Ian Appelbaum, Univ. of Maryland, Dept. of Physics
＊20：Lapo Bogani & Wolfgang Wernsdorfer, CNRS & Université Joseph Fourier, Institut Néel
＊21：Frank H. L. Koppens, Delft Univ. of Technology, Kavli Institute of Nanoscience

5．超伝導材料
＊22：秋光純, 青山学院大学, 物理・数理学科
＊23：細野秀雄, 東京工業大学, 応用セラミックス研究所

6．バイオマテリアル
＊24：片岡一則, 東京大学, マテリアル工学

Section 3 | 環境科学・工学 (Environmental Science and Engineering)

伊勢武史
Harvard University
Organismic and Evolutionary Biology, Ph.D. 課程修了
海洋研究開発機構所属
専門分野：気候・環境・生態系のシミュレーション

杉山昌広
Massaachusetts Institute of Technology (MIT),
Program in Atmospheres, Oceans, and Climate, Ph.D. 課程修了
電力中央研究所所属
専門分野：温暖化政策・エネルギーシステムの分析

斎藤広隆
University of Michigan
Environmental & Water Resources Engineering, Ph.D. 課程修了
東京農工大学所属
専門分野：環境土壌物理学・農業土木学

今村文昭
Tufts University, Nutritional Epidemiology, Ph.D. 課程修了
Harvard School of Public Health, Dept. of Epidemiology 所属
専門分野：疫学・栄養学

環境科学とは

　私たちが生きる環境、私たちの子孫が生きる環境。環境問題が一般に注目されるようになりながらも、漠然と「環境問題を考える」と言ってしまうと、どうも胡散臭い印象を持ってしまう人もいるかもしれません。自然保護のために過激な抗議行動を取る団体のニュースなどを耳にすると、環境問題を考えているのは激情的な活動家だけのように思えるのも無理はないかもしれません。しかし、大学や大学院で学ぶ最先端の専門知識は、環境を客観的・定量的にとらえるために非常に役立ちます。環境は、個人の感情的な好みに基づいて守るよりも、科学的な基礎に基づいて守る方が説得力を増すことでしょう。

　そうしたニーズに応えるのが、環境科学・環境学（Environmental Science, Environmental Studies）といわれる分野です。環境を正しく観測し、環境が

変化するメカニズムを解明し、環境の保全と持続可能な利用のバランスを考え、また将来の環境を予測し対策や応用を考え実践する学問の総称です。環境科学は非常に幅の広い学問で、環境を観測し、環境の変化のメカニズムを解明し将来の予測に役立てるには自然科学の専門知識が中心になります。また、従来の土木工学のように社会構造の構築を担ってきた分野も、環境工学として近年の科学と技術を応用することで、より持続可能性の高い社会環境をデザインするための役割を担うようになってきています。さらにそうした科学の発展の一方で、対策や適応の費用対効果を考え政策を提言するための社会科学の専門知識が重要視されています。

求められる人材

　環境問題は、科学界や一般社会、世界中から過去に類をみないほどの注目を浴びているトピックです。幅広い分野が環境問題の科学に貢献するため、多くの人が科学者として大成できる分野と考えられます。例えば、エネルギーの科学といっても、膨大な気象データを扱うことのできる物理統計学に通じる物理学者から、バイオマスエネルギーの開発生産を手がける農学者までさまざまな貢献の可能性をあげることができます。そして、環境工学や社会科学のような「実学」が必要とされます。学際的あるいは領域横断的な学問といえるでしょう。従ってこの分野で活躍するには、基礎科学が必要となる以上に、いろいろな領域の科学や社会学に興味をもち、それを自分の知識や研究の糧にできることがとても大切になります。

　また、コンピューターサイエンスや応用物理学などが、環境科学にさらなる貢献をみせることでしょう。基礎物理への理解、数理統計やプログラミング技術などが、研究の本筋とならなくとも、研究するための武器として強みになることは間違いなく、そうした領域に通じている人材が今後も必要とされると考えられます。

　次に紹介する「今後注目される分野」の内容から明らかなように、将来は、環境科学を社会に展開するための環境工学や社会科学が重要性を増していくことでしょう。その研究対象は社会であり自然環境であるため、何か１つのことに特化するというよりは、「全体を見渡す力」が必須となります。これからの研究者は、１つの研究トピックの大成を目指すだけでなく、環境科学や社会科学などの応用分野とそれに関係する実社会を視野に入れることが大切です。そして、「気候変動に関する政府間パネル（Intergovernmental Panel on Climate

Change、IPCC）に参加する科学者のように、専門領域で活躍しつつ他の分野の研究者と多面的に議論できる人材が、科学と社会、政治、メディアとの交錯の中で活躍することが求められています。それは深い知識や経験だけでなく、広い知識と、柔軟性のあるコミュニケーション能力が必要とされていることにほかならず、教育現場や学術交流の機会においてそうした能力が養われるべきであることを示しています。

今後注目される研究分野

　いま人類が直面している最大の環境問題の1つ、地球温暖化（global warming）をはじめとする気候変動（climate change）の研究を例に、いま注目されている分野と、これからの展開についてまとめていきます。さらに、これまでも実社会に貢献してきた環境工学や社会科学について紹介します。

1．地球温暖化と環境科学

　アメリカは、ダントツで世界最大の温室効果ガス排出国であるとともに、地球温暖化についての研究をリードしている国です。この逆説的な事態は、世界で最も経済規模が大きく豊かで余裕がある国だからと考えることもできます。そして2009年のオバマ大統領就任とともに、温暖化の現状認識・将来予測・対策と適応などの推進が国策となり、今後さらなる発展が期待される分野です。

気候変動に関する政府間パネル

　IPCCとは、地球温暖化に関する知識を集大成し政策決定に活かすための国際連合の機関です。IPCCは3つの作業部会を設けており、第一作業部会は気候システム及び気候変化の自然科学的根拠についての評価、第二作業部会は気候変化に対する社会経済及び自然システムの脆弱性、気候変化がもたらす好影響・悪影響、並びに気候変化への適応のオプションについての評価、第三作業部会は温室効果ガスの排出削減など気候変化の緩和のオプションについての評価を行っています。非常に難しく感じられてしまうかもしれませんが、気候変動に関する研究者は、端的に言えば、研究成果がIPCCに取り上げられ世界各国の政策に反映されることで、社会に貢献することができます。

　地球温暖化の研究で核となるのは、地球の気候をシミュレーションするコンピューターモデルです。私たちが中学・高校・大学で段階的に学んできた、質量保存の法則やエネルギー保存の法則などに始まる物理の法則に基づき、地球

の大気の流れや温度のバランスを再現するモデルは、大気大循環モデル（General Circulation Model）といわれています。

地球システムモデル（Earth System Model）

　しかし、大気に関する物理学だけでは、地球の気候を正確に再現したり予測したりすることはできません。地球の気候は、大気圏・水圏・岩石圏・生物圏が相互に影響を与え合って変化するものだからです。例えば、温暖化の主因である二酸化炭素は、海洋に溶け込んだり、生物の光合成や呼吸でガス交換されます。これら、大気・海洋・陸面で発生するプロセスを総合的に取り扱うモデルは地球システムモデル（Earth System Model）と呼ばれ、最新の科学的予測の中心的な存在になっています。日本では、海洋研究開発機構・国立環境研究所・気象庁・東京大学が中心となって地球システムモデルを構築し、過去や現在の気候の再現と、将来の予測に取り組んでいます。

　地球システムモデルの構築と運用では、アメリカが世界をリードしています。IPCCの第四次レポート（2007）では、National Aeronautics and Space Administration（NASA）、Global Fluid Dynamics Laboratory（GFDL）、National Center for Astronomic Research（NCAR）というアメリカの公共研究機関が気候の将来予測に参加しました。気候のシミュレーションに関わる研究者の多くはこのような研究機関に所属しているため、彼らが指導教官として学生を持つことは現実的に難しいと考えられます。ここでは、将来このような研究機関で働き温暖化の研究に参加できる科学者になることを考えてみましょう。まずは大学や大学院で、バックグラウンドとなる知識を十分身に付け、教官の指導の下に研究の経験を積むことが重要になります。大学では、温暖化に関連する分野を幅広く学んでみましょう。そして、いろいろなテーマのなかから自分のトピックを見つけ、大学院で専門的な勉強をすることになります。

大気・海洋・陸面の３つの科学

　自然科学で温暖化に関連する研究には、上に述べたように大気・海洋・陸面の３つの分野があります。大気や海洋のダイナミクスを学ぶには、流体力学を基礎として学ぶ必要があります。MITのMarshall教授[*1]は、数学やコンピューターシミュレーションを用いて大気や海洋の循環を研究しています。また、大気中のさまざまな汚染物質や温室効果ガスが生成されたり変化したりするプロセスを研究する、大気化学という分野もあります。Harvard Universityの

Jacob教授[*2]は、大気中に浮遊するチリや有機物について、実際に観測されたデータを用いた研究やシミュレーションなどを用いて幅広く研究しています。

温暖化に関する陸面の科学では、降水と蒸発などの水の収支を研究したり、冬に地表を覆った雪が春になって溶けたりするプロセスなどを扱います。雪や氷は太陽からの熱を多く反射しますが、これが溶けて地面や水面がむき出しになると、太陽の熱は多く吸収されます。温暖化が進めば雪や氷が減るので、それがさらなる温暖化を生むという正のフィードバックが懸念されています。コロラド大学のPielke教授[*3]は、このような地表面のプロセスをシミュレーションするモデルを構築・運用しています。

生物学の知見

また生物学の知見も地球温暖化の研究に大きく貢献します。例えば生物は、光合成することで大気中の二酸化炭素を吸って有機物を作り出しています。有機物は呼吸によって酸化され、二酸化炭素として大気に還り、いわゆる炭素循環を織り成します。すなわち環境では、気候と生物がお互いに大きな影響を与えているのです。世界には熱帯雨林・砂漠・ツンドラなどのさまざまな気候帯がありますが、それぞれの炭素循環を研究し、植物や土壌が蓄える炭素の量の変化を推定することが求められています。Harvard UniversityのMoorcroft教授[*4]は、植物の光合成・呼吸といった生理的プロセスから、森林の遷移・土壌炭素の変化といった長期にわたる変化までを含めたシミュレーションに取り組んでいます。University of California at BerkeleyのBaldocchi教授[*5]は、人工衛星データを用いる生態系の炭素循環研究のスペシャリストです。海洋生物学の分野では、Oregon State UniversityのBehrenfeld教授[*6]が植物プランクトンの気候変動への影響を研究し注目を集めました。

以上のように地球温暖化の研究は、実験室あるいはフィールドでの実験、理論構築、データ解析、モデリングと多種多様です。そして、現状の把握と今後の予想、そして政策の実施がどれほど現状を改善するか正確に予想し、最善の政策を提言することが求められています。そうした政策に、これまで社会を環境に適合させてきた環境工学の貢献は欠かせません。次項では、その環境工学について従来の科学から紹介します。

2．土木・環境工学（Civil and Environmental Engineering）

　土木工学は土地開発を含む生活空間向上のための社会資本の整備、環境工学はかつて衛生工学などと呼ばれたように、主に生活環境の向上を技術的に解決するために発展してきた応用科学です。言うまでもなく、土木工学や環境工学が日本のみならず欧米諸国の近代化に果たしてきた役割はとても大きく、その貢献は多大なものです。例えば、アメリカにて1930年代に完成したフーバーダムや、20世紀後半に完成したシエラネバダ山脈などカリフォルニア北部からカリフォルニア南部へと水を運ぶ、総延長1000kmを超える巨大なカリフォルニア導水路（California Aqueduct）など、巨大事業が行われてきました。また、下水処理技術の進歩は、社会の衛生状態を飛躍的に向上させ、平均寿命を大きく延ばすことに貢献しています。今日では、これら巨大な公共事業は環境負荷の問題などからネガティブに捉えられることが多くなり、従来型の土木工学や環境工学には、新たな進展が求められています。

土木工学・環境工学の貢献

　また、社会資本が未熟な国の場合、土木インフラストラクチャの整備が生活の質の向上や食糧生産の安定的確保に直接つながることもあり、伝統的な土木工学（農業土木）・環境工学はまだまだ貢献の場が多いといえます。世界には、水不足あるいは、水が十分にあっても効率的に使えず、安定的な食糧生産が確保できていないところがとても多いのです。乾燥地や半乾燥地の問題を例に考えてみましょう。乾燥地での農業、砂漠化の抑制などの課題を考えたとき、その対策として、塩害や乾燥に対し強い作物を遺伝的に開発する試みが挙げられます。しかし、乾燥地対策として最もすばやく効果をもたらす対策は、ダムなど水資源の確保を可能とする土木工事にほかなりません。また、東南アジアなど多雨の地域では、降雨量が偏在しており、そのために、温暖な気候を活かした米の二毛作などができなくなります。このような場合も、水路やダムの整備により、偏在する降雨量に対しても水を安定的に供給することで、二毛作などによる増産・増収を見込めるようになります。このように、実はこれまで先進諸国で使われてきた土木工学・環境工学に関する技術は、地球規模で考えればまだまだ貢献する場が残っていることがわかります。

　一方先進国では、従来の環境工学の知識・技術では対応しきれない課題が多くあり、この分野の更なる発展が期待されています。例えば、世界的な人口の増加に伴う、水・食糧・エネルギー需要の増加に応えると同時に、環境負荷を

最小とする、気候変動になるべく影響を与えない新しい材料・社会基盤・プロセスの提案を通して貢献することです。特に、土木工学においては持続的な社会基盤の設計が、環境工学では人間活動と自然環境保護とのバランスを考慮した環境技術が求められています。

人間活動と地球環境システムとのバランスについてといっても、自然環境で起こる現象は、物理・化学・生物プロセスがそれぞれ複雑に絡み合ったものであり、未だ解明されていないことが多いのが実情です。例えば世界にはさまざまな水問題がありますが、その多くは、水の循環プロセスが十分にわかっていないために、根本的な解決が妨げられているような例がいくつかあります。従って、土の間隙スケールの短時間の水移動から、流域スケールの季節変動、あるいは地球規模の長期間の気候変動まで、幅広い空間・時間スケールでの水の移動・循環についての研究がまだまだ必要です。応用科学としては、例えばMITのEntekhabi教授[*7]が進めるように、最新のリモートセンシング技術を導入し、広域水循環について効率化を図る研究が挙げられます。また、現象を理化するということだけでなく、従来の環境整備の技術にコンピューターサイエンスを導入することにより、災害の対策や細かな気候変動に対応した社会環境のデザインが可能になります。

環境負荷物質に対する浄化・除去技術開発に関する研究

水に限らずエネルギー資源についてもその存在は空間的に限定があり、水の場合同様にこの限られた資源を有効利用するため、さまざまな空間的・時間的スケールでのエネルギー資源の動態解析とその応用が土木・環境工学の研究対象となります。そのほか、ナノ・コロイド粒子や医療薬品などに代表される、この分野では比較的これまで取り扱ってこなかった新しいタイプの環境負荷物質（環境汚染物質だけでなく、温暖化ガスなど環境に負荷を与えるものの総称）に対する浄化・除去技術開発のための研究も、注目される研究分野の1つです。しかし、例えばナノ・コロイド粒子の浄化やナノ・コロイド粒子を利用した環境浄化には、まずは環境中の動態が理解されていることが必要です。環境中のナノ・コロイド粒子の動態にはまだまだわからないところが多く、新たな研究課題が浮き彫りとなっており、Cornell UniversityのSteenhuis教授[*8]を筆頭に研究が進められています。こうした環境負荷物質については、基礎的な研究から、進展が望まれています。

二酸化炭素の回収・貯留に関する研究

　もう1つ土木・環境工学分野で、今後注目を集めると思われる研究分野として、地球温暖化問題に関わるもので、Columbia UniversityのLackner教授[*9]による研究に代表されるような二酸化炭素の回収・貯留（Carbon Capture and Storage, CCS）に関する研究があります。これは地球の温暖化を引き起こす原因の1つと言われている二酸化炭素ガスを、回収して例えば地中深くに貯留して隔離することによって、大気への放出を抑制するというものです。土壌や海洋の生態系の利用、工学技術の応用など幅広いアプローチが採られていますが、この技術の実用化にはまだまだ越えなければならないハードルが多く、世界でもまだほとんどが実験段階です。しかし例えば地下貯留の場合であれば、土木・環境工学がこれまで培ってきた地盤岩盤の力学、土中の物質移動学などの知識・技術を基本として、超臨界流体の地盤中の移動など、この技術特有の問題に対して貢献が期待できます。この問題に関してはコンピューターシミュレーションが欠かせませんが、Lawrence Berkeley National LaboratoryのPruess教授[*10]が中心となって開発している多孔質体中の物質移動のシミュレーションコードなど、世界で活躍するツールも登場しています。

社会全体のシステムをデザインする環境工学

　二酸化炭素の排出や回収に関わる科学だけではなく、従来の化石燃料に代わるエネルギー資源として注目されている水素ガスや植物由来のバイオマス資源のエネルギー、太陽光、風力、さらには宇宙の電磁波などの自然エネルギーに関する科学、その応用を担う技術開発は今後も進展していくことでしょう。そして、何より、発展している技術を、既存の社会に根付かせ、効率よくエネルギーを循環させる、社会全体のシステムをデザインする環境工学の貢献は欠かせません。個々の科学や応用技術だけではなく、それらと従来のものを結びつけて発展させ、高効率の持続的な社会を作るシステムの研究が、今後さらに必要とされるでしょう。

　そうした社会のデザインには社会や経済が深く関わっていきます。なぜなら、地球温暖化対策や環境工学の研究は、環境税や排出権取引の制度設計、京都議定書後の国際枠組みと国際交渉など、いわゆる文系の研究が重要だからです。そうした領域に、再生可能エネルギーや省エネ技術などの技術が深く関わるため、自然科学と社会科学の中間的な研究も欠かすことはできません。

　次に、そういった科学の発展と社会をつなげる研究について紹介します。

3. 環境科学と社会科学

　温暖化対策というと細目に電気を消すというイメージが浮かぶかもしれませんが、対策の規模はとてつもなく大きなものです。Princeton UniversityのPacala教授[*11]とSocolow教授[*12]は、簡略化された排出シナリオを仮定して2050年ごろまでの二酸化炭素削減量を検討しました（2004, Science）。削減量を7等分してクサビとよび（グラフでは三角形に見えるためこう呼ばれる）、クサビに相当する技術導入量を計算しました。例えば、20億台分の自動車の燃費が2倍に向上する必要があります。風力発電なら現状の50倍の導入量が、太陽光発電なら700倍という、膨大な量が必要なことが明らかになりました。温暖化対策ではさまざまな計算がなされていますが多くのものは理解が難しく、対策を技術的に整理していくのは大事なことです。Socolow教授のグループは、さまざまな技術の詳細な検討や全体像の整理の研究を行っています。

　技術の導入必要量がわかったら次に気になるのはコストです。温暖化対策のコスト計算が難しいのは技術開発が積極的に行われていることによるコスト低減の可能性からです。こうした推移について、University of California at BerkeleyのKammen教授[*13]は長年にわたり、企業投資や研究開発への取り組みと技術進歩の関係を研究しています。また、最近話題の太陽電池を考えれば、長期的に見れば安くなってきていることがわかっていますが、近年は低下の度合いに振れがでてきています。Kammen教授のもとで研究したNemet（現University of Wisconsin-Madison助教授）[*14]は太陽電池のコストの変化を製造工程ごとに研究し、習熟効果の時間的な変化などを考慮に入れるなど、さまざまな方法で研究してきています。こうした研究でコスト低減にはバラつきがあり、大きな不確実性があることがわかっています。

科学と実社会を結びつける科学

　個々の技術に不確実性があることがわかりましたが、これらの技術を組み合わせるとどうなるのでしょうか。MITのWebster助教授[*15]らは長年温暖化の不確実性について社会経済システムと気候システムを統合したモデルを開発してきました。Websterの所属するMITの研究プログラムは経済学者のJacoby教授[*16]と大気化学者のPrinn教授[*17]が率いており、統合モデルで温暖化の予測（例えばForest et al. 2001, Science）と対策の両面から不確実性について研究してきています。最近の計算では対策がない場合の2100年の温度上昇は3.5℃から7.4℃になるという結果が得られています（Webster et al. 2009,

MIT Joint Program report)。

　基礎科学や工学が発展するさなか、その科学と実社会を双方向で結びつける科学が必要なのです。温暖化対策を含める環境の科学はめまぐるしく発展しているため、上記のような研究はますます重要性を高めていくことでしょう。

研究者情報
1．地球温暖化と環境科学
＊1：John Marshall, MIT, Dept. of Earth, Atmospheric and Planetary Sciences
＊2：Daniel J. Jacob, Harvard Univ., Dept. of Earth and Planetary Sciences
＊3：Roger Pielke, Univ. of Colorado at Boulder, Center for Science and Technology Policy Research
＊4：Paul R. Moorcroft, Harvard Univ., Dept. of Organismic and Evolutionary Biology
＊5：Dennis D. Baldocchi, Univ. of California at Berkeley, Dept. of Environmental Science, Policy & Management
＊6：Michael Behrenfeld, Oregon State Univ., Dept. of Botany and Plant Pathology

2．土木・環境工学
＊7：Dara Entekhabi, MIT, Dept. of Civil & Environmental Engineering
＊8：Tammo Steenbuis, Cornell Univ., Dept. of Biological and Environmental Engineering
＊9：Claus S. Lackner, Columbia Univ., The Earth Institute
＊10：Karsten Pruess, Lawrence Berkeley National Lab, Earth Sciences Division

3．環境科学と社会科学
＊11：Stephen Pacala, Princeton Univ., Dept. of Ecology and Evolutionary Biology
＊12：Robert H. Socolow, Princeton Univ., Dept. of Mechanical & Aerospace Engineering
＊13：Daniel M. Kammen, Univ. of California at Berkeley, Energy and Resources Group
＊14：Gregory F. Nemet, Univ. of Wisconsin-Madison, Dept. of Public Affairs and Environmental Studies
＊15：Mort David Webster, MIT, Engineering Systems Division
＊16：Henry D. Jacoby, MIT, Sloan School of Management
＊17：Ronald G. Prinn, MIT, Dept. of Earth, Atmospheric and Planetary Sciences

Part I　情報編

Section 4 ｜ 情報科学 (Computer Science)

嶋 英樹
Carnegie Mellon University, School of Computer Science
Language Technologies Institute Ph.D. 課程在籍
専門分野：自動質問応答とその評価

情報科学とは

　情報科学（Computer Science, Information Science）とは、一言でいうとコンピューター関連の分野です。数学に近い分野（情報圧縮や暗号理論）からコンピューター自体についての分野（ハードウェア、OS、プログラミング言語、ソフトウェア工学、データベース）、コンピューターを使って諸問題を解決する分野（情報検索、ロボット工学）など、対象テーマは幅広いです。20世紀後半に誕生した歴史の浅い分野にもかかわらず、コンピューターの進化の速さに支えられて、目覚しい成長を遂げてきました。

今後求められる人材

　情報科学に一番関係が深いのは数学であるため、数学が得意な人は適正があります。黎明期には数学や物理を専攻していた人たちがこの分野を築いてきており、数学オリンピックに参加した人が情報科学に進んだという例も聞きます。加えて、アメリカを中心に発達してきた分野なので、英語はできたほうが明らかに有利です。日本では英語が嫌で理系を選ぶという選択をする人もいますが、この分野では数学も英語もできる人材が確実に求められています。

　若いうちにキャリアを積みたいという野心的な人も求められています。目まぐるしく変わる先端技術への対応力があるためか、この分野では若くして成功している人が比較的多くいます。例えばMicrosoft[*1]、Google[*2]、Facebook[*3]などは、いずれも若い創業者によって作られた会社です。

　2009年に日本政府が行った事業仕分けによるスーパーコンピューターの予算削減問題では、研究者側の説明不足が指摘されていました。こうした背景の中、ソフトウェアなど目に見えない対象を扱う情報科学では、抽象的な物事をわかりやすく説明する能力のある人材も求められています。例えば、「コンピューターは、どんな暗算の達人でもできないような何万桁もの足し算や掛け算でも一瞬で正確にできるのに、どうして人の顔を見分けたりするのがそんなに

難しいことなのか」といったことや「ソフトウェア開発を建築に例えることがあるが、建築ではうまくいくのにどうしてソフトウェアの開発では見積もりが大きく狂ったり、成果物に欠陥があったりするのか」というような疑問に対して、わかりやすく答えられる人材です。

伝統的な縦割りの組織形態では解決できない問題が増えるにつれ、分野横断的な研究者の需要も高いです。計算生物学、計算言語学などの学際的分野や音楽、映画、医療、金融工学などの応用分野との連携が深まる中、先述した説明能力に加え、幅広いテーマへの興味や知識がある人材がますます求められるでしょう。

注目される研究分野

情報科学技術がいかに目覚ましく発展したかを示す例として、コンピューターの価格性能比が35年間で3,600万倍以上向上したことが挙げられます（下図参照）。

	1965 IBM System 360/50	1977 DEC VAX11/780	2001 Pentium 4 PC
計算速度（比）	0.15MIPS (1)	1MIPS (6.7)	3792MIPS (25,280)
記憶容量（比）	64KB (1)	1MB (16)	256MB (4,096)
価格	3.6億円	7,200万円	25万円
価格性能比	1倍	33倍	3600万倍以上！

（出典：東北大学2003年計算機工学講義資料 http://www.sc.isc.tohoku.ac.jp/class/ComputerEng2003/04112003.pdf）

一番左のIBM System 360は、1965年当時は大きな会社しか購入できなかったような高級マシンで、記憶装置も含めると設置するだけで一部屋必要だったようです。36年後の2001年には、このIBM System 360の約2万5千倍もの計算速度を持つデスクトップパソコンが、一般家庭に普及していました。また最近の携帯電話も広い意味でのコンピューターですが、初期の巨大なスーパーコンピューターの約1千倍もの計算能力があります。

IBM System 360が出た1965年ころに「コンピューターの計算速度は18カ月〜24カ月ごとに2倍になっていく」と予言した人物がいました。コンピュ

ーターの頭脳部分CPUを作っているIntel社の創始者の一人、Moore[*4]です。その予言はMooreの法則として知られており、しっかりした根拠のない大胆な予想であるにもかかわらず、何十年もの間、見事にこの法則が当てはまってきており、コンピューターメーカーの成長予測によく使われます。

このように目覚しい成長を遂げてきた情報科学で、これから先どういう分野が話題になりそうなのかをご紹介します。

1．Human Computer Interaction

あなたの身の回りのあらゆる世代の人、例えばお祖母さんや幼稚園ぐらいの子供たちは、パソコンを使えますか。コンピューターのすさまじい進化に比べて、マウスやキーボードなどを使った操作方法は誕生当時からほとんど変わりません。銀行のATMでさえ使うのが難しい人がいるというのに、今のコンピューターの操作方法は複雑すぎるのです。Human Computer Interaction(HCI)という分野では、いかに直感的に人間がコンピューターを操作できるか、というようなテーマを研究しています。例えば、以前のコンピューターはキーボードの「Ctrl」「ALT」「DEL」の3つのキーを同時に押してからパスワードを入れて認証するという非直感的な操作方法を伴っていましたが、最近では指をスライドさせるだけでいい「指紋認証（Fingerprint Authentication）」が徐々に普及しつつあり、起動方法が根本的に変わりつつあります。また、最近ではApple社のiPhoneやMagic Mouse、Microsoft社のSurfaceなどの、画面を直接触って操作できるような直感的かつ画期的な操作方法も市場に出てきています。

触覚を対象とした研究

HCIの研究では、コンピューターの操作に、視覚と聴覚のみならず、触覚も対象にしています。つるつるした画面上のボタンを押したときに、凹んで見えたりカチッと音がしたりするだけではなく、実際に指に凹凸の感触と押したときの手ごたえがあったほうが、利便性が高いという仮定です。最近の研究成果として、Carnegie Mellon University（CMU）のHudson教授ら[*5]は、物理的に触れるボタンをディスプレイ上に自在に出現させる研究を行っています。また、MITの石井教授ら[*6]は、タンジブル（触ることのできる）インターフェイス（Tangible Interface）という研究を行っており、人間とコンピューターの距離を縮めるような次世代の操作方法として期待を集めています。

HCIの研究はインパクトが目に見えてわかりやすいので、専門外の人からも反響が得られやすいという利点があります。その一方で、採算が取れなかったり、大量生産が難しくて日の目を見ずに埋もれていたりする研究も多々あります。iPhoneなどのマルチタッチディスプレイ（Multi-touch Display）も古くから研究されていましたが、実装上の課題が多く、なかなか実現されずにいました。しかし、応用物理学や電気工学の進化も手伝って、こうして私たちの手元に届くようになりました。

音声認識（Speech Recognition）[*7]・脳波を使う操作方法の研究[*8]

　HCIでは音声認識を使ったコンピューターの操作も研究されています。カーナビに代表されるように、自動車の運転手や倉庫で物を運ぶ人など、両手が塞がっているような人がコンピューターを操作したい時に役立ちます。音声よりさらに進んで、脳波を使うブレインコンピューターインターフェイス（Brain-Computer Interface）といった操作方法も研究されていますが、現在は電極を脳に直接つなぐ必要があったり、巨大なfMRI装置が必要だったりと制限が多いため、私たちの生活に登場するのはまだまだ先になるでしょう。

低予算の評価方法の確立

　研究の有用性を社会的に認めてもらうために、研究内容についての正確な評価を行わなければいけません。しかし、このHCIの研究は、精度や速度などを指標に客観的に評価できる研究分野と違い、人間の満足度など指標化しにくい要素を対象とするため評価を行うのが難しいとされています。簡単なアンケートを採るにしても、倫理委員会に実験内容の事前審査を数週間かけてしてもらい、また許可が下りたら被験者を集める必要があり、謝礼コストもばかになりません。そこで、低予算で数千人からアンケートを一瞬で集められる画期的方法として期待されているのが、インターネットの集合知を使った方法です。例えば、Amazon Mechanical Turk[*9]というサイトでは、一人あたり数セントの報酬で簡単な作業をしてもらったりアンケートを集めたりすることができます。こうしてHCIで大規模実験ができるようになれば、研究者の自己満足のための研究は淘汰され、利用者本位の研究が際立ち、将来的により使いやすいコンピューターが出現することでしょう。

2. 人工知能（Artificial Intelligence）
機械学習と応用研究

　コンピューターの進化によって、今までできなかったような大量の計算がすばやくできるようになりました。そこで90年代ころから盛んになってきた研究分野が「機械学習（Machine Learning）」です。例えば郵便局の住所振り分けなどで実際に使われているような、手書き文字を読み取って何が書いてあるか認識する課題があったときに、そのような課題を解けるプログラムをデータなしで書くのはほぼ不可能です。そういうときに力を発揮し、大量のデータから「学習」により解かせるような応用統計理論やそれを高速処理できるプログラムの実装をする分野が機械学習なのです。

　ほかにも身近なところでは、スパムフィルターや、クレジットカードの使用履歴からの不正利用検出、指紋認証、かな漢字変換など、私たちはいろいろなところで機械学習のお世話になっています。これからますます電子化する情報が増えるにつれ、電子カルテから病気の兆候が見つかりやすくなったり、自社製品の評判を自動的にインターネットのあらゆるところから見つけてきて改良につなげたり、大量の売り上げデータから効率よく売り上げを伸ばす法則を自動的に見つけたりと、いろいろなものが機械学習により便利になっていくことが期待されています。

人工知能の定義

　これらの機械学習やその応用研究は、ある意味「人工知能」といえます。人工知能という用語を聞くと、どんな研究を連想されるでしょうか。映画『2001年宇宙の旅』に出てくるような、人間と会話するロボットでしょうか。今の研究者で人間のような知能を目指すという研究をしている人はごく少数だと思います。AAAI(アメリカ人工知能学会)[10]、Stanford UniversityのAI研究所[11]、MITのCSAIL(コンピューター科学・人工知能研究所)[12]のように古くからある組織は、歴史的経緯で名前が残っているところもあります。しかしコンピューターがすることをすべて人工知能と定義すると、あまりに範疇が広くなり、一般の人からも誤解されやすいため、最近は人工知能という言葉を以前ほどは使いません。CMUの機械学習学科が2006年に創設されたとき、人工知能学科という名前にしなかったのにはこのような経緯があると聞きました。

3．情報検索

Yahoo、Googleなどでよく知られる情報検索の分野は、競争が激しく、日々進化しています。新たに研究する余地がないのでは、と思われるかもしれませんが、そんなことはありません。「ビル・クリントンの奥さんはどこで生まれましたか」というような質問に対して答えを自動的に見つけて返してくる「質問応答（Question Answering）」、さらに外国語で書かれた文書も対象とする「言語間横断質問応答（Cross-lingual Question Answering）」、インターネットに公開できない社内文書などから企業内の情報や特定の専門家を探したりする「エンタープライズ検索（Enterprise Search）」など、研究課題はまだたくさん残っています。

情報検索と自然言語処理（Natural Language Processing）

応用ばかりでなく基礎研究もあります。例えば文書をデータとして表すときに、ただの単語の字面の集まりとして扱う単純なモデルから、いかに「意味」を考慮したモデルを作れるか、という研究課題があります。「国連」と「国際連合」が同じ団体を意味しているとの認識、「彼」という代名詞が具体的に誰を指しているかの理解、同姓同名の人物の区別などは人間にとっては簡単かもしれませんが、機械には非常に難しいのです。このような自然言語処理という基礎研究がうまくいくと、質問応答や評判分析などいろいろな検索の応用分野が研究しやすくなります。

IBMのTJ Watson研究所では、1997年にチェスで人間のチャンピオンと対決して勝利し、話題になったDeep Blueというコンピューターを開発していました。そして次なる挑戦として、現在進行中のプロジェクトに、Ferrucci博士[*13]らによるDeep QA[*14]というものがあります。このプロジェクトで開発されている質問応答コンピューター「Watson」は、アメリカの人気クイズ番組「Jeopardy!」で人間のチャンピオンと対決が予定されています。

4．ロボット工学（Robotics）

高性能なコンピューターが小さくなったことで、それをロボットに組み込んでいろいろなことができるようになりました。ロボットというと、ASIMO[*15]のような人型ロボットを想像するかもしれませんが、実際にはコンピューターが人の代わりに動かす装置を、広い意味でロボットと呼びます。

自動車型ロボット（Autonomous Robot Vehicle）

　例えば自動車の自動走行は、目覚しい成果が出ている研究分野です。過去にDARPA（米国防高等研究計画局）[*16]が主催する無人走行自動車の大会がありました。無人ですから、自動車には誰も乗っておらず、運転するのは車に積まれた数台のコンピューターです。ステレオカメラという立体が把握できるカメラを駆使し、走行しながら道路上の白線、前方車、前方のコース形状、標識などをリアルタイムで認識し、タイミングよくカーブでハンドルを切り、ストップサインで停車し、他の車と接触しないように走らなくてはなりません。画像認識や機械学習を中心にあらゆる先端技術が要求される非常に難しいタスクです。2004年の第1回大会では、どの車両もスタート直後にリタイアとなりました。しかし2005年の第2回大会ではThrun教授[*17]率いるStanford Universityが212キロのオフロードコースを7時間の走破で優勝し、2007年の第3回大会ではWhittaker教授[*18]率いるCMUのチームが96キロの市街コースを4時間強で制覇・優勝しており、めまぐるしい研究成果が見られました。市街コースにおける画像認識は単調な風景のオフロードコースとは段違いに難しく、また、カリフォルニア州の道路交通法に相当する交通ルールを遵守した運転が求められました。

（出典：左、CMUタータンレーシング　右、Stanford大学自走ヘリコプタープロジェクト　Eugene Fratkin撮影）

　地上での無人自動車の大会の成功を受け、舞台を宇宙に変えたのが「Google Lunar X PRIZE[*19]」です。最初に月面無人探索に成功したロボットに20億円相当の賞金が贈られるという非常にスケールの大きい大会ですが、今のところまだミッションに成功したチームはないので、課題達成が期待されています。

強化学習（Reinforcement Learnig）によるロボット開発

　自動走行をするのは自動車型ロボットだけではありません。Stanford

UniversityのNg教授[20]らは、コンピューター将棋の訓練にも使われる強化学習という種類の機械学習を用い、ラジコンヘリコプターに強化学習を施すことによって、ラジコンの達人でないと操作できないようなアクロバティックな動きをさせることに成功しています。写真右側のヘリは、ちょうど逆さまになったまま安定して飛ぶ方法を体得し、飛んでいるところです。実際の飛び方を誰かが教えたわけではなく、自分で学習しているのですから賢いです。同様の手法を使い、Cornell UniversityのLipson教授[21]らはヒトデ型ロボットに歩き方を学習させています。私たちは無意識に歩けるのでたいしたことはないと思うかもしれませんが、足を動かしてバランスをとりながら前進するというのは、実際は非常に高度で複雑な動作なのです。さらにこのロボットが優れているのは、足の部品を外してやると、その足をかばうような歩き方が習得できるところです。

　ほかにも、日本で需要がありそうな介護ロボット、アメリカの広大な庭や畑を自動管理するロボットなど、ロボット工学では面白い研究が日々行われています。

5．超並列分散（Parallel and Distributed Computing）

　冒頭で紹介したMooreの法則に従えば、コンピューターの処理能力は18カ月〜24カ月ごとに倍になります。しかし、技術的な限界、理論的な限界などさまざまな障壁があり、それを越えていかないと今までのような成長が止まることになります。

複数のプロセッサコア

　2003年ころから、人間でいえば頭脳にあたるCPU（プロセッサー）という装置に、技術面で新たな問題が現れました。これ以上処理能力を上げると消費電力がかかりすぎて、電気代がかかったり、熱くなりすぎたりする、という問題です。そこで、大きな仕事をチームで分担するように、1つのCPUに複数のプロセッサコアを搭載するのが2000年以降の傾向です。最近では家庭用のパソコンでも2つのコアを積んだデュアルコアは当たり前になってきており、企業のサーバー用コンピューターなどではさらに多くのコアを積んでいます。

　コア数についての研究は、情報科学というより、やや応用物理や計算機工学寄りです。しかし、情報科学にも関わってくる部分は、ソフトウェア側でどうやって効率良く複数のコアを使って、効率良く並列処理するか、という問題で

す。Javaというプログラミング言語の作者であるGosling博士[*22]の講演で、「このままMooreの法則が続くと仮定すると、20年後にはCPUのコア数は5000個になる」という冗談半分の予測を聞きました。並列処理はうまくプログラミングをするにはスキルが必要で、コア数が5000個もあったら非常に処理に手間がかかります。非本質的な部分にもかかわらずスキルがいるとなれば、プログラマーにとってはやっかいな仕事が増えるだけです。プログラマー側が意識しないでも、ソフトウェア側で自動的に並列処理をしてくれる仕組みが求められているのです。

量子コンピューター（Quantum Computer）・DNAコンピューター（DNA Computer）

たとえ消費電力の問題を解決したとしても、まだまだ現実的なコストでより小さい回路を作るのは難しいといわれています。また理論的な限界として、半導体が原子レベルの大きさになると「トンネル効果」と呼ばれる物理現象によって、電子が回路間をワープするような振る舞いをはじめ、電子回路が動かなくなることが知られています。コンピューターは文書、音声、映像、すべてを、デジタル、つまり「0」と「1」の世界に落とし込みます。よって電流（電子の流れ）で「0」と「1」を表す仕組みである以上、そういった限界が出てきます。

そこで、電子のスピン方向で「0」と「1」を表そうというのが「量子コンピューター」と呼ばれる未来のコンピューターです。それとは別に、DNAの塩基を論理回路（デジタル計算の最小単位）に見立てるという「DNAコンピューター」という理論もあります。どちらも実現すれば今の「電子」コンピューターでは足元にも及ばない、とてつもない並列計算ができるようになります。しかし実用上の問題が山積しており、まだまだ実用には程遠いのが現状です。

ここまで1台のコンピューター内での並列化について紹介しました。複数のコンピューターを使った並列分散処理の研究も以前から盛んに進められており、これからも需要が高いでしょう。非常にたくさんの廉価なコンピューターをまとめあげることで、1台の高価なスーパーコンピューターに匹敵する計算量を実現する研究も注目されています。未来について正確な予想をするのは難しいですが、近い将来、クラウドコンピューティングやGoogleが発表したChrome OSに代表されるように、パソコンは並列分散処理環境に接続するための箱となり、処理能力やデータは、パソコン自体にはそれほど必要なくなっ

てくる時代がくるかもしれません。

　ここでは触れられなかった、有望で夢のあるテーマとしては、認知科学を用いてコンピューターを賢い先生にするIntelligent Tutoring、ゲームや映画に最先端の技術を応用するEntertainment Technology、現実の映像に仮想の情報を重ね合わせるAugmented Realityなどがあります。より便利で暮らしやすい世界を目指して、情報科学のさらなる発展が求められています。

研究者情報
- ＊1：Bill Gates, Microsoft
- ＊2：Larry Page & Sergey Brin, Google
- ＊3：Mark Zuckerberg & Dustin Moskovitz, Facebook
- ＊4：Gordon Moore, Intel
- ＊5：Scott Hudon, Carnegie Mellon Univ., Human Computer Interaction Institute
- ＊6：石井裕, MIT, Media Laboratory
- ＊7：Carnegie Mellon Univ., Speech group, http://www.speech.cs.cmu.edu/
- ＊8：BrainGate, http://www.braingate.com/
- ＊9：Amazon Mechanical Turk, https://www.mturk.com/
- ＊10：Association for the Advancement of Artificial Intelligence, http://www.aaai.org/
- ＊11：Stanford Artificial Intelligence Laboratory, http://ai.stanford.edu/
- ＊12：MIT Computer Science and Artificial Intelligence Laboratory, http://www.csail.mit.edu/
- ＊13：David Ferrucci, IBM, T.J. Watson Research Center
- ＊14：IBM, DeepQA Project, http://www.research.ibm.com/deepqa/
- ＊15：Honda, Asimo, http://www.honda.co.jp/ASIMO/
- ＊16：Defense Advanced Research Projects Agency, http://www.darpa.mil/
- ＊17：Sebastian Thrun, Stanford Univ., Computer Science and Electrical Engineering
- ＊18：William "Red" Whittaker, Carnegie Mellon Univ., Robotics Institute
- ＊19：Google Lunar X PRIZE, http://www.googlelunarxprize.org/
- ＊20：Andrew Ng, Stanford Univ., Computer Science Department
- ＊21：Hod Lipson, Cornell Univ., Mechanical & Aerospace Engineering
- ＊22：James Gosling, Sun Microsystems

Part I 情報編

Chapter 3
アメリカの大学院教育―日本との比較

アメリカの大学院には、毎年世界中から多くの学生が大挙してやってきます。日本国内の大学院生は約26.4万人[*1]ですが、アメリカには約230万人[*2]の大学院生が在籍しています。実に日本の9倍の大学院生が、アメリカにはいるのです。そのうち、留学生は約28.3万人[*3]で、日本国内の大学院生数より多いことがわかります。これだけ多くの学生を惹き付ける魅力とは何なのでしょうか。

この章では、一般的にはあまり知られていない、アメリカの大学院のシステム、カリキュラム、大学院入学審査、学生のバックグラウンドや意識、経済的支援状況、そして卒業後の進路に関して、日本の大学院との比較を交えながらみていきます。

Section 1 　大学院のシステム

　国が違えば、教育制度が異なることは不思議ではありません。ましてや、言語が違い、文化的背景も大きく異なる日本とアメリカでは、大学院のシステムにも大きな違いがあります。そこで、まず簡単に、日本とアメリカの理系大学院のシステムを比較してみましょう。

日本	アメリカ
・修士、博士は別課程	・多くのプログラムがPh.D.課程のみ（5〜6年）-専攻により異なる
・修了は毎年3月が基本	・修了時期は特に決まっていない-論文を書き終わり次第Ph.D.を取得
・全額奨学金はまれ	・多くの入学者は授業料免除、月15〜25万の奨学金支給
・学生審査はほぼ入学試験により決定	・審査書類は学部の成績、TOEFL、GREなどの試験結果、推薦状、エッセーにより構成
・研究重視。授業は非常に専門的	・一、二年目は授業重視。基礎を徹底的にカバーする授業が多い
・授業の成績は重要でない	・一定の成績を保たなければ退学
・入学時に研究室配属を決定	・一年目に研究室ローテーションを行い、一年目の終わりに配属を決定
・修了後は基本的にアカデミアに残る	・修了後の進路はアカデミア、企業、法律、ビジネスと多様

図1：日米理系大学院システムの比較

＊1：出典：文部科学省・平成21年度学校基本調査
＊2：出典：The National Center for Education Statistics, Digest of Education Statistics, 2008
＊3：出典：Institute of International Education, Open Doors 2009

日本の大学院システム

　日本の大学院システムにおいては、修士課程が２年間、博士課程が３年（医学系においては４年）というのが一般的です。修了する学生は、決まった時期にそろって学位論文発表会を行い、通常、３月に全員が修了するという仕組みになっています。修士課程、及び博士課程で３月までに論文を完成させることができない学生は、次の年の３月まで修了をすることができないことになります。博士課程を期間内に修了できない学生は「単位取得退学」となり、それから１〜２年以内に論文を完成させなければ、博士号を取得できずに課程修了、という形式になります。

アメリカの大学院システム

　アメリカにおけるシステムは、専攻によって異なります。主に工学などの専攻においては、日本のような修士課程プログラムが存在するところも多数あります。日本と同様、修士課程まで修めることを目的とする学生は、修士課程に入学し、約２年間で課程を修了し、卒業後に就職するか、もしくはPh.D. 課程へと進学します。日本と違って、修士課程修了には、学位論文の提出が課されないところが多く、その場合、授業の履修のみで修士号が授与されます。

　一方、医学・生物学系のプログラムにおいては、通常修士課程は存在せず、Ph.D. 課程のみです。例外も存在し、例えば、バイオテクノロジーやバイオメディカルエンジニアリング専攻などには修士課程があります。このような修士プログラムは、講義中心の内容となり、研究はあまり行われません。

　はじめからPh.D. 課程への進学を希望する志望者は、学士号取得後すぐに、５〜６年のPh.D. 課程プログラムへと直接入学するのが一般的です[*1]。１〜２年目は講義と研究を行い、２年目を終了するころに、関門試験（Qualifying Exam）を行います。この試験に合格すると、Ph.D. Candidate（博士論文提出の資格を得た学生）となり、博士研究に専念することになります。逆に、この試験で不合格になった学生や、試験に合格しても博士論文を完成させずに途中で去る学生には、修士号が与えられ、「卒業」となります。Ph.D. 課程のみのプログラムにおいて、このような修士号を得るには、修士論文を書き、口頭論文発表会等を行うことを必須とするプログラムがほとんどです。

＊１：主に工学系プログラムにおいて、Ph.D. 課程への入学条件に修士号取得が必要な場合がまれにある。

Ph.D. 課程の修了時期は、学生によって異なります。審査員が、博士論文を書くのに十分と判断すれば、論文を書き上げ、ディフェンス*1（Defense）を行い、博士号を取得することになります。アメリカでは、一般的に5〜6月が卒業時期で、日本の3月に相当します。4月に修了し5月から次の職に就く人もいれば、次の職が7月に始まり8月に学校に戻ってディフェンスのみを終わらせる、という学生もいます。修了式は学部生と同様5〜6月に行われるため、3〜5月にディフェンスを行なう学生が多いのは確かですが、修了のスケジュールは、学生の都合と審査員の判断によって異なります。

---

*1：学位論文を発表し、審査員の批評に答える。一般には、はじめに公開発表（約1時間）を行い、一般の参加者からの質問に答え、その直後に審査員や指導教官のみと非公開の審査（約1時間）を行う。

Section 2 | 大学院のカリキュラム

日本とアメリカの大学院のカリキュラムの流れをみていきましょう。

日本の大学院カリキュラム

日本の大学院では一般に、基礎的知識は学部で身に付いているとみなされるため、授業にあてられる時間は限定的です。その一方、研究に費やす時間が多く、状況に応じて、論文などを通じて必要なものを学ぶというスタイルを取ります。

日本の大学院修士／博士課程の流れ

修士課程1年目
授業：週に5〜6時間程度
研究：授業以外は研究に専念。入学前に所属研究室を決定する

⬇

修士課程2年目
就職希望者：1年目終了前〜前半に就職活動、その後修士論文のための研究
博士課程進学希望者：修士論文をまとめつつ、研究中心

⬇

博士課程（3年）
はじめの1、2年は研究中心で、3年目は博士論文や外部発表用の論文の執筆、就職活動にあてる

アメリカの大学院カリキュラム（生命科学系、Ph.D.課程の例）

以下に紹介するカリキュラムは、理系のPh.D.課程ではほぼ標準的なプログラムで、主に生命科学のプログラムにおけるものです。なお、自然科学系や工学系プログラムなどでは多少異なる場合もあります。1年目、2年目、3年目、4年目以降と4つに分けて、具体例をもとに紹介します。

Part I 情報編

アメリカ大学院Ph.D. 課程の流れ

1年目
授業：必須科目（Core Course）、研究倫理、生物統計学（医学生物学系）、セミナー、ジャーナルクラブ
研究：研究室のローテーション、1年目終了時に所属研究室を決定する（医学・生物学系）

⬇

2年目
授業：選択科目、セミナー、ジャーナルクラブ
研究：博士論文のための研究を本格化
　　　Ph.D. Candidate への昇進試験（Qualifying Exam）

⬇

3年目
研究：研究中心の生活
Thesis Proposal：博士論文作成のための初期データが出そろった時点で、Ph.D. 取得までの展望をまとめ、口頭試験を受ける。これを乗り切れればあと一踏ん張り！

⬇

4年目以降
研究：卒業を意識した研究中心の生活
　　　卒業のめどがついた時点で、就職活動開始
Thesis Defense：Ph.D. 授与のための審査。これに合格すれば、Ph.D. 取得。Dr. XXX と呼んでもらえます。

1年目

　1年目では、これからPh.D. プログラムで研究をしていくにあたり、必須科目[*1]（Core Courses）で、その基礎となるものを幅広く学びます。また、研

[*1]：何が必須科目であるかは、多くの場合、プログラムのウェブサイトに明記されている。また近年では、授業ごとにウェブサイトが設置され、講義内容や教材などがダウンロードできるようになっている講義も増えている。

究をする上で必要な、倫理的素養を学ぶ授業もあります。さらに、日本の大学院においてはあまりみられない、生物統計学のコースを必須とする、医学・生物学系のPh.D. プログラムも多くあります。講義形式の授業に加え、セミナー、ジャーナルクラブなどへの参加も求められます。

　医学・生物学系においては、博士研究を行う研究室を選ぶため、一般的に、3つの研究室をそれぞれ約3カ月ずつまわります。これはラボ・ローテーション（Lab rotation）と呼ばれ、1年目の最後に博士研究を行う研究室を決めます。一方、工学系プログラムでは、入学前にあらかじめ研究室を決めて入学する場合が多く、自然科学系では、入学後にいくつかの授業を履修していく中で、自分に適した指導教官を探すのが一般的なので、ラボ・ローテーションはそれほど見られません。

〈サンプルカリキュラム（医学・生物学系）〉
【秋学期】
　必須科目1（生化学・分子生物学）　1時間/日×週5回（授業回数：22回）
　（教科書：「ストライヤー生化学」1112ページ、ベンジャミン・ルーイン著「遺伝子」933ページ）
　Responsible Conduct of Research（研究における倫理）週1回
　セミナー　週1回
　ジャーナルクラブ　週1回
　ラボ・ローテーション

【春学期】
　必須科目2（細胞生物学・発生生物学）　1時間/日×週5回（授業回数：22回）
　（教科書：アルバーツ著「細胞の分子生物学」1681ページ、ローディシュ著「分子細胞生物学」918ページ）
　必須科目3（生物物理学）　1時間/日×週3回（授業回数：17回）
　（教科書：Kensal E van Holde著「基礎物理生化学」752ページ、Meyer B. Jackson著「分子細胞生物物理学」Molecular and Cellular Biophysics 512ページ）
　セミナー　週1回
　ジャーナルクラブ　週1回

ラボ・ローテーション
（必須科目3は、必須科目と選択科目の間のような位置付けになります）

【夏学期】
生物統計学1時間/日×週3回
（教科書：ロスナー著 Fundamentals of Biostatistics 816ページ）

授業時間数
　サンプルの授業時間数をみると、1時間/日×週5回と、さほど大変ではないように思えます。しかし、実際に経験した学生が口をそろえて言うことですが、授業は非常にハードです。学期末に出る成績で、平均がB（日本のシステムでいう「良」）未満の学生は、退学となるケースがほとんどです。そのため、学生は必死に勉強します。授業は数字上ではわずかな時間数ですが、授業の予習や復習、そして宿題の量は膨大です。授業で扱う教材の量も膨大なため、猛スピードで進められます。
　秋学期では、「ストライヤー生化学」と「遺伝子」を2つ合わせて2000ページほどなので、1回の授業あたり100ページ分です。春学期では、分厚い「細胞の分子生物学」と「分子細胞生物学」が2つ合わせて2500ページほどです。もちろん内容的にも一部重複がありますが、それらが春学期の20回ほどの講義で網羅されます。教科書には、参考文献として原著論文が挙げられており、その文献を読むことも宿題として課せられ、さらに理解を深めるための宿題も出ます。そのため、一般的な大学院生であれば、授業以外に1日3時間ぐらいは予習・復習などに費やすでしょう。また、当然のことながら、教材も授業もすべて英語なので、特に留学生にとっては、最初は辛く感じるかもしれません。その一方、専門用語を英語で学べるため、研究費の申請書や論文を書くとき、また国際学会での発表するときなどには、非常に強力な武器となります。
　大学院やプログラムにもよりますが、授業で扱われる分野を専門とする教授が、2～3コマずつ担当します。そのため授業では、最先端の研究に関連した事柄まで網羅されます。基礎から応用まで要領よく学ぶことができ、楽しめる講義ばかりです。

試験
　サンプルのような必須科目が課されるカリキュラムでは、各学期3回（試験

時間２時間半）の試験があります。試験の形式は、短い記述式（20％）と、１ページ丸ごと使用する本格的な記述式（80％）などがあります。担当教授によって、試験に教科書・ノートの持ち込みが可能な場合もありますが、その場合、単なる知識を問うものではないため、難易度は非常に高くなります。また、Take Home Exam といって、問題集のようなものが手渡され、１日〜１週間以内に仕上げる、日本ではあまり見られない形式の試験もあります。

受講人数・ジャーナルクラブ

　プログラムの大きさによりますが、受講人数はそれほど多くなく、少ない場合は10人程度の場合もあります。多くても20人強でしょう。

　また、ジャーナルクラブがある場合は、必須科目に連動して、関連した論文を毎週１報ずつ扱います。例えば、１グループあたり７名程度の少人数制をとる場合では、必須科目の受講者が５名ずつぐらいに分かれ、そこに上位学生がTAとして参加し、さらに教授が加わります。学生は順番に論文をプレゼンテーションして、他の参加者の前で用意したスライドを使って説明し、その後、参加者全員で論文について議論します。

２年目

　２年目は、実際に研究を進めていくにあたり、必須科目に加えて、必要な素養を選択科目から学びます。授業の選択に関しては、所属している研究室の指導教授や、アドバイザリーコミッティー（Advisory Committee）の教授と話し合ったうえで、各自に最適な講義を２科目ほど選びます。選択科目に関しても、プログラムのウェブサイトなどで見つけられるので、大学院・プログラム選びの際には、ぜひ参考にしてください。

　２年目のコースワークは、より実践的なものになります。例えば、コンピューター実習や、コンピューターを用いて実際に計算を行う宿題も出るでしょう。２年目も、復習や宿題をする時間を含めると、一般的に１日３時間程度は勉強に費やす学生が多いようです。

【秋学期】
　　選択科目１　（統計熱力学）　１時間／日×週３回（授業回数：17回）
　　（教科書：Ralph Baierlein著 Thermal Physics 442ページ）
　　選択科目２　（理論分子生物物理学）１時間／日 週３回（授業回数：17回）

(教科書：Andrew Leach 著 Molecular Modeling: Principles and Applications 768ページ、Tamar Schlick 著 Molecular Modeling and Simulation 656ページ)
セミナー 週1回
ジャーナルクラブ 週1回

【春学期】
　講義を受講する学生もいます。プログラムによっては、TAとして、大学院下級生や学部生の授業のサポートをすることが義務付けられています。

　学生やプログラムによって異なりますが、2年目の終わりから3年目の始めにかけて、Qualifying Examなどと呼ばれる、Ph.D. Candidateへの昇格を決めるための関門試験を受けます。試験内容は、博士論文用の研究とは違うテーマを選び、アメリカ国立衛生研究所（NIH：National Institute of Health）の形式にのっとった研究計画書を審査員へ提出し、その後、審査員からのフィードバックをもとに、口頭試験の準備をします。この試験に合格すれば、ようやく博士研究を本格的に進められることになります。

3年目
　3年目になるとほぼ授業は終了し、一部を除いて、研究中心のカリキュラムとなります。3年目の終わりころに、ある程度博士論文用の研究の概要が固まり、少しずつ結果が出てくると、今度は自らの博士論文テーマをもとに、再びNIH形式の研究計画書を書き、審査員による口頭試験を受けます（Thesis Proposal）。これに合格すると、あとはひたすら博士論文作成のための研究に邁進することになります。

4年目以降
　4年目以降は、ほぼ研究のみの生活となります。研究結果が出そろったら、博士論文を書いて、まず審査員（プログラムによっては、大学外からの審査員が必要な場合もあります）に提出します。最終口頭試問のディフェンスでは、1時間ほどの公開形式で口頭発表を行ったあと、今度は審査員のみの前で、再び1時間ほど論文の内容に対して、口頭試問を受けます。その結果、博士として十分と認められれば合格し、晴れてPh.D. 取得となります。この達成感は、

経験した人しかわからないでしょう。人生で3本の指に入るぐらいの喜びの瞬間かもしれません。また、博士論文執筆やディフェンスの準備と並行して、卒業後の就職先を探します。

> **Memo**

日本の修士課程（2年）のカリキュラム

小菅泰治

　私は米大学院Ph.D.プログラムへ進学する前、約半年間ですが、日本の大学院にも在籍していました。ここでは自身の経験をもとに、京都大学大学院生命科学研究科の修士課程（2年）のカリキュラムについて紹介します。

　1年目火曜日は1日中授業、そのほかはそれぞれ所属の研究室にて研究。2年目は博士課程へ進学する方は研究に、就職を目指す方は、前半は就職活動、後半は研究に時間を費やすという感じでした。博士課程（3年）に関しては、先輩や友人からの情報では、卒業するまでひたすら研究に時間を費やすという状況のようです。個人的には今でも、京都大学の教授陣、研究設備、自由な雰囲気、どれも世界的に考えても非常にレベルが高く、すごく気に入っていますし、さらに大学院カリキュラムも年々充実し、進化し続けている印象を受けています。結局のところ、自分にあったカリキュラムや財政援助などで、日本にするかアメリカにするか選んだ方がいいというところでしょうか。

Part I 情報編

Column ライフサイエンスに見るアメリカの複合学部

今村文昭

　近年、アメリカは国家規模でトランスレーショナル・リサーチ（Translational Research）を促進し、生命科学系の研究機関はそのサポートを受けています。トランスレーショナル・リサーチとは、基礎研究を臨床研究（Bench to Bedside）に応用することを目指した領域です。現在では、基礎研究から臨床研究への流れだけでなく、臨床の知見を基礎研究に（Bedside to Bench）、基礎研究や臨床の流れを国民全体に（Bedside to bench to population）というように、科学の広い展開が求められています。そのニーズに根ざした学際プログラムとして、たとえば、医療工学における物理学・人間工学の医療技術への応用（Biomedical Engineeringなど）、コンピューターサイエンスやナノテクノロジーの医療診断への応用（Bioinformaticsなど）の領域を、MD/Ph.D. 課程やPh.D. 課程を設ける大学院が近年増えてきています。こうしたプログラムは生命科学系に限りませんが、Interdisciplinary Graduate Program（IGP）と呼ばれ、これらのプログラムを通して、学生は学際領域を系統的に学ぶ機会を得ることができます。

　日本の教育現場でも、文部科学省が主導となり、大学院の教育改革が進められています。2007年にはグローバルCOE（Center of Excellence）と題して、国際的に活躍できる研究者を育てることを目的としたプログラムが設けられ、厳選された国公私立大学の研究施設が、そのプログラムに準じて教育現場を向上させています。生命科学系の教育に限りませんが、文部科学省の公開するその予算額は、年間で300億円を上回ります。アメリカのトランスレーショナル・リサーチの促進にかけられる予算は、2010年に締め切られる公募で100億円相当となります。

　単純な比較はできませんが、現時点では日本が国家規模で、アメリカの研究者教育を、力強く追従していると考えるのが妥当でしょう。生命科学の研究において日米の大きな違いの1つとして挙げられるのは、アメリカでは教育現場や基礎研究現場にも、医師や臨床心理士、薬剤師、医療工学者など、臨床現場に近い専門家が従事していることです。アメリカでは、基礎研究と応用研究との敷居が低くなり、さらに異分野の交流が成されやすい環境ができあがっているといえるでしょう。日本人の医学系研究者が基礎研究を学びに、あるいは基礎研究者が臨床に近い基礎研究の応用機会を求め、さらに専門性を武器にポストを得ることは多くなりました。日米の違いがよく現れた傾向といえます。今後は、トランスレーショナル・リサーチを支える教育と経済的支援のシステムが理解され、普及することが期待されます。

Chapter 3　アメリカの大学院教育—日本との比較

Section 3 | 大学院入試

　日米の大学院は、カリキュラムにおける違いに加えて、入学審査制度も大きく異なります。日本の大学院は、筆記試験によって専門分野の基礎学力習熟度を試し、アメリカの大学院は、書類審査によって志願者の能力を多面的に評価します。両者の入試システムの違いをしっかりと理解することが、大学院合格への鍵となります。

日本の大学院入試

　日本の大学院では、入試の合否結果は、入学筆記試験と面接中心の審査によって決まります。大学や専攻によって異なりますが、基本的には、志願者が大学院の募集に対して出願書類を提出し、一次試験では筆記試験が行われます。筆記試験を合格した出願者は、二次試験へと進み、大学院プログラムの教授との面接を受けます。これらの結果を受け、最終的に教授陣を中心とした審査委員会により、合否が決定されます。一般的に、筆記試験の結果に重きが置かれ、受験者の希望する専門分野における基礎学力が試されます。基礎学力が十分に備わっている受験者や、一発勝負の筆記試験が得意であれば有利ですが、逆に、試験当日体調を崩したり、緊張によって実力を発揮できなかったりした場合、もしくは大きく専攻を変えたい場合には、なかなか厳しいシステムです。

アメリカの大学院入試

　一方、アメリカの大学院の選抜システムは、志願者の能力をさまざまな書類やテストスコアなどから多面的に判断し、その人物とのマッチングや将来性までも加味します。提出書類は多岐にわたりますが、主に次のものが含まれます。

1. 出願書（Application form、CV・レジュメを含む）
2. 成績証明書（Transcripts）
3. 推薦状（Letters of recommendation）
4. エッセー（Statement of purpose）
5. 試験結果（TOEFL / GRE General Test / GRE Subject Test）

　詳しくはPart II Chapter 4 (p.152)で説明しますが、この中で専門分野の知識が大きく関わってくるのは、GRE Subject Testのみです。そのGRE Subject Testも、一部の分野でのみ課されることが多く、必須とされない場合

が多くあります。

アメリカの大学院審査では、学部・修士課程のすべての成績や、出願者を客観的に判断できる推薦者からの手紙などが重視されるため、合格するには一夜漬けでは効かない、大学へ入学した時点からの長期的な努力が必要とされます。専門分野の知識だけあれば合格できるわけではないので、エッセーや推薦状から読み取れる出願者の人物像は非常に重視され、多角的に見て優れている応募者や、将来性を感じさせる人物に有利なシステムです。

日米の入試制度に起因する入学者の多様性

日本の大学院には、同じ大学かつ同じ学部内で進学する学生には、内部推薦という制度も存在します。このシステムによって、いわゆる「エレベーター式」に、大学から大学院へ進学できる学校が多く見受けられます。また、前述した入学試験制度を通じて、同じ大学・専攻の大学院（さらには同じ研究室）へと進学することができます。大学や専攻によって違いはありますが、多くの大学院プログラムにおいて、修士・博士課程ともに50％以上が内部進学者[1]であり、他大学から入学する学生よりも多い、というのが現状です。

一方、アメリカにおける大学院進学事情は全く異なります。アメリカの大学院には、推薦制度というものは存在しません。たとえ現在所属している大学の大学院に進学を希望する学生でも、他大学からの学生と同じスタート地点に立って、同様に出願書類を提出し、入学審査を受けます[2]。また、自大学の大学院に進学する学生は30％未満[3]と少数派であり、さらに学部時に在籍した研究室で大学院も研究を続ける学生は、非常にまれです。

このような審査制度の結果、アメリカの大学院には、国内・海外の多くの大学から、異なる専攻の多種多様な学生が集まります。これらの優秀な学生と切磋琢磨できることは、アメリカ大学院進学における最大の利点の1つです。

日本の入試制度に慣れている日本からの志願者は、アメリカ大学院の選考制度に大きく戸惑い、それが大学院留学実現への障害となるかもしれません。しかし、「Part II 実践編」で詳しく説明するように、準備に時間を掛け、計画的に書類を揃えていくことができれば、入学への道が開かれていきます。

---

[1]：出典：平成20年度科学技術振興調整費調査研究報告書　第3期科学技術基本計画のフォローアップに係る調査研究「大学・大学院の教育に関する調査」プロジェクト報告書
[2]：ただし、近年、工学系を中心に増えてきた、5ヵ年の学部＋修士課程の場合は、その限りではない。
[3]：数値の出典は＊1より。ただし、この数字には＊2の場合も含まれていると考えられる。同資料からのその他の一例として、University of Maryland, College Park の Department of Physics では、内部進学率はわずか2％となっている。

Section 4 | 大学院生のバックグラウンド

日本の大学院生

　日本は、基礎科学や医学において、歴史に名を残す多くの偉人を輩出し、工学については世界でも群を抜いた高度経済成長を支えてきました。1つの道を究める職人気質や、目的に向かう献身的な努力を敬う日本の社会と文化が成し得たことといえるでしょう。日本の教育を基盤に、量子力学などの物理領域ではノーベル賞受賞者が生まれ、分子生物学や免疫学などの生命科学領域でも世界でも有力な研究成果を残してきました。

　その科学の躍進を根底から支える教育機関は、専門性を深く追究できる人材を育てる仕組みを作ってきました。専門的な研究論文を執筆すれば取得できる「論文博士」という制度の存在がそのよい例といえるでしょう。大学院教育は長らく卓越した専門家を育成するプロセスとして位置づけられ、人材育成と科学との深いつながりが、大学院生のバックグラウンドを専門性について限定してきたといえます。そのため、今でも、学生のバックグラウンドは大学院入学時から専門性に長けていることが前提となっています。また日本の博士論文は、決められた期間中の完成が望まれるため、バックグラウンドの専門性が直結する領域を博士課程で選択することが多くなります。

　これに対し近年、日本でもグローバル化や産業の多様化に対応した大学院教育の必要性が支持されています[*1]。それに伴い、人材の流動性の必要性も挙げられており、教員や現学生が異なる分野や産業との隔たりを越えた交流を図ることが支援されています。これからは、産業・大学院教育・学部教育を司る異なる機関が組織だって人材の交流を図り、さらには博士号取得を志す人材が専門的な興味を抱きつつも異なる分野を行き来することが期待されています。

アメリカの大学院生

　アメリカの大学院入試審査では、専門分野の基礎学力よりも、提出書類から読み取れる出願者の総合力を評価するため、一度大学・大学院を離れた人でも再び学校に戻りやすいシステムになっています。また、特にPh.D.課程では財政支援も豊富なため、企業から大学へ戻る際の経済的な心配もあまりありま

[*1]：新時代の大学院教育—国際的に魅力ある大学院教育の構築に向けて—（平成17年6月13日 中央教育審議会 中間報告）

せん。そのため、社会経験を積んだ人たちがアメリカの大学院には多く在籍し、多様なバックグラウンドを持った学生が多いのが特徴です。

職業系大学院の場合

　アメリカの大学院に通う学生の多様性は、理系の大学院に限らず、多くの教育場面で見受けられます。医学・栄養学・法学など、職業系大学院の教育を例に挙げてみましょう。アメリカにおいて、これらの分野でプロフェッショナルの資格を得るためには、大学院教育を修めなくてはなりません。それぞれの大学院へ入るための条件は異なりますが、例えば、医学系の大学院へは、生物はもちろんのこと、数学から物理、中には経済学を学んだ学生まで入学します。

　大学院で医学課程に臨む人の多くは、学部時代に主専攻（Major）、あるいは副専攻（Minor）として、医学と関係のある科目を履修し、さらに休みの間には、インターンシップなどでユニークな経験（保険事業のボランティアや実際に生物系研究室での研究など）を積みます。このような例からも、アメリカの大学院教育は、多くの分野が交じり合い、多彩な経験を積んだ人が多いことが特色であり、尊重されていることがわかります。これは、さまざまな文化を受け入れてきた多民族国家のアメリカらしさといえます。

理工系大学院の場合

　内容に専門性の求められる理工系の大学院では、職業系大学院にみられるような多様性はそれほど顕著ではありません。しかし、例えば哲学や言語学などがバックグラウンドであっても、基礎や目的がしっかりしていれば、理工系の大学院でも多様性は歓迎されます。

　幅広いバックグラウンドや経験が生かされる環境は、学部・修士課程を卒業し、仕事の経験を積んだ後に、大学院へ進学する人の多さからもわかります。生命科学系、あるいは工学系の企業でも、科学と社会のインターセクションにおいて経験を積んだ人は、基礎研究や最先端技術の応用の現場を知っています。また、新たに基礎から学ぼうとする動機や意欲を持っているため、これから必要とされる研究への展望を明確にできるでしょう。

企業就職経験者が大学院へ戻る理由

　アメリカの大学院におけるPh.D. 課程では、企業や研究所には劣るものの、経済的なサポートも充実しています。そのため、企業を離れて再び学を求める

人にとって、大学院は学びやすい環境であるといえます。また、企業研究の一端を担う学術機関も数多く存在し、研究内容によっては、企業と学術機関との距離が近いことも事実です。こうした理由から、企業経験のある人が大学院に戻るケースが増えています。

　企業就職経験者が加わることで、大学院入試選考の競争率は高くなります。しかし、企業経験のない学生でも、企業経験のある人の知恵や経験に触れる機会が増え、教育環境として素晴らしいものを作り上げる結果につながっています。

異なるバックグラウンドが長所になるアメリカ理系大学院

　前節でも紹介したように、アメリカ理系大学院の入試選考においては、独自性が求められる書類審査が大きな比重を占めます。そのため志願者は、プログラムや研究室、科学領域にどれだけ貢献できるか、大学院で生き残るだけでなくさらに飛躍していく可能性があるか、などをアピールする必要があります。

　志願者のバックグラウンドが、出願するプログラムと同類のものである必要はありません。物理学や数学を医学に、生命科学を環境問題に、経済学を化学工学に——こうした知的財産の応用・流動は、本来望まれるべきであり、実際にアメリカの大学院教育は、この可能性を受け入れています。また、各研究機関は、異なる領域が協力し合うことによる相乗効果を求められており、教育現場もその流れを汲んでいます。そのため、バックグラウンドが異なっていても、その特異性ゆえに将来の科学技術発展に貢献できることを訴えられれば、アメリカの大学院では歓迎されるのです。

> Memo

iPS 細胞研究ロードマップ

今村文昭

　京都大学の山中伸弥教授が2006年に拓いた幹細胞研究の基礎研究はライフサイエンスにおいて革新的なものです。しかし、臨床研究への発展について、日本はアメリカに後れをとっており、これについて山中伸弥教授を含む日本人研究者が認めています。1つを究めることに長け、応用・発展に弱い日本の研究体制が如実に表れた事例といえるでしょう。そこで文部科学省が研究者の協力を経て策定したのが「iPS細胞（人工多能性幹細胞）研究ロードマップ」（平成21年6月）です。基礎研究から応用までの道筋が示され、70億円もの投資が成されました。（同年11月の行政刷新会議（事業仕分け）にて、科学研究費の削減が決定されましたが、）今後、科学研究において産学の交流などが盛んになっていくことは明白です。大学院教育も、これまでの利点を維持しつつ、欧米諸国に認められるバックグラウンドの耐用性などの価値を深めることが必要とされるでしょう。

Section 5　大学院生に対する見方・学生の意識

　前節で紹介した大学院生のバックグラウンドにも関連しますが、社会における大学院生の位置付けや学生自身の意識の持ち方は、日本とアメリカでは大きく異なっています。

日本のケース

　まず、日本の大学院は、基本的に大学に所属し、入学審査の過程やカリキュラムは大学全体で統一されていることが一般的です。日本の大学院では、アメリカの大学院のようにコースワークに時間をとられることはあまりなく、自分の研究テーマを深く掘り下げ、徹底的に研究に打ち込むことができます。これは利点であると同時に、幅広い視点から問題を見る能力を鍛える機会が少ないという欠点にもなり得ます。また、日本では学部課程から大学院へ直接進学する学生が多いため、大学院生の位置付けは大学生の延長と考えられがちです。学部時に研究した内容をもっと深く追求するため、同じ研究室に留まって研究を続ける大学院生も多くいます。そのため、大学生・大学院生とも学生であり、社会人ではないという点では、周囲からの見方に大きな差はないと考えられます。

　また、日本の大学院生で、経済的に自立し家庭を持っている人はまれで、大学生と同じような生活をしている人が多くいます。実際のところ、日本学術振興会や奨学金実施団体からの給与や財政援助を除き、大学または研究室から給与がもらえる確率は非常に低く、実験に忙しくアルバイトもできない状況にあるからです。もしくは、学費・生活費を捻出するために、アルバイトに従事せざるを得ない、という状況下にある大学院生も少なくありません。

　このように、日本の大学院生は、周囲の社会からも自分自身としての意識からも、「あくまで学生」として扱われているため、その道のプロフェッショナルとしての意識に欠ける傾向にあります。また、日本の大学院では実社会との接点を持つ機会が少ないため、研究室にこもって研究だけしていればよい、という意識になりがちです。

アメリカのケース

　アメリカの大学院は、それぞれの学部・学科が独立していることがほとんどです。そのため、入試選抜方法から、授業を含めたプログラムの内容、卒業要

件まで、同じ大学内であっても、学部・学科によってさまざまです。日本の大学院との大きな違いは、土台となる知識を身に付け、幅広く物事を考えるためのコースワークですが、最初の1～2年間は、授業に時間をとられすぎて、研究がなかなか進まないこともあります。

　プログラムによっては、TA（Teaching Assistant）として一定期間以上働くことや、実際に学部生に授業を教えることが義務付けられていることも多くあります。そして、ほとんどの場合はTAやRA（Research Assistant）として働くことで、学費が免除され、労働の対価として給与がもらえます。また、プログラムによっては、Training Grant（Memo：次頁参照）で大学院生を雇うことがあります。所属研究室やプログラムによって、予算の出所や対象となる人数が異なることがあるので、財政援助の有無は、入学前にしっかり確認する必要があります。給与は、決して多くはありませんが、平均して月に15～25万円ほどで、援助なしで暮らしていけるくらいでしょう。また、家族を持っている大学院生もたくさんいます。一度大学を離れて働いてから大学院に戻る人も多いため、一般的に大学院生は経済的にも社会的にも自立している、という位置付けになります。

　アメリカでは、同じ大学や研究機関に続けて長期間所属することは、望ましくないとされています。外の世界や、他の研究機関を経験した上で、自分の進むべき道を見定めるべきだ、とされているからです。前節でも紹介したように、学生のバックグラウンドはさまざまで、出願の際にもレジュメに複数の研究機関や大学に在籍した経験や職務経験があると有利であるといえます。

　数年働いてから大学院に戻った場合、大学院で学ぶ目的が明確で、学位をどう生かすか、将来につなげるかを当初から念頭においている人が、アメリカの大学院には多くいます。近年、日本では、博士課程修了者の就職難が問題になっています。この問題の解決には、社会のシステムだけでなく、大学院生自身の意識、大学院生に対する社会の見方の改善も必要だといえます。

　意識の違いの生まれる因子として、アメリカの大学院では、今後のキャリアの見定め方、それに向かって現段階でどのような準備をすべきかなどの、研究以外のセミナーやミーティングも数多く行われることが挙げられます。このようなイベントでは、大学院生に限らず、学部生やポスドクにも役立つ情報や知識が得られます。さまざまな人が気軽に参加できる形式になっていて、研究室にこもって実験をしているだけでは出会えないような人と交流する機会が多くあり、非常に有意義です。

> **Memo**
>
> **財政援助：Training Grant**
> 　Training Grantとは、大学院生のための教育期間用資金のことです。例えば、ラボ・ローテーションの最中は、時間が短すぎるため、直接の研究成果が出せません。そのため、RAとして十分な働きはできず、給料をもらうことができません。その間、プログラムから奨学金が保証されることで、学生は気兼ねなく、自分に合った研究室を選べます。しかし、このTraining Grantは、NIHという国の機関から出るため、アメリカの市民権を持つ学生の支援が中心になります。ただし、所属プログラムの財源から出る場合は、アメリカ市民である必要はありません。

これからの日本の大学院の課題

　このように、アメリカでは研究を進めつつも、今後に向けての準備もバランスよく同時に進めるべきである、という意識を大学院生に持たせるシステムが確立しています。こうした機会には、学生やポスドクだけでなく、教授陣もキャリアに関するセミナーなどに参加し、知識を前向きに吸収しています。

　日本でも近年、限られた機関のみとはいえ、こうしたセミナーが増えています。政府の促進[*1]があり、大学院や私企業がその機会に由来する援助を受け、大学院教育の変革を掲げています。このような試みへの期待は大きく、種々のプログラムが、今後、日本の大学院生の在り方に影響を与えるでしょう。しかし、日本の大学院教育の教育学や社会学は、まだ産声を上げたばかりです。理工系の大学院教育を修了した人材が、人材育成のプロフェッショナルとなるケースはまれでしょう。産学協同や教育環境の改革が必要とされる中で、大学院課程において、大学院生の意識を多方面にでも育むことができる日本の環境整備はこれからです。

[*1]：一例として、文部科学省のイノベーション創出若手研究人材養成プログラムなどがある。

Section 6 | 経済的支援

　日本とアメリカの大学院で大きく異なることの1つに、大学院生への財政支援状況が挙げられます。日本の大学院生はあくまで学生のため、博士課程に在籍していても、授業料を払って生活費を自ら捻出している人が大半です。それに対してアメリカの大学院、特に理工系のPh.D.課程の場合、ほとんどの学生は、授業料免除と共に生活費ももらって、経済的に自立しています。

日本の大学院における経済的支援

　文部科学省が発表している学校基本調査ほかのデータ[*1]をもとに、日本の大学院（全専攻）に通う学生のうちで、奨学金やTA、RAとして財政援助をもらっている割合、授業料減免を受けている学生の割合、そしてその平均支援額を表1にまとめました。

	日本学術振興会奨学金[*2]		TA		RA		貸与		授業料減免
修士課程	N/A		35.1%	4.3万円	0.5%	15万円以上:20.3%	42.6%	8.9万円	11.3%
博士課程	6.2%	20万円	21.3%	4.3万円	13.5%	5万円未満:52.8%	29.7%	11.7万円	20.5%

表1：日本の大学院在籍学生の経済的支援状況

　修士課程では、貸与を除くとTAとしての収入が主です。しかしその額は月に4.3万円と、自活するには十分な金額とはいえません。また、授業料減免を受けている割合が11.3%で、残りの9割弱の修士学生は自費で授業料を払っています。

　博士課程の場合は、日本学術振興会の奨学金に応募ができます。月額20万円が支給され、経済的に自立できる金額ではありますが、その割合はわずか6.2%にとどまっています。博士課程では修士課程と比較してRAの割合が大幅に増えますが、それでも全体の13.5%にすぎず、大都市で援助なしで生活でき

[*1]：出典：文部科学省・学校基本調査、科学技術・学術審議会 学術分科会(第26回)及び学術推進部会(第19回)合同会議 資料5、総合科学技術会議：大学院における高度科学技術人材の育成強化策検討ワーキンググループ（高度科学技術人材育成WG）第7回議事次第 参考資料2-1
[*2]：日本学術振興会特別研究員（DC2・DC1）の合計。

る目安となる月額15万円以上の支給を受けているのは、RAを取得しているうちの20.3%にすぎません。そのため、日本の大学院生の多くは、両親からの仕送り、日本学生支援機構（旧日本育英会）からの貸与、もしくは学外でアルバイトをするなどして、授業料と生活費を捻出しているのが現状です。

アメリカの理工系大学院における経済的支援

　一方、アメリカの大学院生（修士・Ph.D. 課程を合わせた理工系専攻）の主な財政源は、表2のようになっています。修士課程の学生を含んでいるため、自費で捻出している割合が、工学・自然科学系共に3割前後います。工学系ではRAの割合が高く、自然科学系ではTraineeship（Training Grantの受給者）とTAの割合が多いのが特徴です。

	TA	RA	Fellowship	Traineeship	Self-Support	Other
Engineering	13.9%	40.1%	8.2%	1.1%	29.6%	7.1%
Natural Sciences[*1]	19.1%	29.0%	7.9%	4.9%	32.0%	7.1%

表2：アメリカの大学院生の分野別主な財政源[*2]

　これを、Ph.D. 課程に限ってみてみましょう。表3（Ph.D. 課程、全専攻）には、アメリカ人学生・留学生別の主な財政源の割合を、表4には、専攻別の平均支援金額をまとめています。

　まず表3から、Ph.D. 課程に在籍している場合、多くの学生は何らかの経済的支援を受けていることがわかります。また、アメリカ人で授業料・生活費を自ら賄う学生は全体の17.0%いますが、留学生に限ってみると、わずか2.4%しかいません。留学生が、経済的な援助なしでアメリカのPh.D. 課程に入るのは、非常にまれであることがわかります。ただし、1つ注意したい点は、合格すれば必ずしも全員が経済的援助もらえるわけではないということです。支援をもらえるところへしか進学しない人が多いため、このような結果になっていると考えられます。

　次に専攻別の平均支援額をまとめた表4をみると、いろいろな財政援助を組

*1：ここでのNatural Sciencesには、Medical/other life sciences, Physical sciences, Mathematics/computer sciencesなどが含まれる。
*2：出典：National Science Board: Science and Engineering Indicators 2010

み合わせることで、大学院生が年間約$26,000〜$27,300の支援を受けていることがわかります。

　個別財源からの支援額が少なく見えますが、大学院やプログラムによっては、Ph.D. 課程の学生が卒業するまでのある期間は TA の給与が主財源である場合や、在学中に奨学金支援が満了して、RA などに切り替わった場合等の影響と考えられます。また、表４で挙がっている貸与（Loans）の金額は、主に配偶者や家族を持っている学生の場合だと推測されます。

	TA	RA Other Assistantships	Fellowship Traineeship	Grant Stipend	Self-Support	Others
US Citizens	13.8%	25.3%	26.0%	8.7%	17.0%	9.2%
Temporary Residents	18.1%	53.6%	13.0%	3.5%	2.4%	9.4%

表３：アメリカの Ph.D. 課程（全専攻）学生の市民権別の主な財政源[*1]

	Any aid	Grants	Loans	Assistantships	Tuition Waivers	Work Study
Life and Physical Sciences	$27,300	$15,400	$12,300	$17,400	$9,200	$12,600
Engineering CS Mathematics	$26,000	$14,900	$11,600	$15,600	$11,300	###

表４：アメリカの Ph.D. 課程学生の専攻別平均経済支援額[*2]

　この日米大学院における経済的支援状況の違いは何に由来するのでしょうか。まず１つに、政府から投入される科学技術分野への予算の違いが挙げられます。

　例えば、医学に関する研究を助成するNIHは、2009年に約300億ドル（約３兆円）の予算を獲得し、そのうちの80％強は、全米の大学や研究所などへ、競争的資金として割り振られています。一方、2009会計年度における日本学術振興会の予算は約1,580億円で、そのうちの約1,287億円が科学研究費として使われています。日本では日本学術振興会が、学術研究の主となる助成団体ですが、アメリカにはNIHのほかにも、全米科学財団（NSF）やエネルギー省科学局（DOE）、アメリカ国防総省（DoD）なども多額の研究資金を提供しています。

＊１：出典：National Science Board: Science and Engineering Indicators 2010
＊２：出典：U.S. Department of Education, Institute of Education Sciences: Student Financing of Graduate and First-Professional Education, 2003-04: Profiles of Students in Selected Degree Programs and Part-Time Student

その他の要因として、大学と企業との結びつきが挙げられます。日本でも産学連携が盛んになってきましたが、アメリカでは大学と企業の共同研究はごく日常的に行われており、大学の研究室からスピンアウトするベンチャー企業（Startup company）も後を絶ちません。

　これらの政府や企業から得た資金をもとに、アメリカの大学教授は、特定のプロジェクトに大学院生やポスドクを就かせ、研究資金の中から学生たちの授業料や生活費を支払う代わりに、それ以降も継続的に研究資金が獲得できるよう、それなりの研究成果を対価として求めています。この豊富な研究資金が、大学院生への財政援助につながっています。そして、アメリカの大学院は、ベンチャー企業や中小企業のような役割を担っており、それが社会の大学院生に対する見方を決め、大学院生自身もその役割を自覚することにもつながっているのです。

Memo

日本企業の雇用システム

山本智徳

　年功序列・終身雇用制度をとる日本の企業では、学部卒を大量に一括採用し、自社で定年まで育て上げるのが、1つの人材育成システムとして定着しています。近年の高学歴化に伴い、理系専攻の場合には、修士課程を修了してから企業就職することが一般的となりましたが、基本的な企業側の人材育成方針はあまり変わっていません。そのような環境へ、高度な専門技術を兼ね備えた博士卒が入っても、あまり受け入れられる土壌がなく、むしろ博士卒は専門にこだわるがあまり企業側から敬遠されている、とまで言われています。

　その一方、若年齢層人口の停滞・衰退に伴って、日本国内の大学におけるポストは増えないにも関わらず、1990年から2000年初頭にかけて、文部科学省が先頭に立って博士号取得者を急激に増加させてきました（⇒Data 2（p.104）「日本国内大学院への入学者数・在籍者数」）。博士号取得者の主な就職先がアカデミアである日本において、大学をはじめとした教育・研究機関で常勤職に就くことのできる人は、非常に限られています。また前述の通り、博士号取得者は、年功序列・終身雇用を軸とする企業のニーズとマッチしていないため、修士号取得者と大差ない待遇でしか雇ってもらえない場合や、さらには博士号を持っているがゆえに就職しづらい、と言ったケースも数多く報告されています。これらが原因となり、余剰博士が大きな社会問題にまで発展しています。

　余剰博士問題は、大学側だけの問題でも企業側だけの問題でもなく、日本社会全体で改革を押し進めてゆく必要があります。そうでなければ、インセンティブのない博士課程への進学者は減ってしまい、優秀な学生ほど修士課程で終えてしまうでしょう。社会が一丸となって改革を進め、博士号取得者の適切な活用法を見出せれば、将来の日本、そして世界を担う優秀な人材を逃すことなく、今後の科学技術の発展に繋げていけると信じています。

Section 7 | 大学院修了後の進路

　これまで、アメリカの理系大学院について、システム、カリキュラム、学生のバックグラウンドや意識、そして経済的支援状況を、日本と比較しながら紹介してきました。これらの要因が積み重なり、大学院修了後の進路も日米で大きな違いがみられます。

学位取得後の初任給

　日米の大学院修了後の代表的な違いの1つに、給与が挙げられます。日本では、企業が博士号取得者を積極的に雇用してはいないため、学士卒や修士卒と比較して経済的な面でのメリットは非常に少ないでしょう。初任給は、例えば、他業種よりも比較的給与の高い製薬会社であっても、学士卒：22.0万円、修士卒：24.4万円、博士卒：27.8万円[*1]と、修士・博士卒の給料は多少高いという程度です。

　一方、アメリカでは、多くの企業がPh.D.や修士号取得者を高給で雇い入れます。NIHのTraining Grantのサポートでは、Ph.D.取得者の最低給与額は37,368ドル（2009年3月[*2]）と定められ、生涯の平均年収については、学士卒：67,776ドル（約678万円）、修士卒：82,022ドル（約820万円）、Ph.D.卒：115,377ドル（約1,154万円）[*3]と、最終学歴によって給与に大きな差が出ています。大学院の学位取得に費やした経済的・時間的な投資は、卒業後に十分回収できるので、多くの人たちが仕事をしながらでも、修士号やPh.D.を取ろうとします。これを、教育のアップグレード（Upgrading education）と言います。

アメリカ理工系 Ph.D. 課程修了後の主な進路

　卒業後の進路として、企業就職とアカデミアの選択肢があることは、日米に共通することです。アメリカでも、大半のPh.D.課程修了者はアカデミアの進路を選びます。一方で、アカデミア以外の道を選ぶ学生の割合も高く、職種もバラエティに富んでいます。大学院博士課程進学は、日本では「教授への道の第一歩」という見方が一般的ですが、アメリカではキャリアアップの一環として進学を捉える学生も少なくありません。以下に、アメリカ理工系Ph.D.

---

*1：2009年4月実績における、大塚製薬、武田製薬の給与
*2：出典：National Heart Lung and Blood Institute: FY Funding and Operating Guidelines
*3：出典：U.S. Census Bureau, Current Population Survey, 2007 Annual Social and Economic Supplement

課程修了後の、主な進路の例を紹介します。

【アカデミア職】

　アカデミアの進路としては、主に研究職（Research Position）と教職（Teaching Position）があります。分野にもよりますが、アカデミアを選ぶ学生の多くは、卒業後、まずポスドクのポジションを得ます。数年間ポスドクとして経験を積んだ後に、次の職に応募するのが一般的です。日本では、課程修了後、ポスドクとなるのは15%[*1]ほどですが、アメリカでは45%がポスドク[*2]となります。

　アメリカでは多くの研究者が、ポスドク先として別の研究室へと移り、Ph.D. 課程とは異なるテーマを選ぶのが一般的です。研究者として独立するためには、より多様な知識を有し、より多くの研究者と接し、より多くの技術を取得することが有利なためです。そして、ポスドクとして経験と業績を積んだ後、その多くが、大学にて教授職に応募します。教授職を獲得するには、独立して研究室を運営できる、そして教育者として卓越していることが求められます。

　日本の場合、90年後半に行政の指針（ポストドクター等一万人支援計画）などでポスドクが増えました。しかし雇用の問題は依然として残り、20%の博士号取得者、34%のポスドク（1～5年）の就職状況は、無職を含む「その他」の状態です。アメリカの場合でも、博士号取得者の雇用の問題は議論を生んでいますが、5年未満のポスドクで、その後のキャリアが「その他」に相当する研究者は全体の1%にも達しません（次頁図2）。その理由として、アメリカでは、企業や政府機関（23%）が有力候補となっていることが挙げられます（日本では10%未満）。

　また日本では、大学院卒業時の年齢が高いと不利になることがありますが、アメリカでは、主に経験、実績、指導教官などの周りからの評価、コミュニケーション能力、適応（フィット）などが重視されます。そのため、Ph.D. 課程修了直後の学生よりは、技術的にも理論的にも成熟したポスドクを採用しよう、という風潮が強くあると考えられます。

＊1：出典：平成20年度科学技術振興調整費調査研究報告書　第3期科学技術基本計画のフォローアップに係る調査研究「大学・大学院の教育に関する調査」プロジェクト報告書
＊2：出典：NSF Postdoc Participation of Science, Engineering, and Health Doctorate Recipients

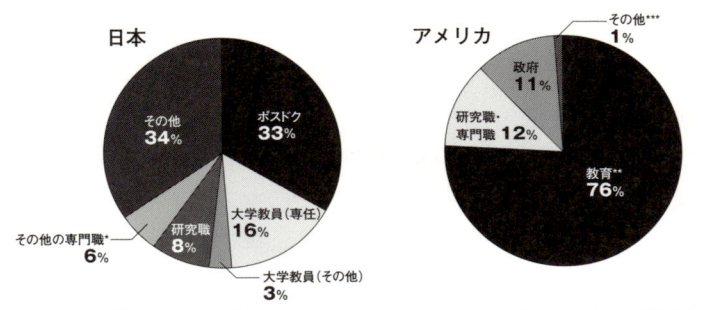

図2：日本[*1]とアメリカ[*2]でポストドクターとなった者（1〜5年）の職業状況
* 医師や薬剤師などを含む、** ポスドクを含む、*** 1％未満

【企業研究職】

　アメリカでは、医学・生物系のPh.D.課程を修了した学生の一部は、製薬会社やバイオテック企業の研究職に進みます。ファイザー（Pfizer）などの大手製薬企業の研究職から、アムジェン（Amgen）など成熟しつつあるバイオテック企業、起業直後のバイオテック企業など、さまざまな就職口が存在します。全米各地で製薬・バイオテック専門の就職フォーラムが行われており、企業側も優秀な人材を獲得しようと積極的です。コンピューターサイエンスや工学系のPh.D.課程を修了した学生の一部は、同分野の企業に就職します。研究職から専門的な設計などを担うマネジメントまでさまざまです。こうした応用科学Ph.D.課程では、工学系企業との委託研究などと関わることが多いため、企業研究や運営と学術研究との接点を多くの機会で把握することができるためと考えられます。

　企業研究職は、アカデミアに進むのと比べて、給料などの待遇の良さが大きなメリットです。逆に、職が不安定であること、アカデミアに比べて自由度が低いこと（必ずしもやりたい研究ができない）、などのデメリットも存在します。しかしながら、企業によっては基礎研究を非常に重んじ、アカデミアから一流の研究者を引き抜き、非常にレベルの高い研究を続けている企業も存在します。

---

*1：出典：平成20年度科学技術振興調整費調査研究報告書　第3期科学技術基本計画のフォローアップに係る調査研究「大学・大学院の教育に関する調査」プロジェクト報告書
*2：Thomas B. Hoffer et al, INFO BRIEF, March 2008, NSF, Department for Social, Behavioral, and Economic Sciences

【法律関連職・ビジネス職】

　アメリカの大学院の一部の学生の中には、大学院時代に得た知識を使って、研究以外の分野に進む人も見かけます。その1つが特許関連の仕事です。大学院修了後、テクニカル・アドバイザーとして法律事務所に雇われる学生、またはポスドクが近年増えています。彼らは、自分の専門知識を活かして特許の解釈などの仕事を行い、事務所の経済的なサポートの元、夜間は法科大学院（Law School）へと通います。3～5年掛けて法務博士号（J.D.）を得た後、特許弁護士（Patent Lawyer）として働きます。

　法律事務所と並んで、近年学生に人気を集めているのが、ビジネスの道です。アメリカではコンサルティング、金融関連（リサーチ部門など）、ベンチャー・キャピタルなどの企業が、専門知識や優秀な頭脳を持つ学生を求めて、Ph.D.課程の学生やポスドクに対して積極的にリクルートしています。ただし、求人のポジションは決して多くなく、応募者が殺到するため、競争は非常に厳しいものがあります。法律事務所やコンサルティング会社は、コミュニケーション能力、人間性、適応力などを重要視します。語学力が問われるため、どうしても英語のネイティヴ・スピーカーの応募者が有利になってしまうのが現実です。

ネットワークの重要性

　博士号取得後、どのような進路を選ぶかは、個人の興味、性格、住みたい場所、フィット、条件や家族事情など、個人個人によって異なります。就職活動をして、やはり自分はアカデミアに残りたい、と考え直す人もいれば、アカデミアで数年間ポスドクを経験した後、企業に勤めたいと考える人もいます。

　就職活動の際には、情報収集やネットワークが重要です。学生時代の仲間や同じプログラムの卒業生、教授のネットワークなどが大きく影響します。英語でいうネットワークには、日本でいうコネに近い意味がありますが、マイナスのイメージは全くありません。むしろアメリカでは、知人の紹介を最優先することなどは、必要かつ優秀な人材を確実に雇う手段として考えられています。

　大学院時代に広げたネットワークを通じて、卒業後の進路を切り開く、さまざまな機会を得ることができます。就職活動においてどのような候補者が最適かというのは一般化しにくいのですが、ネットワークの構築に長け、優秀で経験・業績豊富な人材が有利であることには違いありません。

Data 1 理系Ph.D.課程修了後の進路統計

p.99において、アメリカの大学院では、卒業後の進路が多種多様であることを紹介しました。ここではPh.D.課程修了後の進路を分野別に比較してみましょう[*1]。

図1では、アメリカのPh.D.取得後の進路を、図2では、アメリカのPh.D.取得後の就職内訳を、それぞれ分野別に比較しています。図1における「就職」の内訳を詳しく表したものが図2です。図1から、生命科学系と物理科学系専攻の場合、過半数以上がポスドクの道を選んでいることがわかります。工学系の場合、ポスドクになる割合は低く、全体の3割強です。図2から、工学系は企業への就職が非常に多いことがわかります。また、生命科学に比べて、物理科学の方が、企業就職の割合が高いこともわかります。生命科学系は、図1と図2の両方から、大半がアカデミアへ就職する傾向にあることが読み取れますが、政府機関への就職率が高いのも特徴となっています。

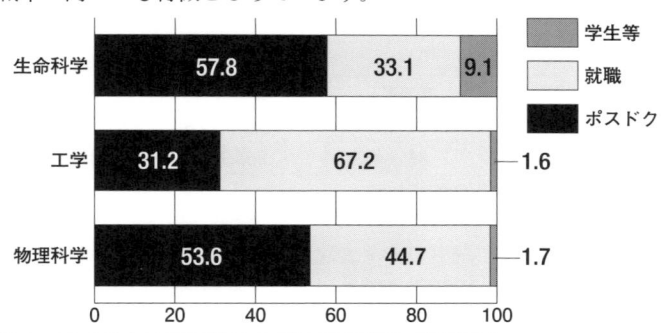

図1：アメリカの分野別Ph.D.取得後の進路（2005年）

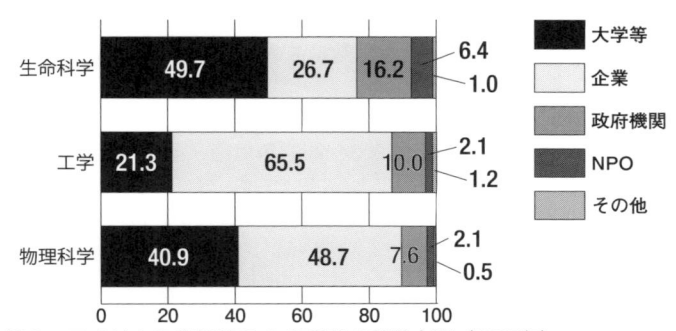

分野	ポスドク	就職	学生等
生命科学	57.8	33.1	9.1
工学	31.2	67.2	1.6
物理科学	53.6	44.7	1.7

図2：アメリカの分野別Ph.D.取得後の就職内訳（2005年）

分野	大学等	企業	政府機関	NPO	その他
生命科学	49.7	26.7	16.2	1.0	6.4
工学	21.3	65.5	10.0	1.2	2.1
物理科学	40.9	48.7	7.6	0.5	2.1

*1：出典：平成20年度科学技術振興調整費調査研究報告書 第3期科学技術基本計画のフォローアップに係る調査研究「大学・大学院の教育に関する調査」プロジェクト第1部 理工系大学院の教育に関する国際比較調査」

Part I 情報編
Chapter 3 アメリカの大学院教育―日本との比較

Data 2　日本国内大学院への入学者数・在籍者数

日本政府による「大学院重点化計画」と「ポストドクター等一万人支援計画」は、日本の大学院に進学する学生数にどのような影響を与えたのでしょうか。

1991年、東京大学法学政治学研究科を皮切りに、日本の「大学院重点化計画」が始まりました。従来の、大学院は学部の付加とされた学部中心の組織から、大学院を中心とした組織への切り替えを目指した計画です。2000年までには、旧帝国大学7校と一橋大・東工大を加えた9校が、そして2008年までには、全部で16の国立大学が重点化を終えています。また、1996年度から2000年度までの5年計画として、文部科学省は「ポストドクター等一万人支援計画」を施行しました。国の将来を支えるため、またグローバル化が進む現代の国際競争を勝ち抜くため、博士号取得者を年間一万人創出しようという計画です。これらの計画により、日本の大学院に進学する学生数が飛躍的に増加しました（表1）。

	大学生		大学院生	
	学生数	増加率	学生数	増加率
1989年	2,066,962人	N/A	85,263人	N/A
2009年	2,845,965人	38% 増加	263,976人	210% 増加

表1：日本国内の大学生・大学院生の増加率比較

1955〜2009年における日本の大学院への入学者数（図1）を見てみると、その移り変わりが一目瞭然です。1960〜1990年までは、ほぼ一定の割合で修士・博士課程ともに入学者が増加していましたが、ちょうど大学院重点化の始まった1990年頃を境に、修士・博士課程ともに急激な増加へと転じ、2000年以降は緩やかな変化へと転換しています。修士課程への入学者数は2005年からほぼ横ばいですが、博士課程へは2003年をピークに、むしろ入学者数は減少しています。

次に、理学・工学専攻に絞って見てみましょう（図2）。やはり、こちらからも1990年前後を境とした増加が顕著ですが、2003〜2004年以降、理学修士課程、工学修士・博士課程の在籍者数はほぼ横ばいになっています。その一方で、理学博士課程においては、2005年頃から急激な減少に転じていることが特徴的です。

大学院重点化やポスドク一万人計画によって、博士号取得者は当初の予定通り増えました。しかし、博士号取得後の雇用先が十分に確保されていない、という問題を抱えています。近年では、博士号を取得しても定職に就くことのできない余剰博士や高学歴ワーキングプア問題が、広く知られるようになりました。このような情報が大学院進学者に影響を与え、大学院生数の停滞・減少につながったの

かもしれませんし、1990年代の伸びが異常であっただけで、いま現在は「適切」な人数への揺り戻しである、と考えることもできます。いずれにしても、いま日本の大学院は、非常に大きな転換期を迎えているといえます。

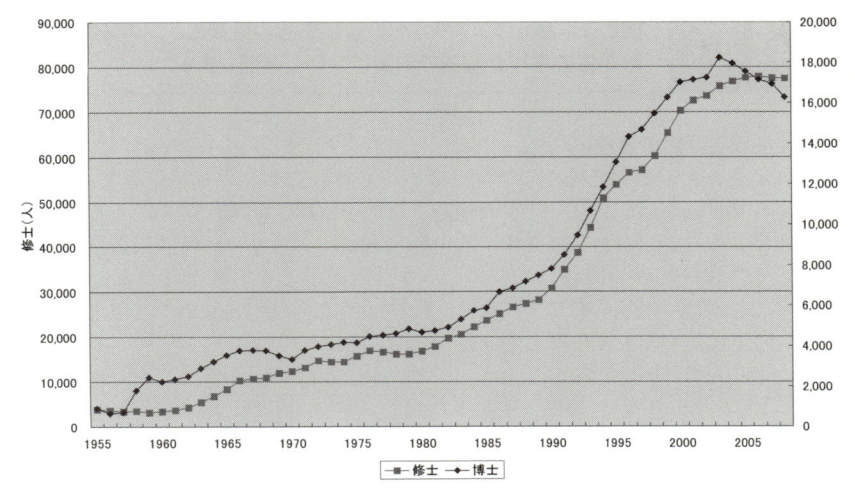

図1：日本の大学院の入学者数（1955〜2009）[*1]

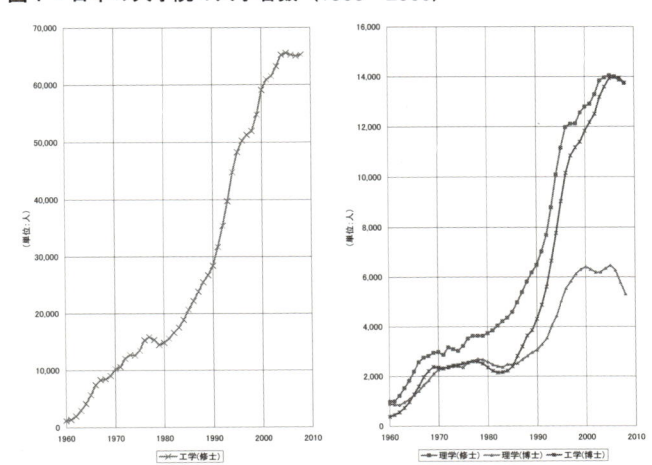

図2：日本の理学・工学課程における修士・博士課程の在学者数の推移（1960〜2009）[*1]

なお、図2からもわかる通り、日本では工学の博士号取得者数は理学の2.5倍以上[*1]となっています。一方、アメリカやイギリスでは、工学よりも理学におけるPh.D.取得者が多い傾向があり、各国の産業の特徴が表れていると考えられます。

[*1]：平成20年度科学技術振興調整費調査研究報告書 第3期科学技術基本計画のフォローアップに係る調査研究「大学・大学院の教育に関する調査」プロジェクト報告書より転載

Data 3 アメリカへの留学の動向

アメリカには、全世界から多くの留学生がやってきます。主要国と日本からのアメリカへの留学生数の推移と、日本人大学院留学生の専攻分野別の内訳について分析します。

留学生在籍者総数の推移

図3に示された、世界各国からアメリカへの留学生総数[*2]の推移をみてみると、1990年代半ばまでは、約1～5％の割合で増加を続け、90年代後半から若干増加率が伸びていることがわかります。2001年に起きたアメリカ同時多発テロ事件により、その後一時停滞の後に減少に転じます[*3]が、その影響は薄れ始め、再び2005年頃を境に、増加に転じています。特に2007/08と2008/09は7％以上の上昇率と、90年代後半の上昇率以上で推移しています。

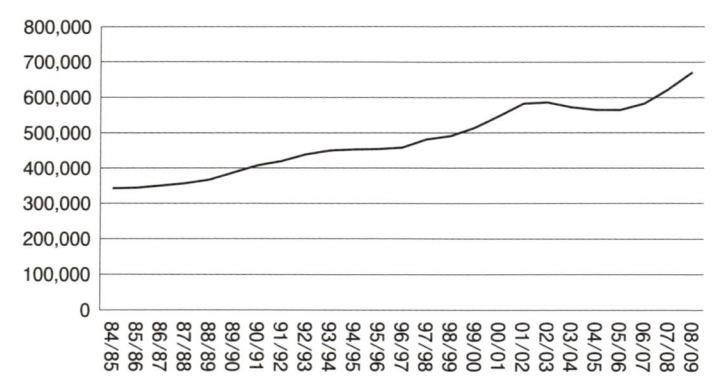

図3：アメリカへの留学生在籍者総数の推移[*2,*4]

主要国からの留学生数の推移

次に、1993/94～2008/09における、主要国からアメリカへの留学生全体数の推移（図4）を見てみましょう。1994/95～1997/98のあいだ、日本は第1位のアメリカへの留学生供給国でしたが、最高人数を記録した1997/98を境に、留学生数が再び増加した中国にその座を明け渡しています。その中国も、2005/06以降のインドからの留学生の急増により、2001/02以降は第2位に転じています。そして日本は、着実に留学生数を伸ばしている韓国には2001/02に、2008/09にはカナダにも追い抜かれ、日本からアメリカへの留学生総数は、2008/09現在第5位まで後退しています。台湾は90年代前半から減少が続きましたが、近年は若干持ち直しています。他の主要国をみてみると、イギリスはほぼ同数で推移、ドイツは2000/01をピークにやや減少傾向でしたが、再び回復の兆しが見えています。

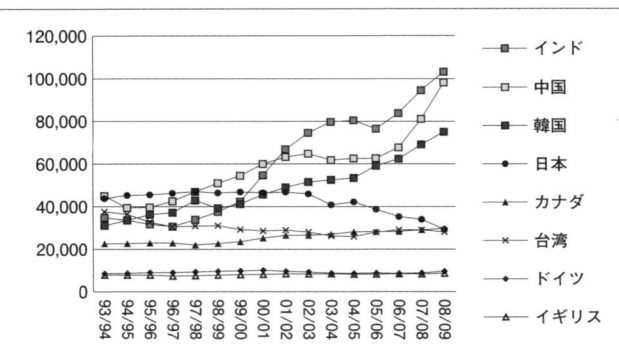

図4：主要国からアメリカへの留学生数推移[*2,*4]

日本人留学生の推移

図5に、日本からアメリカへの、学位レベル別留学生数の推移を示しました。1993/94～2002/03の間は、ほぼ同数で推移していると言えます。しかし、2001年に起きたテロ事件の影響からか、2002/03を境にして、在籍者数が大きく減少傾向に転じています。2002/03と2008/09の在籍学生総数を比較してみると、6年間で実に約17,000人も減少していることがわかります。

他国と比較した際、日本人留学生の特徴に、大学生が大学院生より圧倒的に多いという点が挙げられます。そのため、大学生の大幅な減少が、日本人留学生総数の減少に繋がっていることが、図5から読み取れます。また、大学院留学生も、2001年ころをピークに減少傾向にあることがわかります。日本国内の大学・大学院に進学する学生は、2005年ころまでは増えていましたが、それ以降はほぼ横ばい状態なので、アメリカへ留学する日本人の割合は、アカデミック区分に関係なく、減少傾向にあると言えます。また、世界各国からアメリカへの留学生数が増加傾向にあるため、日本はやや特異な傾向にあると言えます。ただし、ポスドク留学は、全体的に微増・微減がありますが、ほぼ一定数で推移しているといえます。

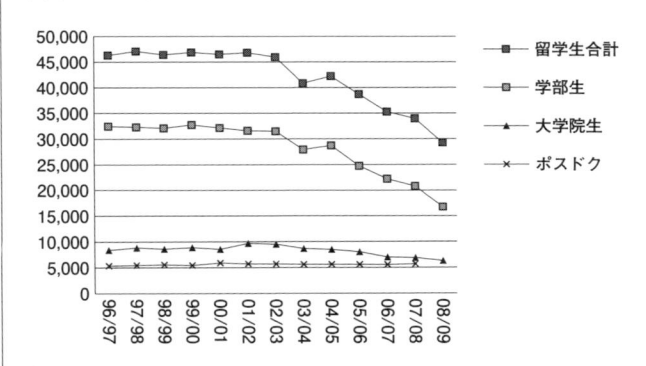

図5：学位レベル別に見た日本からアメリカへの留学生数の推移[*2,*4]

日本人大学院留学生の専攻分野

NSF[*5]の調査によると、2009年春時点における日本人大学院留学生のうち、Science & Engineering（以下、S&E）分野専攻は2,110名、それ以外の分野専攻は3,100名ですので、S&E専攻率は40.5%です（図6）。さらに詳しいS&E専攻の内訳は、表2の通りです。S&E分野を統括するNSFの調査のため、非S&E分野の詳細はわかりませんが、その多くは、ビジネススクールやロースクールなどの、職業系大学院と予想されます。なお、表2には社会科学（Social Science）専攻も含まれているため、日本で一般的に言われる、理学・工学系を専攻している学生は、日本人大学院留学生全体のわずか2割強にとどまっています。

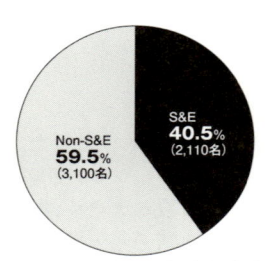

図6：日本人大学院留学生の専攻割合

Agricultural Sciences	70	3.3%
Biological Sciences	260	12.3%
Computer Sciences	100	4.7%
Engineering	320	15.2%
Mathematics	80	3.8%
Physical Sciences	210	10.0%
Psychology	190	9.0%
Social Sciences	890	42.2%

表2：日本人大学院留学生のS&E分野内の専攻人数[*6]

---

*2：大学生、大学院生、OPT、ビザを必要とする語学留学を含むその他の合計数。留学生合計にポスドクは含めない。
*3：在籍者総数の推移のため、減少するまでには時間にずれが生じていると考えられる。
*4：Institute of International Education: Open Doorsをもとに作成。
*5：National Science Board: Science and Engineering Indicators 2010
*6：Physical Sciences には、Astronomy、Chemistry、Physics などが、Social Sciences には、Anthropology、Economics、History of Science、Linguistics、Political Science/Public Administration、Sociologyなどが含まれる。

Part I 情報編

Data 4 日米における大学・大学院・大学教職員の女性率

一般的に、アメリカでは女性の社会進出が活発であるのに対して、日本では要職に就いている女性はまだ少ないと言われています。日米大学間の学生・教職員の女性率を比較します。

Chapter 3 アメリカの大学院教育—日本との比較

大学・大学院・大学教職員[*7]の女性率（図7(a)）をみてみましょう。日本では、大学、大学院、大学教職員と進むごとに、女性の割合が減少していますが、アメリカでは、大学生・大学院生共に、女性の割合が男性よりも上回っていることがわかります[*8]。また、アメリカにおいて注目すべき点は、大学生よりも大学院生の方が女性率は高くなっていることです。大学教職員では40％弱と過半数を割っていますが、それでも日本の場合と比較して、女性率は2倍となっています。

次に、理系専攻における女性の割合を比較してみます（図7(b)）。日本の大学院では、一般的な認識通り、全分野平均と比べて理系専攻の女性は少なく、工学系においては約10人に1人という状況です。アメリカの大学院においても同様ですが、それでも自然・生命科学系では過半数を超えています。工学系における女性の少なさは、アメリカでも大きな問題として取り上げられています。そのため、The Society of Women Engineers や IEEE Women in Engineering といった、女性による女性工学研究者のための団体活動が活発で、各大学にも同様な学生組織が存在し、女性の理系分野におけるより一層の進出を支援しています。

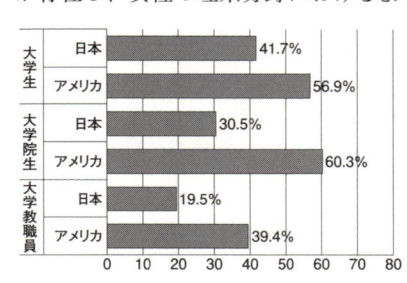

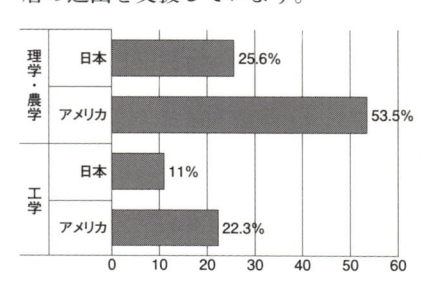

	日本	アメリカ
大学生	41.7%	56.9%
大学院生	30.5%	60.3%
大学教職員	19.5%	39.4%

	日本	アメリカ
理学・農学	25.6%	53.5%
工学	11%	22.3%

図7：(a) 左：日本とアメリカの大学生・大学院生・大学教職員の女性の割合 (b) 右：日本とアメリカの大学院専攻別に見た女性の割合[*9]

[*7]：ここでいう大学教職員とは、常勤で大学において教鞭を執っている人数を指す。
[*8]：アメリカにおける在学者数では、学部課程では1970年代末に、大学院課程では1980年代初頭に、それぞれ女性が過半数を占めるようになった。
[*9]：出典：（日本）文部科学省・平成21年度学校基本調査（データは平成21年度）、（アメリカ）Digest of Education Statistics 2008（データはFall 2007）

Case 1

「Section 7 大学院修了後の進路」体験談

コンサルティングは
理系大学院留学者の能力を最大限に生かせる職

T. H.

▶留学先大学名／専攻分野
　Georgia Institute of Technology／Aerospace Engineering：航空宇宙工学（修士課程）
▶年齢（出願当時）／性別
　24歳／男性
▶学部から現在までの経歴
　2004年3月名古屋大学工学部卒業（航空宇宙工学）。2004年8月より、ジョージア州アトランタにある Georgia Institute of Technology の大学院に入学。2006年5月、M.S.（航空宇宙工学）を取得、卒業。2006年9月より、東京にて経営コンサルティングファームに勤務。

■ 理系大学院から経営コンサルタントへ

　私は大学院修了後、東京でコスト戦略を専門とするコンサルタントとして働いています。経営コンサルティングという職業は、世間一般の見方では、経済や経営の分野の学部・院を出た人の文系的な職業という認識だと思います。海外の大学院に留学までして、理系の専門知識を習得した人間が、就職の選択肢として考えるのは稀だと思います。しかしながら、コンサルティングは理系大学院留学者の能力を最大限に生かせる職の1つです。

　大学院時代は、航空宇宙工学を専攻しており、次世代航空宇宙システムの概念設計法の研究をしていました。航空機やロケットなどの開発には莫大な資金が必要となるため、特に経済的指標を概念設計の初期段階で意思決定の要素にすることに興味を持っていました。出願時の Statement of Purpose には、M.S.取得後に可能であれば Ph.D. を取得し、その後、三菱重工業などの日本の航空宇宙産業で概念設計法を広め、将来的には、航空宇宙分野専門のコンサルティングをしたいと書いていました。出願当時に考えていたキャリアパスとは違う道を歩んでいますが、180度転換したわけでもありません。

■ 概念設計時のコスト評価に興味を持つ

　将来は日本の航空宇宙産業を民間の力で活性化させたいと考えています。そのためには、2つの大きな問題を解決しなければいけないと考えています。1つは、航空宇宙のビジネスは莫大な投資が必要となること、もう1つは、技術志向になりがちで経営的視点で物事を考えることができる人材がほとんどいないこと。そこで、

私は経営コンサルティングに興味を持ちました。考えてみると、概念設計というのは、ビジネスでいえば、ビジネスプランを作り上げるプロセスに似ています。従って、経営コンサルティングという領域がすんなり受け入れることができたのかもしれません。特に概念設計時のコスト評価に興味を持っていたため、コスト戦略に特化している今の会社に就職しました。

現在のキャリアに生かされる留学経験

　今の仕事について3年になりますが、留学を通して鍛えられた能力を存分に使って仕事をしていると思います。

　理系の研究の進め方がそのままコンサルティング会社での仕事の進め方に適用できます。研究をする目的は未知問題の問題解決です。コンサルティングでも問題解決が主な作業となります。問題定義⇒仮説設定⇒仮説検証⇒報告書作成（プレゼンテーション）という流れは全く同じです。問題の対象が研究分野なのかビジネスなのかが異なるだけです。

　また、コンサルティングは常に新しい問題に立ち向かうため、いろいろなことに挑戦する心構えが必要になります。これは大学院留学自体が大きな挑戦であり、知らないところに飛び込む、常に挑戦するという気持ちが役に立っています。また、今の会社は設立間もないベンチャーであるため、さらに挑戦の要素が高くなっています。

　コンサルティングファームの多くが外資系であり、私のいる会社もフランスに本社のある所謂外資系のため、大学院留学で得た英語力は役に立っています。とはいっても、私は2年しか留学しておらず、留学中もろくに英語を磨いていなかったため、大した英語力はないですが……。これから留学される方は、英語でのコミュニケーション能力をきちんと高める努力を怠らずに頑張ってください。

理系以外のキャリアパスも視野に

　確かに、理系の大学院で留学までしたのだから、その分野で道を究めるというキャリアパスもあると思います。しかし、同様に、他のキャリアパスも可能性があることを心に留めておくとよいかもしれません。その時は、研究と通じて、仕事の進め方や頭の使い方などを磨く意識を持っているとよいと思います。ぜひ、キャリアパスの可能性を広げてください！

研究室の集合写真。所属していたGeorgia TechのAerospace Systems Design Laboratory（ASDL）は150人の非常に大規模な研究室でした

Case 2

アメリカでPh.D.課程修得 そして起業へ

二村 晶子 *Akiko Futamura*

▶留学先大学名／専攻分野
University of Illinois at Chicago／Biochemistry：生化学
▶年齢（出願当時）／性別
23歳／女性
▶学部から現在までの経歴
1995年 東京大学農学部農芸化学科卒業、渡米。1995～2001年 Department of Biochemistry, College of Medicine, University of Illinois at Chicagoでドクターコースに所属。2001年Ph.D.取得。1999年より住友商事の技術コンサルタントとして仕事を始める。2001年 住友商事の子会社、米国住商バイオサイエンスの立ち上げを行う。カリフォルニア州シリコンバレーに会社を設立し、副社長に就任。同時に、住友商事がサミットバイオテクファンドというベンチャーキャピタルファンドを設立し、米国副社長としてチームに加わる。2006年まで、斬新な技術を持つ会社を発掘し、投資と商権の獲得活動を行った。2006年住友商事より独立し、シリコンバレーにInfiniteBioを設立。

■ Ph.D.課程所属中にコンサルタントを経験

　イリノイ大学医学部生化学学部のPh.D.課程に所属していたころ、私は住友商事のコンサルタントとしてバイオテクチームと仕事をするようになりました。1999年から米国の斬新な技術を事業化している数多くのバイオベンチャー企業を訪問しました。次々に新しい技術が製品になり、販売され、大手製薬企業が購入し、会社がIPOする。そんな過程を、早送りの映画のように見ることができました。

■ サイエンティストから企業の目利きへ

　私は米国ベンチャー企業の技術の斬新性や実用性を評価するため、業界の雑誌には時間を惜しまず必ず目を通し、オピニオンリーダーと直接会って話をし、常に業界の最先端を理解する努力を続けました。また、会社の成功は技術だけではなく、「ヒト」が重要であるということを知り、人の観察をするようになりました。時代に合わせたビジネスモデルの決定が、会社の価値に大きな影響を与えることもわかりました。そうしているうちに、自分の役割が、ドクターをもつサイエンティストによる技術評価にとどまらず、会社全体の評価、事業開拓、など目利きとしての役割の幅が広くなってきました。

Part I 情報編

Chapter 3 アメリカの大学院教育―日本との比較

■ネットワークや業界知識を元に独立を決心

　2006年4月に、住友商事のバイオ関連子会社の間で組織替えが行われました。それを機に、それまで築いたキーパーソンとのネットワークや業界知識を元に、私は独立することを決心し、カリフォルニア州シリコンバレーにInfiniteBio（インフィニットバイオ）を設立しました。それまで行っていた米国の最先端の技術を日本に紹介する仕事から、今度は日本の良い技術を世界に広げる仕事をすることにしました。InfiniteBioのビジネスは、大きく分けて3つあります。バイオビジネスコンサルティング、日本発の技術を欧米の製薬企業に売っていくこと、日本の技術シーズと自社のアイデアをつかって市場ニーズの高い自社製品を作っていくことです。

■新しい技術を広めるために必要な、ドクターの経験

　私が米国でドクターをとったことは、今の仕事をしていく上で、明らかに役に立っていると思います。新しい技術をグローバルな市場で広めるには、欧米でドクターをとった人と会話をし、相手を説得する必要があります。ですから彼らと同じカルチャーのもとで人生の若い時期を過ごした私は彼らを理解し、より効果的にこちらの意思を伝えることができます。また、私が渡米した際にはコネもなければ知り合いもいませんでした。そのように何もないところから、実力をつけ国籍を問わず人に認められ、自分を築き上げるという経験は、自分やクライアントの新しいビジネスの立ち上げに役に立っています。

InfiniteBioが毎年行うクリスマスパーティーにて。この4名はドクターを持ち（弊社の社員7人のうち4人がドクターを持っています）、企業間のアライアンスや新技術の実用化などのプロジェクトで活躍しています。右から2番目が筆者

Case 3

将来が大きく左右される
ボス（PI）選びは慎重に

杉井 重紀 *Shigeki Sugii*

▶留学先大学名／専攻分野
　Dartmouth College／Molecular and Cellular Biology Program：分子生物学プログラム
▶年齢（出願当時）／性別
　23歳／男性
▶学部から現在までの経歴
　1996年京都大学農学部農芸化学科卒業。University of California at Barkeleyにて聴講生をへて、1997年Dartmouth College, Molecular and Cellular Biology Program; Ph.D. 課程に入学、2003年 Ph.D.を取得。同年より、カリフォルニア州ラホヤにあるSalk InstituteおよびHoward Hughes Medical InstituteのRonald Evans博士のもとで、ポスドク研究員（現在は上級研究員）として、脂肪の代謝および幹細胞の研究に従事。

■ Ph.D.取得後にポスドクへの進学を決意

　アメリカではバイオ系分野のおおよそ4人のうち3人が、Ph.D. 取得後にポスドク（Postdoctoral fellow）として研究活動を継続することを希望しています（NSFデータ）。多くの大学院生が、アカデミアでの教授や研究リーダーを目指すためにポスドクの道を選びます。しかし最近では、企業研究者・ジャーナルエディター・政府の政策立案者や研究費運営官・科学ライター・アナリスト・投資アドバイザー・コンサルタントなど、他のキャリアパスでもポスドク経験が重視され、多くのポスドクが就職するようになりました。私はご多分に漏れず、大学院入学時から考えていたポスドクへの進学を決意しました。

■ ポスドク選びには注意が必要

　大学院と異なり、研究生活がほぼすべてのポスドクでは、所属大学機関の名前ではなく従事するボス（PI）個人の資質に、自分の将来が大きく左右されます。ですから、多くの人のアドバイスに従って、ポスドク選びには注意を払いました。具体的には、希望の研究分野で第一人者として確固たる地位を築いている（もしくは築きつつある）こと、ボスの人間性に問題がなくポスドクたちがハッピーであること（彼らに直接聞く機会を持つ）、そのラボの出身者たちがポスドク後、自分の希望するキャリアパスに多くありつけているか（私の場合、多くの弟子が他大学・研究機関で助教授等として独立しているか）、などがあげられます。

Part I　情報編

■ 公募していなくても構わず応募してみる

　通常ポスドクのポジションでは、自分の希望するボス宛に直接、カバーレターとCVを送ります。公募していなくても、たいてい空きが定期的に出てくるものなので、構わず送ってみます。できれば、大学院のアドバイザーの知り合いだとか、学会等で会って話をしたことがあるとか、何らかのつながりがあった方が、相手から返事をもらえる確率は高くなります。私は、希望するボスの研究内容と発表論文などをあらかじめ綿密に下調べをし、自分が貢献できる内容の研究計画書（2ページほど）も付け加えました。そして、自分のバックグラウンドが、希望のラボにとってどのように役立つかを、アピールしました。また、大学院のアドバイザーを通じて会ったことがあるので、カバーレターでそのことにも触れました。それらが功を奏したかどうかはわかりませんが、核内受容体のファミリー（創薬のターゲットに非常に重要な遺伝子群）を発見し、毎年ノーベル賞候補にあげられる現在のボスに、運良くポスドクとして採用してもらえることになりました。

■ 海外の独立ポジションを目指す

　アカデミアの独立ポジションを目指す場合、ポスドクの間に良い論文を出せるかどうかが、最も重要な鍵を握ります。1つのポジションに200以上の応募があるのが普通という、熾烈な競争です。私も、早いうちに研究成果をすべて論文にまとめ、ラボの偉大な先輩ポスドクたちのように、1、2年以内に海外で独立する道を探っています。

Ph.D.取得前のディフェンスに向けて、所属ラボのデスクにて博士論文の執筆作業をしている筆者（2003年当時）

Part II

実践編

★★★

アメリカ理系大学院留学を実現するノウハウ

Chapter 1
目標を明確にする4つのチェックポイント

> 本書で取り上げている理系大学院の留学には、修士課程の場合は約2年間、Ph.D. 課程の場合には5〜6年間の時間を要します。その期間、おそらく多くの方は20〜30代の人生の中で大切な時間を、家族や友人と離れて、海外で過ごすことになります。この章では、留学の意義（なぜ留学するのか、留学することで何が得られるのか、そしてそれを今後どのようにつなげて行きたいのか）について、4つのチェックリストをもとに考えてみましょう。

《 Check 1 》
なぜ留学するのか

　まず、大きな意味での人生の方向性として、将来的にどのようなことを実現したいのか（自己実現）を考えて、人生の貴重な時間を留学に費やすべきかを明確にする必要があります。留学すること自体は目的ではなく、あくまで手段の1つです。留学して「何を」学び、「どのようにして」次へつなげるのかが、一番重要です。

　そのために、なぜアメリカの大学院なのか、アメリカに留学することで何を学べるのかをよく考え、専攻を希望する分野での日米の大学院教育の実情について把握しておくことが大切です。さらに、留学して手に入れたスキルや経験を卒業後の仕事に生かせそうかという点も考慮しましょう。次の Check 2 を参考にして、留学におけるメリット、デメリットを自分に当てはめて体系的に考えることが必要になってきます。

　このようにすべてを考慮した上で、留学による投資（金銭面、時間、人間関係）に見合う成果が得られそうかを考え、結論を出しましょう。そして最終的に留学すると決めたならば、自分なりに留学することの意義をしっかり持つことが大切です。大きな方向性もなく留学してしまうのは、羅針盤を持たずに航海へ出ることに等しく、途中で方向性を見失うことになりかねないからです。

《 Check 2 》
留学のメリット・デメリット

　Part I Chapter 1 Section 2 において、カガクシャ・ネットのメンバー23名のアンケート結果から、「アメリカの大学院へ進学してよかったこと」、「日本の大学院の方が優れていると感じた点」について述べました。その結果を踏ま

えながら、アメリカの大学院留学のメリットとデメリットについて考えましょう。

〈メリット〉
・コースワークや関門試験のほか、研究に関連するものからキャリアパスに関するセミナーなどを通じて、自分の研究のみではない、幅広い素養を身に付けることができる。
・特に Ph.D. 課程の場合は、財政援助（授業料免除、給料、健康保険など）が充実しており、経済面の心配はあまりしなくてよい。
・英語でのコミュニケーション能力（英会話のみならず、科学・技術のプレゼンテーションをする力、論文を読む力、論文を書く力、他の研究者たちとディスカッションする力など）が身に付けられる。
・世界各国から集まった、優秀かつユニークな留学生たちと交流することで、アメリカのみならず、世界中にネットワークを広げることができる。

〈デメリット〉
・大学院の1〜2年目は授業で忙しく、またTAなどにも時間を取られる。Ph.D.を取得する場合、日本の修士・博士課程に進学した場合に比べて、卒業するのに時間が掛かる可能性もある。
・日本の大学院よりも授業料が高いため、財政援助が受けられない場合、高額な出費になる可能性がある。
・Ph.D. 課程において、成績が悪い場合やQualifying Examに合格できない場合など、退学させられるリスクがある。
・日本とのコネクションが薄れがちになるため、日本での就職はやや不利になる場合もある。

　メリットの中でも、英語でのコミュニケーション能力の獲得は、留学の大きな成果になります。英語力は、現在のグローバル社会において、企業、教育機関、国立研究所など、卒業後どこで働くにしても非常に重要なスキルです。研究成果を学会や論文で発表する場合はもちろんのこと、他国の研究者、技術者、ビジネスマンとディスカッションをしたり、交渉をしたり、取引をしたりと、さまざまな場面で必要とされます。デメリットを挙げるとすれば、英語で新しく修得した事柄は、日本語の専門用語でどう表現するのかがわかりづらいこと

です。しかし、日本語での発表練習を繰り返すことで、克服できることでしょう。

　また、留学経験者が口を揃えて言うことに、数多くの留学生が集まるアメリカで学ぶことで、世界中から集まって来る知的で興味深い人たちと交流できることがあります。特に大学院の場合、優秀な人材でなければ入学が難しいため、その傾向が顕著でしょう。

　アメリカの大学院の特徴であるハードな授業や試験は、さまざまな観点から物事を分析する力を身に付けられると同時に、その充実度がゆえに、授業の予習・復習に多くの時間を費やさざるを得ないのも事実です。これをメリットと考えるかデメリットと考えるかは、1つのことを深く掘り下げたいのか、自分の専門を持ちつつも幅広い視野も持ちたいのか、どちらを重視するかによります。

　豊富な財政援助は、大学院留学を後押しする要素にもなりますが、逆に財政援助がもらえない修士課程などの場合は、かなり高額な出費につながる可能性があります。日本の国立大学の場合[*1]、入学金と授業料標準額を合わせた初年度納付金は、817,800円、私立大学の理・工・農学専攻の場合[*2]、修士課程での初年度納付平均金額は1,152,849円、博士課程では1,084,200円となっています。一方、アメリカの公立大学の平均授業料は6,586ドル（約66万円）ですが、私立大学では25,143ドル（約251万円）となっています[*3]。また、アメリカの大学の授業料は、近年、年率5％前後の勢いで上昇し続けているため、将来的にはさらに高騰が見込まれます。そのため、修士課程のみ希望する場合は、日本の大学院の方が、経済的な負担は少なくなるかもしれません。また、授業料免除＋生活費を支給される場合も、給与をもらっているからこそ、その対価として、退学のプレッシャーにもさらされます。

　留学することで、日本とのコネクションはどうしても薄れがちになってしまいます。しかし、国際学会に参加する日本からの研究者は多いですし、就職面でも、日英バイリンガルのための就職フェアなども海外で開催されています。また、それ以上に、苦楽を共にした世界中から集まった学生との絆は非常に深いものとなり、さらには就職時にも役立ちます。

　このように各項目を比較すると、同じポイントでもメリットとデメリットの

＊1：出典：文部科学省・平成21年度国立大学の授業料、入学料及び検定料の調査結果について
＊2：出典：文部科学省・私立大学等の平成20年度入学者に係る学生納付金等調査結果について
＊3：出典：College Board: Trends in College Pricing 2008

Part Ⅱ　実践編

どちらにもなり得ることがわかります。自分自身の基準や価値判断をもとに、ゆっくりと検討してください。そして、結論として大学院留学を目指すのであれば、前向きな姿勢を貫くことで、最初はデメリットに思えても、それを最終的にメリットにすることは可能です。本書がその手助けとなるでしょう。

《 Check 3 》
修士・Ph.D. 課程の選択

　修士・Ph.D. 課程の選択については、まず、日本とアメリカの修士課程の違いを認識する必要があります。日本の修士課程では、授業はあくまで卒業単位取得のために受けるものであり、基本的に研究が中心です。一方、アメリカでは、修了条件に修士論文が課されないプログラムも多く存在します。授業によっては、ファイナル・プロジェクトと呼ばれる、その授業に関連した研究課題に取り組む場合もありますが、日本とは異なり、研究が中心のカリキュラムではありません。

　従って、アメリカの大学院で研究することに主眼をおくのであれば、Ph.D. 課程を選んだ方が良いでしょう。ただしアメリカの大学院では、Ph.D. 課程であっても授業に割く時間は日本より多くなるため、研究のみに専念したい場合は、日本で博士号を取得後、ポスドクとして、アメリカへ研究留学するという道もあります。

　アメリカでは、このようなプログラムの特徴（修士課程：ほぼ授業のみ、Ph.D. 課程：授業＋研究）があるため、どちらを選択するかということが、学位取得後の進路と密接に関わってきます。アメリカでの就職を考えるなら、修士のみ修了した場合では、高校の先生、投資銀行、特許事務所、コンサルタント会社、研究支援産業の営業、販売促進と、研究には直接関わらないポジションとなる可能性が大きいでしょう。修士取得後に研究職に着任する場合は、Ph.D.取得者の下で働く必要があったり、技術補佐員（technician）扱いだったり、待遇面や権限の違いが生じる可能性が高いので、それらも考慮に入れた上で、自分に合ったプログラムを選ぶ必要があります。一方、Ph.D.を取得しておくと、社会的に一人前の研究者とみなされるので、製薬企業、シンクタンク、製造業、国立研究所、大学など、直接研究に関わるポジションに、それなりの権限を持って就職する傾向にあります。もちろん例外もあって、修士卒業でもかなり優秀な場合は、企業や大学においてPh.D.取得者と同じようなポジションで研究している人もいます。

Chapter 1　目標を明確にする4つのチェックポイント

注意点として、日本ではどの分野においても、修士・博士の両課程がありますが、アメリカの場合、特に生命科学系などにおいては、Ph.D. 課程しか存在しない場合があります。また、Ph.D. 課程では財政援助が一般的であるのに対して、修士課程ではその人数が限られていたり、財政支援があっても、Ph.D. 課程のものには及ばなかったりする場合もあります。修士論文の提出が必要とされない、授業履修のみで修了できるプログラムの場合、財政援助は非常に限られている、と考えた方がよいでしょう。

《 Check 4 》
興味のある研究分野を絞る

　留学前に研究テーマをどの程度明確にすべきかは、修士課程に留学するか、Ph.D. 課程に留学するかで異なってきます。Check 3 でも触れたように、アメリカの修士課程は授業中心のため、研究分野が明確であるよりも、修士課程のプログラムで学ぶことで「何を達成したいのか」が非常に重要になってきます。つまり、修士課程では必ずしも研究テーマを明確にする必要はありません。また、分野や専攻を大きく変えようとしていて、まだ興味のある研究内容が具体的でない場合は、修士課程から始めるのもよいかもしれません。

　Ph.D. 課程では、今後何を学び、どのような分野で研究をしたいか、入学前から明確なビジョンを持っている人が多くいます。詳細な研究テーマまで決まっている人は少数ですが、研究したい分野がある程度決まっていると、出願校探し時の絞り込みが容易になるだけではなく、合格の可能性は確実に上がり、大学院入学後もスムーズに行くことが多いといわれています。

　合格の可能性が上がる理由としては、選考のプロセスにおいて、大学側は、優秀であると同時に、目的意識のはっきりしている志願者を求めているためです。そのため、志願者の興味とプログラムの内容や教授陣の研究分野との「マッチング」が考慮されます。入試選考委員の教授たちは、このマッチング率の高い大学院生の方が、入学後に成功する可能性が高いと考えているのです。大学院入学後に何を学び、何を研究したいのか、という明確なビジョンがある学生であれば、自分の興味に応じた授業の履修ができ、勉強や研究へのモチベーションも高くなると考えるからでしょう。

　留学のために、TOEFL や GRE などのテストに備えて学習することは、時間と労力を要します。同様に、数ある大学院の中から、自分の興味に合う教授やプログラムを探すことは、相当に時間の掛かる作業で、決して容易ではあり

ません。アメリカには、日本ではあまり名前が知られていない大学であっても、優れた研究者、研究室、プログラムは数多く存在します。専攻に関わらず1つの大学ランキングで括られてしまう日本とは違って、アメリカでは分野によってかなり状況が異なってきます。場合によっては、一般的に名の通った一流大学であっても、研究が停滞していて、論文があまり出ていない研究室もあります。

　従って、出願校の検索・絞り込みを行う際には、ランキングのみに頼らず、まず自分が興味を持っている研究分野を明確にし、次にその分野で活躍している研究者や大学を中心に調べることが重要です。興味のある分野がはっきりしていれば、出願先の検索・絞り込みが容易になるだけでなく、志望動機も明確になり、合格できる可能性や、入学後にその研究室で成功する可能性も高まってくるでしょう。

Column 研究にはPh.D.の取得が必須なのか

小葦泰治

　一人前に研究者として独り立ちする、つまり、自分で研究資金を国や財団から獲得し、自分の研究グループを立ち上げて、精力的にこれは自分の分野という確固たるものをもって、研究開発に取り組む場合には、まず99.9%は、Ph.D.は必要でしょう。ただし物事には絶対ということがないように、米国では、Ph.D.を持たない教授も少数ですが存在します。しかし、彼らは、Ph.D.を取得してバリバリ研究している科学者よりも、はるかに優秀な方々なのです。

　ここでは、Ph.D.を取る過程で、一人前の科学者になるための素養として、何が学べるのか、それを学ぶことができるPh.D.プログラムではどういった教育を行っているのか、Ph.D.取得の意義について考えてみたいと思います。

- 研究を進めていくにあたって、基本となる知識を学ぶ
- 実際に博士論文を執筆できるだけの、体系立てた1つの大きな研究（少し大げさですが、1つのストーリー性のあるものとしてという意味で）を行う
- その過程で研究計画を練り（企画力）、実行し（実行力）、うまくいった場合、そうはいかなかった場合、結果をどう捉えて（分析力）、その後の展開をどうするかを考える（論理的思考力）

　このように、Ph.D. 課程では、研究者になるために必要不可欠なさまざまな事柄を学べるような教育が行われています。

　また、研究というものは、決して一人で行うものではなく、コミュニケーション力が必要です。具体的にはプレゼンテーション（人前での口頭発表）とか、論文での発表です。筆者が尊敬する科学者の1人であるPeter Palese教授（インフルエンザ研究での世界的権威）いわく、サイエンスはコミュニケーションだと。つまり自分が行った、あるいは自分が行っている研究には、どのような背景があり、どのような意義あり、得られた研究成果が世の中にどのように生かされていくのかを、他の分野の研究者や一般の方々にもわかりやすく伝えていくのがサイエンスである、と言うのです。研究費というものが、国民の血税によって賄われている以上、それは科学者にとって重要な責任の1つだと思っています。もう1つ大切な責任をあげるとすれば、本来、研究とは人類の発展、幸福に寄与するものでなければならないということでしょうか。このような実に幅広い素養を、効率的、体系的に教育され、身に付けることができるのが、Ph.D.取得の意義だと思います。

Part II 実践編

Chapter 2
情報収集をする ── 信頼のおける情報入手のノウハウ

留学する決意が固まり、興味のある研究分野が定まったら、次は、実際にどこに出願するか、ということを決めます。アメリカの大学院は、分野的にも、プログラムの中身という点からも、非常に多岐にわたります。また、各プログラムで要求される事柄はやや異なることが多いため、出願要綱を詳細に調査する必要があります。

情報収集の方法は大きく2通りあります。1つはインターネットを使った方法です。各大学院プログラムのウェブサイトはコンテンツが充実しており、プログラムの内容から個々の研究室まで閲覧できるようになっています。もう1つは、人伝（ひとづて）による情報入手です。インターネットから得られるのは基本的な情報なため、より詳しい情報を得るには、その大学院や研究室を知る人に聞くのが一番です。

Section 1　インターネットを使った情報収集

インターネットの普及により、一昔前と比べて、大学の情報収集が非常に便利になりました。アメリカの大学のウェブサイトはとても充実しており、調べ方さえわかれば、教授の名前、電話番号やEメールアドレス、研究分野、発表論文、さらには研究室に所属している大学院生の名前まで、簡単に調べることができます。

図1：スタンフォード大学のホームページ（2010年2月現在）

アメリカの大学のウェブサイトを初めて見る人にとっては、最初はどこから見れば良いのかわかりづらいかもしれません。どの大学のウェブサイトも、ま

ず大学の紹介、例えば、スタンフォード大学のページ（図1）であれば、About Stanfordというリンク、出願希望者のための情報のホームページ（Admission）、学部や学科、各種プログラムへのリンクをまとめたAcademics、大学の研究活動などを紹介するResearch、そして大学での生活を紹介するLife On Campusなどがあります。名前こそ違えど、これらは必ず言ってよいほど、どの大学のウェブサイトにもあります。

　出願に要求される条件（Admission Requirements）、例えばどのような書類を提出しないといけないか、GRE Subjectが必要かどうか、授業料（Tuition）はいくらか、などの情報はAdmissionのセクションで調べましょう。ただし、大学院（Graduate Admission）と学部（Undergraduate Admission）では応募内容が異なりますし、さらに学部・学科ごとに異なる場合もあるので注意が必要です。また、Admissionのセクションには、たいてい留学生（International Applicants）への出願情報が書かれています。TOEFLの最低点数、ビザ情報、財政援助など、必ず確認してください。

　学部・学科（School/Department）にどのような教授がいるのかを調べるには、Academicsのリンクから、興味のある学部・学科のウェブサイトに行きます。どこの学科やプログラムにも、教授とその研究分野の紹介があります。学科のページから、教授陣（Faculty）紹介あるいは教授陣のリスト（Faculty Directory）というリンクを探してみると良いでしょう。教授陣のページを見ると、教授の連絡先（Eメール、電話番号など）、研究分野、これまでに発表した論文のリスト、教授によっては所属メンバーの一覧情報も公開しています。

　自分の興味のある分野のプログラムを調べるのに役立つのは、U.S. NewsのBest Graduate Schoolsなどのウェブサイトです。本も出版されていますが、14.95ドル（2010年2月現在）支払えば、オンラインのプレミアム版に最長1年間アクセスすることができます。このU.S. Newsのウェブサイトでは、医学、工学、教育学、ビジネス、法学の分野においては、ランキング以外にも、

・大学のURL、入試担当者のEメールアドレス、電話番号
・大学のその専門分野における研究費　・出願に掛かる費用
・去年の大学院生／教授の比率　　　　・授業料
・前年時点での大学院生の数、修了者の数
・修士課程とPh.D.課程の割合

など、出願校を決める上で参考となる、重要な情報が満載です。

Section 2 | コネクションを使った情報収集

　コネクションやネットワークを使って大学に入ると聞くと、日本では裏口入学のような少々暗いイメージがありますが、アメリカでは知っている人の紹介は、優秀な人材を失敗なく獲得する有効な手段と考えられています。これは、アメリカの大学院の入学審査が、GREなどのテストスコアだけでなく、大学・大学院での成績に加え、エッセーや推薦状などを通じて、どんな研究や経験を積んできたのか、大学院でどのような研究をやりたいかなど、出願者の成功の可能性を総合的に評価するためです。

　これまで触れてきたように、アメリカの大学院では、大学教授が自分の指導する大学院生の授業料・生活費・健康保険を支払うことが多いため、教授が大学院生を選ぶということは、自分の会社の従業員を雇うようなものです。そのため、出願先の教授が推薦状を書いてくれ、合格審査でも強く推してくれる場合、非常に高い確率で合格できます。出願先の教授に推薦してもらうのは簡単ではありませんが、教授がその出願者をどうしても合格させたい場合、そのようなことが起こり得ます。アメリカの大学教授や研究者とコネクションを築くための、有効な手段をいくつか挙げてみましょう。

　Eメールを利用することは、おそらく最も簡単な方法です。ただし、アメリカの大学教授のもとには、学内はもとより世界中から、かなり頻繁に、「是非あなたの研究室に入りたい」「RAのポジションは空いているか」といったEメールが送られてきます。そのため、教授もすべてのEメールを一言一句読むわけではありませんし、返事をしてくれないこともあるでしょう。最初から書きすぎると、読んでもらえない可能性もあるので、Eメールの件名や文章中で興味を引きそうなキーワードを使ったり、自分のウェブサイトへのリンクを張ったり、その教授の最新論文に関する質問などを織り交ぜながら、少しずつ大学院のことを質問したり、自分の紹介をしていくのが良いでしょう。

　繰り返しになりますが、返事がもらえなくてもあまり落胆しないでください。逆に、送ったメールに返信をしてくれ、興味を示してくれた教授がいる大学を中心に出願校を絞り込むのも、1つの方法です。特にPh.D. 課程の場合、卒業するまでには5～6年間一緒に働くことになるので、将来の指導教官との相性を探ることは非常に大事です。

　自分の知り合いの教授から、アメリカの大学の教授を紹介してもらう場合、コンタクトに成功する可能性が格段に上がります。知人の研究者の学生を冷た

くあしらうのは気が引けるでしょうし、知人の推薦なら良い学生に違いない、と思われるためです。その場合、まず日本の教授から、メールや電話で連絡を取ってもらうのが良いでしょう。それが難しい場合でも、「XXX教授のところで研究をしている学生です」「XXX教授からあなたのことを伺いました」と書くだけでも、かなりの違いが生まれます。紹介・推薦してもらうためにも、普段から積極的に話したり、多くの研究者と知り合う努力をしたり、学会で発表・質問できるように努めましょう。

　国際会議や学会を通じて、興味のある教授に実際に会ってみるのは、非常に効果的です。その際には、前もって論文や発表に対する質問を準備したり、レジュメや論文も持参すると良いでしょう。大学教授は忙しいので、あまり多くの時間は割いてもらえないかもしれませんが、良い印象を与えることができれば、後々の関係にかなりプラスとなります。英語に自信がない場合でも、前もって質問したいことや自分のセールスポイントを考えておけば、ある程度は対応できるはずです。もちろん、準備が良くできていない場合には、逆に悪い印象を残すこともあり得るので、注意が必要です。

　経済的に余裕があったり、国際会議などで近くへ行ったりする場合には、出願希望の大学をまわってみるのも良いでしょう。興味のある教授との都合が合えば、ぜひ会うことをお勧めします。事務担当者から出願情報を聞いたり、学科長や他の教授と話したりすることもできるかもしれません。このときにも、やはりレジュメや成績表、自分の興味のある研究などについての考えをまとめておく必要があります。

　このように、アメリカでは「知人の推薦」を始めとしたコネクションが重視されます。そのため、強力なコネクションを作ることは、大学院選考においても、就職活動を始めとしたその後の人生においても、非常に重要なことです。コネクションを築くには、時間が掛かる上にエネルギーも要します。しかし、人との信頼関係は一朝一夕には確立できませんので、普段からネットワークを広げるように努めることが大切です。

> **Memo**

日本国内での情報収集

　インターネットやコネクションを使った情報収集のほかに、日本国内にいながらでも、アメリカへの大学院留学情報を直接集めることができます。例えば、アメリカ留学に関する公的な相談サービスを提供している日米教育委員会は、アメリカ大学院留学セミナーを定期的に開催しています。留学経験者を交えたパネルディスカッションや、理系大学院留学に特化したイベントも開催されており、毎年好評を博しています。また、不定期ではありますが、私たちカガクシャ・ネットをはじめとした、留学生・卒業生有志による理系大学院留学セミナーも、近年盛んに開かれています。このようなセミナーでは、現在留学中の学生や留学を経験した方たちと直接話す機会が持てるため、最大限に活用してください。

　また、現在、大学生・大学院生であれば、通っている大学の留学生課や国際センター等も活用しましょう。留学生課・国際センターでは、主に、海外からの留学生への対応や、海外の提携大学への交換留学の紹介・手伝いを行っています。大学・大学院卒業後の正規留学に関しては、多くの情報は得られないかもしれませんが、留学セミナーや奨学金等の情報が得られるため、積極的に問い合わせてみましょう。

Chapter 3
入学後を見据えて出願校を選ぶ

> 自然科学系や生命科学系では、アメリカの大学院入学時に、将来の指導教官、もしくは特定の所属研究室が決まっていることは多くありません。ほとんどのプログラムで最初の1～2年間に、授業を履修したり、ラボ・ローテーションをする中で、就きたい教授や所属したい研究室を選びます。そのため、大学院の特徴やプログラムの内容で出願校を決める学生が多い傾向にあります。その一方、工学系においては、入学するときに、既に指導教官が決まっている場合が少なくありません。特にPh.D. 課程では、入試選考の段階で、入学したらどの教授に師事したいかを聞かれることもあります。そのため、出願校を大学名から選ぶのではなく、特定の研究室や教授目当てで選ぶ、という戦略も考えられます。本章では、大学・プログラムから出願校を選ぶ場合と、研究室・指導教官から選ぶ場合と、二通りのアプローチを考えてみます。

Section 1 | 大学・プログラム選びのポイント

　出願時点において、具体的な研究テーマまでは決まっていない場合、または講義中心の修士課程への出願の場合には、特定の研究室や教授が所属している大学・専攻を選ぶというよりは、自分にとってさまざまな可能性が広がりそうなカリキュラムを持つプログラムを選ぶことが大切です。ここでは、大学の特徴やプログラムの内容から出願校を選ぶアプローチをみてみましょう。

《 Point 1 》
研究重視か実践重視か

　大学・プログラムを選ぶ際のポイントの1つに、自分自身の将来の目標と、大学・プログラム・所属研究室の強みとの整合性が挙げられます。アメリカの大学院プログラムは、ある程度は世の中や学生の多様なニーズに応えるべく、比較的バランスの取れたプログラムとはなっています。しかし、基礎・理論に重点を置いた研究を中心に行っている研究室・プログラムもあれば、応用研究が中心で、企業との結びつきが強いところがあるのも確かです。そのような大学・プログラム・研究室を選ぶことによって、卒業後の進路への影響が考えられます。というのは、大学研究者を多く輩出するところであれば、就職時にはアカデミア職との強いパイプを有効活用できますし、企業就職の卒業生が多ければ、産業界と強力なコネクションは非常に有利になるわけです。

当然ながら、基礎研究をしたからといってアカデミア以外のキャリアを目指せないわけではありませんし、応用系のプログラムを卒業したからといってアカデミアのポジションにつけないわけではありません。しかし、もし大学院出願時点に、具体的な将来の目標があれば、その目標に応じたプログラムを選んだ方が後々有利ですし、それをエッセーに書くことで、明確な目標を持っている志願者と印象付けることもできます。

残念ながら、大学院卒業後の進路を詳細に書いてある大学のウェブサイトは、多くは見つからないかもしれません。情報が公開されていない場合、興味のあるプログラムのスタッフに、直接問い合わせる必要があります。特にPh.D.課程に応募する場合、各研究室の学生・ポスドクの進路を知りたいところです。研究室によっては、研究室のメンバー紹介にAlumni（同窓生）という項目があり、卒業後はどこに移動・就職したのか書いてある場合もあります。また、教授の中には、自らのウェブサイトやCVに、自分の指導した卒業生紹介、卒業後の所属を書いている方もいます。それとは逆に、自分の興味のある研究分野の教授、特に最近博士号を取得したばかりの若手研究者たちが、どの大学・プログラム・研究室の出身かを調べてみるのも、参考になるかもしれません。

以上のように、大学・プログラム・研究内容に加え、大学・プログラム・研究室の卒業後の進路と、自分の卒業後のキャリア目標とのマッチングを考慮することは、志望校の絞り込みにおいて重要なポイントといえます。

《 Point 2 》
学科名だけに惑わされない専攻へのアプローチ

大学院に出願する際、まずは学科を選ばなければなりませんが、日本の大学・大学院で所属した学科が、アメリカではどの学科に該当するのかわかりづらい場合があるでしょう。例えば、心理学科（Psychology）のように、日本では文系に分類されていても、アメリカではサイエンスの学部（School of Science）に分類される専攻もあれば、建築学科のように、アメリカには日本のそれに該当する専攻がなく、工学的アプローチの場合は土木工学科（Civil Engineering）で芸術的アプローチの場合は芸術学部（School of Fine Arts）、のように分けられる場合もあります。

一方、学科名が日本にない場合もあるでしょう。学科名が非常に大まかな場合や、含まれる研究を総合的に表現することがあり、結局は何の学科なのか不明確な場合もあります。例えば、ある大学院にはAnimal Health and

Biomedical Sciencesという学科がありますが、この学科では、免疫学、ウィルス学、生化学、細菌学、遺伝学など、非常に広範囲にわたる研究がなされています。

また、主要学科であれば、大学間で似通っている名前が多く、ある程度研究内容を判断しやすいのですが、同じ学科名であっても、大学によって力を入れている研究分野が異なることを考慮する必要もあります。マイクロバイオロジー（Microbiology）を例に考えてみると、大学によって、ウィルスの研究に強かったり、細菌研究が主目的だったり、病原体に対する宿主の反応の研究が主だったりする可能性があります。

特定の研究したいトピックが決まっていても、大学によって、その研究分野はどの学科で扱われているのか、わかりづらいこともあるでしょう。例えば、流体力学でしたら、物理学科（Physics）の場合もありますし、機械工学科（Mechanical Engineering）や航空宇宙工学科（Aeronautics and Astronautics）に分類されることもあります。また、バイオ関係に特化した統計学でしたら、応用数学科（Applied Mathematics）はもちろんのこと、バイオ統計学（Biostatistics）という学科がある大学院もあります。逆に、同じような研究分野が、同一大学内のさまざまな学科で行われている場合もあります。その場合は、「XXX学科とは何がどのように違うのか」と、志望学科に直接問い合わせてみるのが良いでしょう。

実際にどんな研究をしているかを調べるためには、学科のホームページから大学教授のリストを探し、大まかにでも目を通してみることが重要です。中には、興味のある教授が、他学科にも関係していることがあります。その場合、自らの主専攻の学科とは別に、副専攻として他学科が挙げられています（Secondary Appointment）。そのため、その研究室で研究をしたいと決まっていれば、どちらの学科のシステムが自分には合っているのか、どちらの方が合格率が高いのか、などを見極めると良いでしょう。学科名は大まかな指標とはなりますが、それぞれの研究室の研究内容はかなり自由なので、学科名のみに惑わされず、研究内容、そして学科のカリキュラムをしっかり見極めるように心掛けてください。

《 Point 3 》
カリキュラムの調査

アメリカの大学院と一口に言っても、学科やプログラムによって、中身はさ

まざまです。たとえ同じ大学内であっても、それぞれのプログラムは独立しています。従って、入学基準、入学人数、コースワークの中身、卒業の基準など、すべてが独自のプログラムによって決定され、それゆえカリキュラムの内容も変わってきます。つまり、同じ研究室に在籍する学生であっても、所属プログラムが異なれば、入学から卒業までの過程も異なることを意味します。

1）コア・カリキュラムの内容

　大学院のプログラムがどれくらいの規模かで、カリキュラムが異なることがあります。総合大学や医学系の大学院では、1年目に特定の必修科目を受講することが一般的です。Part I Chapter 3 Section 2 で紹介したように、生命科学系の場合、必修科目には、生化学、遺伝学、免疫学、そして神経科学まで、幅広い分野に渡る基礎学力を身に付けます。必修科目の内容は、プログラムの規模が大きいほど多岐にわたります。最も顕著なのは、Interdisciplinary Graduate Program（IGP）などと呼ばれるプログラムです。これは、いくつかの学科が統合されたプログラムで、全体で一定人数の大学院生を受け入れます。そして、1年目の必修科目とラボ・ローテーションの後、所属する学科を決め、それぞれの学科の独自カリキュラムに移行していきます。

　これが一般的なアメリカの大学院の内容ですが、こうした総合プログラムに含まれていない、単独学科のプログラムは少々異なります。単独学科のプログラムでは、指導教官との話し合いから履修する科目を決めていきます。また、生命科学系であってもラボ・ローテーションが必須でないこともあり、1年目からいきなり博士論文の研究に入ることもあります。

　いずれにしろ、主なポイントとしては、自分にはどのようなトレーニングが必要なのか、ということです。また、卒業時には、自分の研究について、あらゆる視点から議論できるようになる必要があります。基礎を理解していないと議論ができませんし、卒業後、自分の研究を発展させていくためにも、さまざまな分野の知識があった方が良いでしょう。そう考えると、できれば大学院の早いうちから、そのような機会を得ておいた方が、後々のキャリアに役立つといえます。小さな単科学科プログラムであっても、大学全体の環境が整っていたり、近隣に提携大学がいくつかあったりする場合は、そこから補うことも可能です。

2）選択科目と研究室の専門分野

　大学院2年目からは、それぞれの研究室に配属し、各自の専門に従って選択科目を履修していきます。Advanced Course in XXXや、Topics in XXXのような名前の授業がこれに含まれます。通常形式の授業と異なるものが多く、グループディスカッション、プレゼンテーション、外部からのスピーカーを招いたセミナーなど、さまざまな工夫が凝らされています。授業内容は、その担当教官の専門に近い話が多いため、自分の希望する専門の教授が多いほど、より充実した講義が受けられます。

3）プログラムの特徴

　おおまかなカリキュラムは、パンフレットやウェブサイトに情報が載っていますが、細かい事柄になると、尋ねてみなければわからない場合が多いです。例えば、入学人数と卒業率の関係です。大きなプログラムでは、かなりの数の学生を入学させますが、関門試験などで一定の要件を満たさない学生に対しては、躊躇なく退学を突きつけます。一方、少人数の入学定員ではあっても、授業の履修から研究資金申請書や論文の書き方まで、丁寧に指導して卒業までの面倒を見るプログラムもあります。

　また、TAの条件も異なってきます。TAの仕事は、Arts & ScienceやEngineeringのプログラムのカリキュラムでは、ほぼ必須事項として加えられます。将来アカデミアで職に就こうと思っている学生には、大変良い経験になりますし、TAをすることによって、大学側が授業料と生活費を支給してくれるという場合もあります。しかし、プログラムによっては、TAが唯一の大学院生の生活費になるところもあり、その場合、卒業まで毎学期TAをする必要があります。その一方で、医学系の大学院では、一般的にTAは選択制になります。卒業条件に課されたとしても、卒業までに2回程度でしょう。

　このほかに、事前訪問などで聞いてみると良い点は、博士研究を進めるために、どれだけの研究支援体制が整っているか、ということです。例えば、博士論文審査委員会（Thesis Committee）の機能に関して、自分の指導教官以外のメンバーが、どのくらい関わってくるか、ということを尋ねてみると良いでしょう。研究プロジェクトによっては、プログラム外・学外の専門家の助力が必要になり、その研究者が審査委員に加わることもあります。また、博士研究の進捗発表会などで、他研究室のポスドクや教授からの意見を聞く機会がある、というのも良い環境です。つまり、博士研究を仕上げるために、どれだけ有用

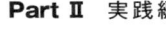

なフィードバックが得られる環境かがポイントになります。

4）卒業要件

　卒業するための細かい規定は、大学院やプログラムによって、大きく変わってきますが、一般的には、授業の履修科目数、関門試験への合格、学術論文誌への掲載論文数、必須であればTAの回数、まれに最低在籍学期数が課されることもあります。しかし、大雑把に言ってしまえば、指導教官が「この業績であればPh.D.を授与するに値する」と判断できるかどうかに掛かってくるといえます。そのため、いつ卒業できるかに関して、そのプログラムや研究室からの平均卒業年数を、在籍している学生に聞いてみるのも参考になるかもしれません。

　学術論文誌への掲載が卒業要件として入る・入らないに関わらず、大学院での研究を論文として出版するのは、研究経験という点から言っても、卒業後のキャリアという点から言っても、非常に重要なポイントとなります。可能であれば、その学科・研究室を卒業した大学院生が、どれだけ論文を出版したのか調べてみると良いでしょう。なお、卒業後に論文が出版される場合もありますので、何年か前の卒業生からさかのぼってみてください。

5）卒業年限

　前項の卒業要件とも関わってきますが、アメリカの大学院プログラムでは、Ph.D. 課程修了までに、大抵5年のカリキュラムが組まれています。しかし、これはあくまで順調に進んだ場合であって、実際は、研究テーマの変更やプロジェクトの遅れによって、卒業までに6〜8年要する学生も少なからずいます[*1]。一方、より短期間で修了できるカリキュラムも存在します。一例として、4年で修了できるカリキュラムを組んだプログラムも存在します。そのようなところでは、研究以外に費やす内容をできるだけ最小限に抑え、プロの研究者とのコンタクトを最大限に活用し、短期間でもレベルの高い博士研究を目指しています。ただし、その反面、学生は時間との戦いに追われる可能性もあります。

＊1：2006年3月に発表されたNSFの調査（Time to Degree of U.S. Research Doctorate Recipients）によれば、Ph.D. 課程卒業までに要する平均年数は、自然科学・工学・生命科学の分野において、いずれも6.8〜6.9年（2003年のデータ）。

> **Memo**

大学院在籍中に専攻を変える場合

出雲麻里子

　あまり頻繁なことではありませんが、アメリカの大学院では、入学後に専攻を変えることが可能です。ただし、各サイエンス内における変更です。また、入学してみて新たな目標ができ、別方面の学問を追求しようと思い立った場合に当てはまります。期待していたようなプログラムとは違っていた、研究室が合わない、といったことが、主な理由となることはまれです。

　専攻を変えると決めたら、できるだけ速く行動してください。それまでに履修した単位がどれだけカウントされるのか、関門試験の時期に間に合うことができるのか、といったプログラムのカリキュラムに関する規定が関わってくるからです。特に、関門試験の期限が設定されているプログラムへの変更は、学部長と相談することをお勧めします。また、専攻を変えた場合、同時に研究室や指導教官も変えることになり、異動に伴って新しいプロジェクトを始めることになります。卒業までの期限が厳格に決められているプログラムもありますので、プロジェクトの完成にかかる年数などを考慮して、早めに変更手続きを進めるようにしてください。

　ちなみに、プログラムの途中で専攻を変更する、という事態を防ぐためにも、IGPなどの複合学部から入学するのは大きなメリットになります。

Section 2 | 研究室・指導教官選びのポイント

　大学院に入り、Ph.D.を取るためには、研究室に所属し、博士論文の研究を仕上げる必要があります。5～6年に渡って特定の指導教官に師事することになるので、これからお世話になる教授を選ぶというのは、慎重に考える必要があります。本節では、出願校を大学名から選ぶのではなく、特定の研究室や教授に的を絞って選ぶという観点から、いくつかのポイントを考えてみます。

《 Point 1 》
研究室・指導教官を吟味する
【研究実績の調査】
　研究室の情報として一番知りたいのは、研究内容・実績でしょう。おおまかに、次の4つの方法から調べることができます。

1）論文検索[*1]

　時間は掛かるものの、やはり研究内容の根本となる情報源は、論文です。自分の興味と照らし合わせながら、その分野の論文を読み、「誰が」「どこで」「どんな」研究をしているのかを調べていきます。論文には具体的な研究内容が書かれているので、その研究室の論文リストをチェックすることで、自分の興味を定めやすくなります。また、時系列で追っていけば、その研究室がどのような方向へ進んでいるのかもわかるでしょう。そして、論文＝研究業績ですので、単純に言って、良い論文が出ている研究者ほど活躍している研究者である、と受け取ることができます。

2）国際会議やセミナー

　より直接的に知る方法としては、国際会議に参加して講演やポスター発表を聞いたり、セミナー等に出席して話を聞く、というのが挙げられます。事前に興味を持っていた研究者が発表するのであれば、研究内容のみならず、その研究者の人となりを直接伺う絶好のチャンスでもあります。逆に、今まで知らなかったけれど、そのような機会を通じて、いろいろな研究者を知っていくケー

[*1]：有名な論文検索サイトに、医学・生物学系ではPubMed、工学系ではIEEE Xploreなどがある。また、論文検索に特化したサーチエンジンGoogle Scholarは、分野を問わず非常に便利。

スも多いでしょう。また、招待講演やセミナーの場合、その研究室のこれまでの研究履歴や今後予定している研究内容も紹介してもらえるかもしれません。日本にいると、なかなかこのようなチャンスに恵まれませんが、もしそのような機会があれば、利用しない手はありません。

3）分野別ランキングと学科ウェブサイトの併用

　特に学部生の場合、英語で書かれた専門論文を読み漁りながら研究室を探すというのは、とても大変な作業に感じるかもしれません。興味のある研究テーマの該当分野がわかっている場合、U.S. Newsの分野別ランキングなどを利用して、特定の大学・学科を絞り込むことができます。前節の大学・プログラム選びと通じる点がありますが、その大学・学科のウェブサイトと合わせて、興味のあるテーマを扱っている研究室を検索していくのは、時間的に有効な方法です。

4）人伝（ひとづて）情報

　身近な教授や先輩から話を聞いたり紹介してもらう、という方法もあります。この場合、研究内容に関して、その分野に深く精通している方に伺うため、より詳細な話が聞けるかもしれません。また、知り合いの教授を紹介してもらえる可能性もあるでしょう。将来的にその研究室に出願することになった場合、そのコネクションは非常に強力です。またこれらの逆の方法として、論文やウェブサイトの検索から興味のある研究室を探し出し、その研究室についての話やアドバイスを仰ぐというのも、やっておきたい情報収集方法です。

【将来の指導教官の調査】

　研究室を選ぶ際、研究室の知名度と業績だけでは判断しづらい場合があります。有名な研究室で、なおかつ業績の多い研究室は、それだけ人気があるので、世界中からさまざまな研究者が集まってきます。お互い切磋琢磨し合って研究できる環境というのは、学ぶことが非常に多く、大変刺激があります。大きなプロジェクトや、最先端の研究を目指すプロジェクトも動いていることでしょう。ひとりでも主体的に研究を進められる研究者にとっては、とてもやりがいのある研究環境です。しかし、大学院生にとっては、将来一人前の研究者となるための基盤を固められるか、という視点から考える必要があります。

　一般論として、大所帯の研究室は学生任せの場合が多く、こじんまりした研

究室や独立したてのアシスタント・プロフェッサー（Assistant Professor）の研究室は面倒見が良い傾向があります。人数の多い研究室だと、一人一人に掛ける時間が少なくなってしまうからです。これに加え、著名な教授は、会議やセミナーで研究室を留守にすることも多くなります。そのため、ある程度独立して研究を進められる学生ならともかく、一から学ぼうとする学生にとっては、少し厳しい環境かもしれません。一方、小〜中規模の研究室では、指導教官とのコンタクトを取りやすく、頻繁に話し合いをすることができます。新しく赴任したアシスタント・プロフェッサーならば、つい最近まで同じような学生・ポスドク生活を送っていたので、丁寧に指導してもらえる可能性も高いでしょう。しかし、研究室の立ち上げ時ということもあり、研究資金の獲得や、論文などで、プレッシャーの大きい環境になることも予想されます[*1]。それをリスク（プレッシャー）と受け取るか、チャンス（面白そうなプロジェクトが多い、論文が出やすい等）と受け取るかは、人それぞれです。

　大学院生をどのように育てるかというのは、各々の教授で考え方が異なります。どんなに有名で多忙を極めても、時間を掛けて熱心に学生の指導にあたり、プロジェクトの進行や論文の書き方を丁寧にチェックし、一人前の研究者になるためのフィードバックを厭わない教授もいます。学位を取得するためには、まず問題を見つけ出し、仮説の立て方や分析結果の解釈方法を身に付け、それを論文としてまとめ上げ、さらに他の研究者との議論で渡り合ってゆく、そうした「研究力」を養っていく必要があります。そのためには、入学後の過酷なトレーニングにおいて、厳しい局面に立たされたときにも適切なアドバイスをくれる指導教官が必要でしょうし、研究者としてのみならず、一人の人間としても尊敬でき、長期間に渡って良好な人間関係を築くことができる指導教官が理想です。

　「良いボスを選ぶのも、研究者の腕の1つ」（アンドレ・ルウォフ）ということを念頭に、湛然に調べてみてください。大学院でお世話になった指導教官は、将来良きメンターとなる場合が多いので、良い選択ができるようにしたいものです。

---

*1：アメリカの大学では、一般的に、アシスタント・プロフェッサーからアソシエイト・プロフェッサー（Associate Professor）に昇進する過程で、終身雇用権の審査がされる。テニュアを取れれば、その後、一生涯大学で働く権利が得られるが、テニュアが取れなかった場合、大学を去らなくてはならない。通常、アシスタント・プロフェッサーとして働き始めて、5〜7年目に審査が行われる。

《 Point 2 》
直接コンタクトを取る

　Point 1 で述べたように、研究室のウェブサイトで研究環境を調べたり、あるいは、知人や先輩、身近な教授から、その研究室の話を聞いてみたりすることで、少しは雰囲気がつかめるかもしれません。しかし、それでも、果たして教授と相性は合うか、その研究室の文化に自分が溶け込めるか、というのは気になるところです。また、合格通知はもらえたものの、研究資金や研究室の人数の関係で、希望する研究室の受け入れ態勢が整っていない場合もあり得ます。

　このような情報を得るには、教授に直接コンタクトを取るのが最も確実です。できれば、直接面会できるのが理想です。直接面談の利点には、教授の人柄を自分の目で確かめられるのみならず、きちんと準備して面会に望めば、その教授に対して、好印象を与えることができるかもしれません。また、研究資金などの問題で近々大学院生を取る予定がない場合でも、他の研究室を紹介してもらえる可能性があります。お互いが良い印象を持ち、充実した話し合いができれば、後々有用なネットワークを築ける可能性も広がります。

　実際にコンタクトを取る方法は、前章で紹介したように、次の4つの方法があります。

1）Eメールでコンタクトを取る
　Eメールでコンタクトを取る場合、一番のポイントとなるのは、簡潔な文章を書くことです。長すぎても短すぎてもいけません。必ず書かなければならないことは、自己紹介（所属大学、専攻、学年）、大学院に行く目的、どのような過程でその研究室に興味を持ったか、が挙げられます。書いたEメールは、まずは自分で何度か推敲してみてください。そして、他の人に見てもらうことをお勧めします。自分では上手に書けたと思っても、受け取った印象が異なる場合があるためです。

2）所属研究室の教授または知り合いの教授を通して紹介してもらう
　Eメールを出す場合、所属研究室の教授や知り合いの教授の推薦があれば、読んでもらえる可能性が少し上がります。教授が相手の研究者の直接の知り合いならば、読んでもらえる可能性がさらに上がるうえ、返事をもらえる可能性も高くなります。もちろん、この場合、教授に自分のことを推薦してもらえる

よう、研究室に通って実験させてもらうなり、授業やセミナーに参加して自分のことを知ってもらう努力をすることが必要です。1つ注意すべきことは、知り合いの教授の紹介だからといって、それが即採用につながるわけではありません。あくまで、自分の基礎学力と研究経験、そして相手の求めている資質やその大学院プログラムにフィットするかどうかで決まります。

3）国際会議で話しかけてみる

　チャンスがあれば、国際会議で会うというのも1つの方法です。この場合、一人でいきなり話しかけに行くよりも、所属大学・研究室の教授に紹介してもらったり、事前にEメールでコンタクトを取っておくことをお勧めします。また、会うための準備は必ずしておきましょう。論文に目を通すことはもちろん、セミナーをきちんと聞き、研究に関する質問をいくつか事前にまとめておくと良いでしょう。その研究者の研究分野を知り、そのことについて質問することは、ただ単に「あなたの研究に興味があります」という言葉以上の効果があります。また、大学院に関する質問も、あらかじめまとめておきましょう。さらに質問がある場合は、「後にEメールで伺ってもよろしいですか」と締めくくるとよいでしょう。希望によっては、そこから研究室訪問への道も開けます。

4）直接、大学・研究室訪問をする

　最後に、コンタクトを取るタイミング、特に、研究室訪問について打診する場合を考えてみます。多忙な教授が一学生のためにわざわざ時間を取ってくれる日というのは、極めて限られています。双方のスケジュールからいって、最も可能性のある期間は、夏休みです。夏休みの期間は大学によって違うのですが、早いところでは5月中旬から8月中旬、遅めのところでは6月中旬から9月中旬です。ただし慣例として、休暇を取る人が多いことは忘れないでください。そのため、面会のアポイントメントを取るならば、夏休みの始まる前、遅くとも直後には、コンタクトを取り始めた方が良いでしょう。12月は、多くの大学院で出願書類の提出期限です。それまでに出願校の選択はもちろん、テストで要求されるスコアに届いておかなければなりませんので、出願者のスケジュールから考えても、夏が良いタイミングといえます。

資料：直接コンタクトを取る場合のサンプルレター

Dear Prof. John Smith:

My name is Hanako Yamada. I am a 4th year student of Kagakusha University, majoring in biology. As my senior thesis, I am studying development of plants specifically regarding the effects of plant hormones on root growth, under the guidance of Dr. Ichiro Tanaka.
Having found myself more interested in research, I decided to go to graduate school to extend and deepen my curiosity in development and differentiation: how an organism develops into certain structures such as nervous systems and carry out specialized functions. To approach this question, I would like to learn molecular genetics at graduate school. For this reason, I am very interested in the graduate program of the Department of Cell Biology and Development in Science University, because your department offers one of the strongest graduate programs in the field.

The other reason I would like to apply to your department is that your lab conducts research on the molecular genetics of C.elegans development. In fact, I have been respecting your studies for a long time. The papers in 2004 and 2006 were particularly impressing, and motivated me to explore more about how genes are switched on during early development. I would like to know more about your lab and your research. So, may I possibly visit your lab and ask several questions?

Thank you very much for your attention, and I am looking forward to hearing from you.

Sincerely yours,
Hanako Yamada

《 Point 3 》
事前訪問をする
【事前準備】
　研究室訪問が決まったら、まずやるべきことは、その研究室から発表された論文を読むことです。Point 1 の論文検索で紹介した論文の読み方に沿って、一番最近の論文は必ずいくつか読んでおきましょう。その際、研究に関する質問事項をリストアップしておくと、インタビュー時に大きな効果を発揮します。

　次に、前節で述べた大学・プログラム選びのポイントなどを参考にして、大学院や研究室に関する質問も、いくつか用意しておいてください。ウェブサイトを見て大体のことを知っていても、あえて聞く価値は十分にあります。現行のプロジェクトはもちろんのこと、研究室の環境や、大学院のプログラム及び方針は、その時々で変わっていることがあります。常に最新情報に更新されているとは限らないため、確認の意味も込めて聞いてみましょう。基本的に、「良い質問をたくさんする」というのは好印象を与えることにつながります。逆に言うと、論文を読まずに訪問したり、訪問しても何を質問していいかわからなかったりすると、悪い印象を与えるどころか、受け入れの可能性を自ら閉じてしまうことになるので注意が必要です。

　また、自分の研究をわかりやすく簡潔に説明できることも大切です。研究の背景、仮説、問題解決へのアプローチについて、繰り返し練習し、一通り説明できるようにしておくべきでしょう。図やデータを用意していくと話しやすいかもしれませんが、どこまで話してよいかは、所属研究室の教授の許可を取っておく必要があります。

【旅程の確認】
　複数の研究室、特に時間帯の異なる地域にある研究室を訪問する場合や、万が一フライトが遅れる場合も考慮して、ゆとりのある日程を組んでください。また、やむを得ず間に合わない場合に備え、訪問先の電話番号を書き留めておきましょう。もし、訪問先の大学やその近くに知人がいる場合、ぜひコンタクトを取ってみてください。街や大学を案内してもらえれば非常に助かりますし、大学の環境や住環境などについて、いろいろと尋ねることができます。また、カガクシャ・ネットには、現役の大学院生やポスドクが多いので、メーリングリストで在学生を探してみるのも有効です。一人で行動しなければならない場合、地図で行き先をよく確認しておいてください。アメリカの大学はどこもキ

ャンパスが大きいので、構内の地図を事前に用意したり、ビジター・センターを活用してみてください。

【面会当日の注意点】

いよいよ面会当日です。はじめに挨拶と自己紹介を忘れないでください。時間は限られていますので、事前に用意しておいた質問を含め、その研究室の現行のプロジェクト、将来考えているプロジェクトを中心に話すと良いでしょう。技術的なことや研究のアプローチでも構いません。お互いの興味の接点となるか、分かれ目となるかは、この点においてが一番大きいでしょう。教授側としても、将来受け入れるかもしれない大学院候補生との面会なので、候補者のことをよく知るために、いろいろと質問があると思います。よく聞かれる質問として、次のようなものがあります。

- あなたの専攻・専門は？　現在研究していることは？

  What is your background? What are you studying now?
- 大学院進学の動機は？　また、大学院で一番学びたいことは何か

  What is the reason to go to graduate school?

  What would you like to study most at graduate school?
- 卒業後の進路として考慮していることは？

  What is your plan after graduate school?
- どうしてアメリカの大学院に行きたいのか

  Why would you like to come to graduate school in the States?
- どうしてうちの大学院なのか

  Why are you interested in our graduate school?
- どういった経緯でうちの研究室に興味を持ったのか

  How did you get interested in our research group?

> **Memo**
>
> **名前の発音**
>
> 　日本人以外には発音の難しい名前もあるので、自己紹介で自分の名前を言うときに、ちょっとした工夫が必要かもしれません。例えば、Rya、Ryu、Ryoの発音がアメリカ人には難しいため、Ria、Riu、Rioと発音すると良いかもしれません。また、4音節の名前なら2音節のニックネームとして紹介すると、覚えてもらいやすいでしょう。そして自己紹介時には、名（もしくはニックネーム）だけで十分ですので、ゆっくりはっきり話しましょう。

教授との話の後に、研究室を案内してもらえることがあります。実際の実験環境を見てもらうことで、研究内容をより理解してもらい、より興味を持ってもらうためです。また、研究室メンバーと話をさせてもらえることもあります。もしこの機会が与えられたら、ぜひできるだけ多くの人と話をしてください。研究室について、大学についての具体的な話を聞く、またとないチャンスです。また、この訪問で出会った人々とは、将来良きネットワークを築ける可能性があります。これだけでも、研究室を訪問する甲斐はあるといえます。

　訪問の最中、一貫して大事なのは、ポジティブな姿勢を保つことです。予期していなかったことを伝えられるかもしれません。その中には、現状のテストスコアでは入学が難しいことや、大学院生の受け入れが次の研究費申請結果次第だ、ということを宣告されるかもしれません。しかし、現実は現実なので、自分で努力してできることに関しては、精一杯頑張る姿勢を示しましょう。どうしても難しそうであれば、他の研究室を紹介してもらったり、他学科あるいは他大学で良い研究室があるか尋ねてみましょう。

　面会の最後には、「何か質問は？」（Do you have any other questions?）と聞かれることが多いでしょう。「どう思いましたか」（What did you think about our lab/school?）と尋ねられるかもしれません。大抵の場合、ウェブサイトに載っていることは、その研究室のほんの一部の情報ですので、情報量に圧倒されるかもしれません。そうしたことも含めて、大変印象深い面会になったのであれば、素直に感想を述べてください。最後は、丁重にお礼を述べてから、帰りましょう。

【帰国後のフォローアップ】

　帰国したら、必ずお礼のメールを出しましょう。あまり長くない簡潔なメールが好まれます。研究室訪問の感想を手短に述べ、アドバイスを受けたり、他の研究者を紹介してもらったりした場合には、その成果について報告すると良いでしょう。知り合いの教授の紹介で行った場合は、その方々へのお礼と報告も忘れないでください。

Case 1

「Section 2 研究室・指導教官選びのポイント」体験談

6年制の医学部から、
基礎研究の大学院留学を目指す

杉村 竜一 *Ryohichi Sugimura*

▶留学先大学名／専攻分野
　Stowers Institute for Medical Research／Cell Biology & Genetics：細胞生物・遺伝学
▶年齢（出願当時）／性別
　24歳／男性
▶学部から現在までの経歴
　2008年 大阪大学医学部医学科卒。2008年 Stowers Institute for Medical Research（Ph.D. Program）在学中。

　私の場合、6年制の医学部から基礎研究の大学院留学を志したので、かなり特異な例だと思います。学部のラスト2年間で準備開始 → 出願 → 合格しました。多様な例の中の1つとして、参考にしていただければと思います。

■院留学を知るまで

　医学部に在籍中に細胞の基礎研究を志すようになりました。ラボに通ううち、臨床とは異なった研究の世界があることを知りました。院留学は、海外のラボに滞在したことのある同級生から聞きました。どうせ研究の世界に足を踏み入れるなら、とことんやってみようと思っていたので、挑戦しました。

■候補を選ぶまで

　まずは、自分がいたラボの分野で、ここ数年トップクラスの論文を出しているラボを10選んでリストにしました。学部の講義や部活で非常にお世話になった教授が同分野で著名な研究者だったので、リストを見せて、「ベストなラボを教えてください」と尋ねました。「学生で行くなら、このラボだ」と推薦していただいたラボを第一候補として、出願を始めることができました。CVとカバーレターを「1つ1つ別々の内容」で作って、Eメールしました。第一候補も含めて、4つほど返事がきました。それらのプログラムのディレクターにもメールを送り、見学に行く約束をしました。目的は、出願書類の詳細を聞くことと、実際の院生に会うことと、熱心なapplicantとして顔を売ることでした。その結果、まずは、第一候補のラボにサマープログラムとしていくことになりました。

■ 大変だったところ

　日本での留学の準備は、予想以上に大変でした。本来の「臨床医」を育てるための講義や実習と並行して、「研究者」という別の職業の訓練を積むことになるので、一人だけ生命科学の勉強をしたりラボに通ったりすることすら、周囲の医学生からすれば特異なことでした。研究したいというだけでも大"変"です。院留学といえば、なおさら、奇異なものに映ります。当時通っていたラボにも海外とのつながりはなく、手探りで準備を始めました。

　見学については、海外に行くのも初めてだったので、英語に苦労しました。ニューヨークからミシガンに行く間に遭難しそうになりながらも、現地の人に助けられ、猛吹雪の中をさまよい、安いモーテルやユースホステルを泊まり歩いて、4つのプログラムを1カ月かけてまわりました。よく生きて帰って来られたと思います(笑)。

■ これは大事

　人とのつながりが一番大事です。これは、研究の世界でも同じです。推薦してくれた教授との交流がなければ留学は成功していなかったでしょう。学部で学年代表をしながら、トップクラスの成績をおさめ（GPA 3.9）、熱心にラボで働いたり、学内外のセミナーや学会に顔を出したりしていたからこそ、その教授と出会えたし、援助してもらえたと思います（この教授のラボには通ってなかったにもかかわらず）。そうでなければ、本来なら科学の訓練を一切受けてないはずのわけのわからない医学生を、研究の世界に推薦なんてしなかったでしょう。

　言い換えれば、学部に入学した日からのすべての行いが反映された結果が、アメリカの大学院合格につながったのだと思います。これが、1つの試験に通ればいいだけの日本の入試とは大きく異なる、大学院留学の姿です。また、私の場合は、研究したい分野が明確だったので、行きたいラボからさかのぼって、プログラムを探しました。この点、プログラムディレクターとも話がしやすかったし、サマーシップのラボの教授からも良い推薦状がもらえました。

この研究所は、実はある大富豪からの寄付で成り立っています。アメリカでは、研究者でなくても科学に貢献しようという文化があります

Case 2

言うは易く、行うは難し。
ゼロから始めた留学準備

庄司 信一郎 *Shinichiro Shoji*

▶留学先大学名／専攻分野
Ohio State University／Microbiology：微生物学
▶年齢（出願当時）／性別
22歳／男性
▶学部から現在までの経歴
2004年京都大学農学部卒業。同年秋、Ohio State University, Department of MicrobiologyのPh.D.プログラムに入学。2009年夏にPh.D.を取得し、同年秋からLa JollaのScripps Research Instituteにてポスドクとして在籍中。上原記念生命科学財団リサーチフェロー。

私がアメリカ大学院留学を決めたのは学部4回生になったばかりの春でした。4回生の学生は、5名ずつほどに分かれて学科内の各研究室に配属されるのですが、このとき希望していた微生物学系の研究室に行くことができなかったことがきっかけでした。私はその当時、頭から「俺は微生物学をやりたいんだ！」と決めてかかっていたので、どうせ大学院で別の研究室に行くなら、海外へ行くのも変わらないんじゃないか、と思ったわけです。

■ まずは情報収集

　しかし、言うは易く、行うは難し。ゴールは明確でも、具体的に何をどうすればいいのかわからない。アメリカの州の名前もわからなければ、大学の名前なんて、誰でも知っているような超有名大学しか知らない状況でした。とりあえず情報を集めるために、手当たり次第にアメリカの事情を知っていそうな人を探しては話を聴くことにしました。まず当たったのが、同じ学部内で自分の希望の分野に詳しく、海外留学（ポスドク）経験のある助教の先生で、この方から心当たりのある大学の名前を教えていただきました。それと同時に、ウェブサイトでアメリカの大学院ランキングを公表しているところをいくつか探して、上位に入っている大学名をチェックしました。

■ 中西部の大学は勉強に集中できる？

　これらの方法である程度は大学を絞れたとはいうものの、まだまだ一度に申請するには多すぎる数です。ここで私が参考にしたのは、当時パリに赴任していた叔父の話でした。叔父の同僚にはアメリカに赴任（もしくは留学）した人たちもいたのですが、彼らによれば、アメリカの西海岸や東海岸に行くと誘惑が多くて遊びすぎ

てしまい、勉強に集中できない。その点、アメリカの中西部では勉強に集中できるし、中西部のアメリカ人はきれいな英語を話すし、留学するには最高の場所だ、ということでした。誘惑が少ない方が勉強に集中できるという点で、この話がある程度の真実を含んでいることを、後に身をもって知ることになるのですが、当時の私はこの叔父さんの言葉を鵜呑みにして、本屋で買ってきた世界地図を広げて、アメリカの中西部の州を探しました。そして、それまでにチェックしていた大学の場所と照らし合わせて、出願先を絞り込んでいったのです。

ウェブサイトからプログラムを絞り込む

　さて、大学はこのようにして決めたのですが、そもそも自分のしたい研究ができるところでなくてはなりません。とは言っても、当時はそれほど自分のしたいことがわかっていなかったので、単純に、当時流行りだったRNAと微生物学を合わせたような研究がしたいなあ、と漠然と考えていました。それ以外に取っ掛かりもないので、それらの単語をキーワードに、PubMed＊などのウェブサイトを検索してみて、有名なジャーナルに論文を発表している中西部の研究者を探したのです。その結果、出願先はオハイオ州立大学を含む数校に絞られて、これらの大学院の微生物学プログラムに申請することにしたのでした。

毎年秋、アメリカ全土の大学が参加するフットボールの試合。約10万人近く収容できるオハイオ州立大学のスタジアムは毎回ほぼ満員になります。ものすごい歓声！

＊PubMed（http://www.ncbi.nlm.nih.gov/pubmed）　米国国立生物工学情報センター（NCBI：National Center for Biotechnology Information）がウェブサイトで一般公開している医学関係文献のデータベース。

Case 3

大学名に惑わされず、自分に合った指導教官を見つけることが大切

山本 智徳 *Tomonori Yamamoto*

▶留学先大学名／専攻分野
　The Johns Hopkins University／Mechanical Engineering（Robotics）：機械工学
▶年齢（出願当時）／性別
　24歳／男性
▶学部から現在までの経歴
　2003年に東京工業大学制御システム工学科を卒業。日本国内にて一年強の留学準備期間を経て、2004年秋より、Johns Hopkins University, Department of Mechanical EngineeringのPh.D.課程に在籍中。2007年夏に3カ月間、ドイツのTechnischen Universität München（ミュンヘン工科大学）へ研究留学をする。

■ Ph.D. 課程出願決定まで

　私は最終的に、Ph.D. 課程へ入学しましたが、大学院留学を決意した当初は、修士課程での留学を考えていました。変更した理由は2つあります。まず、Ph.D.課程へ出願した方が、財政援助をもらえる確率が高いことです。アメリカの理系大学院の修士課程の場合、研究よりも授業中心のカリキュラムになるため、資金が潤沢な研究室を選ばない限り、RAをもらえる可能性は低いでしょう。もう1つの理由は、Ph.D. 課程へ入っても、途中で心変わりして修士卒業で終える学生もいる、と聞いたことです。留学前には、果たして自分に、Ph.D. を取れる実力があるのか、本当にアメリカの大学院で5～6年間も学びたいのか、自分自身わかりませんでした。そんなとき、アメリカの大学院は非常にフレキシブルに対応してくれる、と知人から聞いたことが、Ph.D. 課程出願へ変更した大きな要因です。なお、学部卒でも直接Ph.D. 課程へ出願できるところが多かったのですが、修士号なしの場合、まずは修士課程からというプログラムも、非常に少ないながらも存在しました。

■ 大変だった志望校選び

　志望校選びは困難を極めました。学部では制御工学を専攻していたため、まずは制御工学を勉強できるプログラムを探しました。しかし、制御に特化したプログラムを持っている大学院は非常に少なく、また、理論も実験もどちらも重視するプログラムとなると、片手で数えても余ってしまうほど少ない状況でした。次に、同じくらい興味のあったロボット工学で探してみたところ、今度は有り余るくらいの数のプログラムが該当し、出願校を絞り込むのに途方に暮れてしまいました。結局、

私がとったアプローチは、特定の研究分野に絞って、研究室から出願校を決めていく方法です。興味のある研究トピックに関連するキーワードをもとに、検索サイトから、面白そうな研究をしている研究室を探し出しました。その際に役立ったのは、興味のある研究室からリンク先で紹介されている他大学の研究室です。リンクを張るくらいですので、似たような研究をしている研究室が多く見つかると思います。最終的に8校まで絞り込みましたが、修士課程に出願したところ、Ph.D. 課程に出願したところのほか、修士とPh.D. は別枠で募集しているプログラムもあり、そのプログラムへは両課程に出願しました。大学やプログラムの特徴を調べた上で、出願先の課程を変え、合格してから検討する方法をとりました。

指導教官選びは慎重に

最後に、運良く複数校に合格することができた場合、入学校は十分吟味してください。まずは、経済的な援助を受けられるかどうかが、重要な決定要因になると思います。Ph.D. 課程に合格しても、入学時には財政支援がもらえない場合もあります。そして、特にPh.D. 課程への入学の場合に吟味して欲しいのは、将来の指導教官です。大学院の成功の鍵を握るのは、指導教官にあるといっても過言ではないと思います。特に、工学系のように入学当初から指導教官を決める場合、できれば直接会って、その教授の人柄を確かめたいものです。大学名やランキングに惑わされず、自分に合った指導教官を見つけられるよう、いろいろと情報収集してみてください。

2007年夏の3カ月間、大学院の同じ研究所の仲間たちと7名で、ドイツのミュンヘン工科大学へ研究留学しました。ミュンヘンを離れる間際の送別会で、当地でお世話になった教授と一緒にみんなで記念撮影。一番右が筆者

Chapter 4
出願準備

> これまでに、留学の意義を明確にするための確認、留学するための情報収集の仕方、そして入学後を見据えた上での出願校選定のポイントをみてきました。この章では「では実際に出願するためにすべきことは?」という問いに答えます。出願準備を進めるにあたって何が必要なのか、どのような流れで出願プロセスは進むのかをまず理解します。次に、実際にはどのように出願書類の準備を進めていけば良いのか、合否発表までにすべきこと、そして合否決定のプロセスに携わった執筆メンバーの経験に基づいた合格への秘訣を紹介していきます。

Section 1 入学審査の基本要件

 Part I Chapter 3 Section 3において、アメリカの大学院 Ph.D. 課程の入学審査は、日本の大学院のものとは大きく異なることを紹介しました。日本の大学院の入学審査は、入学試験の結果と面接によって合否がほぼ決定されますが、アメリカのシステムにおいては、それらに加え、出願者からのさまざまな出願書類を総合的に考慮した上で、合否の判断が下されます。これらの書類の準備や作成には相応の時間を要するので、留学を思い立った時点で速やかにスケジュールを立て、出願に備えましょう。

出願書類
 出願書類は主に、次のものが含まれます。
1. 出願書 (Application form)
 出願書は大学院の各プログラムが用意しています。出願書は、インターネットを通じて記入するもの、Eメールを通じて提出するもの、または郵送するものと分かれますが、プログラムによって異なります。名前、現住所、国籍などの基本的な情報から、所属大学、専攻、GPA (Grade Point Average)、賞罰、外部奨学金があればその奨学金名など、審査に必要な情報を記入できるようになっています。基本的には、出願書はプログラムによって異なるため、同大学の異なるプログラムに出願する際には、それぞれの出願書を、それぞれのプログラムに提出する必要があります。また、場合によっては、CV (Curriculum Vitae) やレジュメが要求されることがあります。

2．成績証明書（Transcripts）

　アメリカ大学院の合否審査においては、学部・修士課程の成績や実績が非常に重視されます。それまでの成績・実績が、大学院での成功と相関があると考えられているためです。大学・大学院で履修したすべての科目の成績の提出が求められるため、大学へ入学したときから、アメリカの大学院入試審査が始まっていると言っても過言ではありません。各履修科目の成績を4点満点に換算し、全体の平均点を求めたものをGPAと呼びます。出願書の中で記入を求められる場合もありますが、それを証明するために、英文成績証明書の提出が求められます。一般的に、履修したすべての科目のGPAが求められますが、専門科目のGPAを尋ねられる場合もあります。

3．推薦状（Letters of recommendation）

　学部・修士課程の実績を客観的に判断する方法として、第三者が書く推薦状が要求されます。一般的には、学部時の卒業研究や修士論文でお世話になった指導教官に、推薦状の依頼をすることになります。推薦状を書いていただくのは、通常アシスタント・プロフェッサー職（日本では、助教に相当）以上ですが、出願者の能力をよく理解してくれる人であれば、例外も可能です。

4．エッセー（Statement of purpose）

　エッセーは、自分の目的やその学問に対する熱意を売り込むための書類です。次節「出願書類作成のポイント」において詳しく説明しますが、唯一自分の意見を自由に述べることができる出願書類であり、合否審査においても非常に重要視されます。

5．TOEFL、GREの試験結果

　最後に、TOEFL、GREの試験結果が一般的に求められます。TOEFLはTest of English as a Foreign Languageの略称で、英語を母国語としない志願者が英語力を示すための重要な試験です。TOEFLは大学院に限らず、学部などへの出願においても受けなくてはならない試験です。GREはGraduate Record Examinationの略称で、一般試験（General Test）と専門試験（Subject Test）に分かれ、アメリカ人志願者も受ける共通試験です。一般試験は、英語（Verbal）、数学（Quantitative）、英作文（Analytical Writing）の3つのセクションに分かれ、通常は一般試験のみが課されます。専門試験は、出願す

るプログラムの専攻にあわせて試験を受けるのが通常で、必須とされる場合、もしくは推奨される場合（recommended）は、プログラムにより科目が指定されます。例えば、分子生物学のプログラムへ出願する志願者は、生物学（Biology）か生化学（Biochemistry）の試験を受けることになります。必須でなければ受ける必要はありませんが、好ましい試験結果を提出できれば、出願において有利です。Section 6「合否決定のプロセス」で詳しく説明しますが、書類のうちのどれかが基準に満たなくても、他の材料が突出していれば、それを補うことは可能です。

面接

専攻分野や志望先の大学院プログラムによって、面接が課される場合と、課されない場合があります。日本からの出願者であれば、現地でインタビューを行うことは難しいため、多くの場合は電話面接となります。大学院レベルで通用する基礎知識と熱意を持ち合わせているかもポイントになるでしょう

出願までのスケジュール例

出願書類の成績証明書の項でも触れますが、大学院審査は大学へ入学した時点から始まっています。しかし、本格的な準備の目安は、実際に留学する1年半ほど前からと考えられます。もちろん、それ以前にTOEFLやGREなどの試験対策が終わっていれば、非常にゆとりを持った出願対策を立てることが可能ですので、留学を思い立ったその日から準備を始めることをお勧めします。なお、図1は、一般的な大学院の出願プロセス（秋学期入学の場合）を参考に作っています。春、夏、秋のどの学期から入学になるか、日本の大学が二期制か三期制かによっても時期は異なりますので、一般的な例として参考にしてください。

大学院出願へのタイムライン

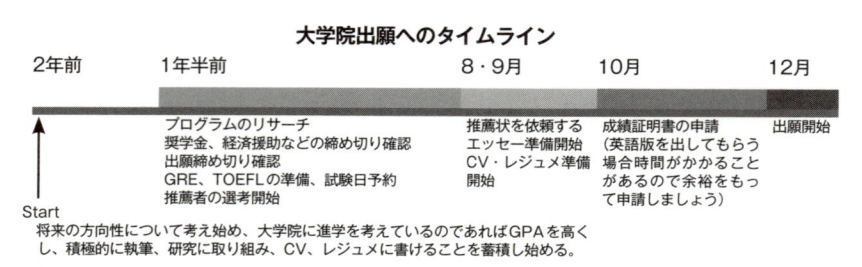

2年前	1年半前	8・9月	10月	12月
↑ Start	プログラムのリサーチ 奨学金、経済援助などの締め切り確認 出願締め切り確認 GRE、TOEFLの準備、試験日予約 推薦者の選考開始	推薦状を依頼する エッセー準備開始 CV・レジュメ準備開始	成績証明書の申請 （英語版を出してもらう場合時間がかかることがあるので余裕をもって申請しましょう）	出願開始

将来の方向性について考え始め、大学院に進学を考えているのであればGPAを高くし、積極的に執筆、研究に取り組み、CV、レジュメに書けることを蓄積し始める。

図1：アメリカの大学院出願へのタイムラインの目安

Section 2 | 出願書類作成のポイント

　前節において、アメリカの大学院出願に必要な書類の概要を説明しました。本節では、成績証明書、推薦状、エッセー、CV・レジュメに関して、さらに詳しくみていきます。推薦状、エッセー、レジュメに関しては、巻末のサンプルを参考にして、注意すべきポイントを確認しましょう。なお、出願書は基本事項の記入ですので、各プログラムの提供する指示に従って記入すれば、特に大きな問題は生じないでしょう。もし不明な点があれば、出願先プログラムのスタッフに直接問い合わせることが、問題解決の一番の近道です。

成績証明書（Transcripts）

　日本の大学・大学院では、主に優、良、可、準可、不可で評価されますが、これは大抵アメリカの大学のA、B、C、D、Fに該当します。そのため、成績証明書を英語で作成してもらえる場合、評価はA～Dに書き換えられます。一般的に、表1のような対応でGPAが計算されますが、各大学によって異なる可能性があるので、在籍校・出身校の教務課などに確認してください。

　過去の成績は、出願の時点で急にどうにか変えられるものではありません。そのため、TOEFLやGREのスコアとは違って、一度出てしまったら更新できないという点で、非常に重要です。特に日本の大学では、大学4年の研究室配属時までに、卒業に必要な単位数はほぼ取り終えるため、留学を決意した時期が遅い場合、GPAの挽回は非常に困難です。よって、大学院留学を考え始めたその日から、理想的には大学へ入学したそのときから、常にGPAを意識しておくことが大事です。また、一般教養科目（Minor）と専門科目（Major）とでGPAを分けて計算できる場合もありますので、まだ挽回のチャンスがあれば、諦めずに頑張ってください。

　一般的に、大学院への進学は、GPAが最低でも3.0以上と言われていますが、仮に全体のGPAが2.9であっても、専門科目のGPAは3.5のような場合は、考慮される可能性があります。あまりにも低いGPAでなければ、参考程度に使われることもありますし、推薦状やエッセー、研究業績によっては挽回可能ですが、当然のことながら、GPAが高ければ、出願者の印象は非常に良くなります。できれば、3.5以上を目指して取り組んでください。

　最後に、成績証明書は、所属している（もしくは、していた）大学から、出願先に直接送らなければならないこともあります。また、英文成績証明書の作

成には、和文の場合よりも時間が掛かることが多いでしょう。そのため、余裕を持って、1カ月前には準備を始めてください。

日本	アメリカ
優	A (4.0)
良	B (3.0)
可	C (2.0)
準可	D (1.0)
不可	F (0.0)

表1：日本とアメリカの大学における成績評価方法の関係

推薦状

アメリカの大学院に出願するにあたって、推薦状は非常に重要です。通常は3通ほど要求されます。もちろん英語で書いてもらうため、少なくとも3カ月前までには、推薦者に形式や送付先などの情報を提供した方が良いでしょう。そのため、まずは誰に推薦状を書いてもらうのか、推薦者になることへの打診などの準備を、自分自身で考える期間を含めて、半年から1年ほど前から始めることをお勧めします。推薦者となる人は、あなたをよく知っている人が最適で、所属研究室の教授、共同研究をしている研究者、良い成績を取った授業の担当教官、などが一般的です。推薦者の肩書きよりも、実際にその出願者をどのように評価してくれているかの方に重点が置かれるため、推薦者が学部長や名誉教授である必要は全くありません。むしろ、推薦者がどれだけあなたについて知っていて、推薦状に真実味があるかが大切です。

一般的に、推薦状に書かれる内容として、下記3つの項目が挙げられます。

1）応募者と推薦者との関係とその期間

例えば、いつごろからその応募者のことを知っているのか、どんな機会にその応募者のことを知ったのか、などです。推薦者が応募者を知っている期間が長いほど、また両者の関係が密接であるほど、推薦状の信憑性は増すでしょう。

2）学業成績・研究業績に対する評価

推薦者から見た応募者の評価を、客観的かつ具体的なデータを使って裏付けます。例えば、ある授業で良い成績を修めた、というだけではなく、受講者数35名中5位で優を修めたとか、学科における卒業時の順位が上位10%以内であ

ったなど、具体的な数値がある方が良いでしょう。学士論文・修士論文の指導教官であれば、応募者が研究テーマを自分で見つけることができたか、ある問題に対してどのように取り組んだか、そしてそれらの結果をどのように（論文として）まとめられたか、が書くべきトピックとなるでしょう。

3）応募者の人柄に関して

　研究に対する熱意とやる気は、応募者のエッセーからも読み取れますが、推薦者から見た客観的な分析も、とても重要なポイントでしょう。また、個人主義と思われがちなアメリカですが、共同研究者や研究室メンバーとの協調性に関しても、非常に重視されるポイントです。

　もちろん、これらはあくまで一般的な形式ですので、さらに応募者の研究者としての素質や人物像を表すような、具体的なエピソードが盛り込まれていると、非常に説得力のある推薦状になります。

　推薦状を依頼するときに、完成前の草稿状態であっても、エッセーやレジュメを添付すると、推薦者も書きやすくなるはずです。特に英語での推薦状作成にあまり慣れていない推薦者の場合、書いてもらいたい事柄を、大まかにでも相談すると良いでしょう。エッセーと推薦状で内容の食い違いを防ぐこともできますし、その分野に関して詳しい方であれば、出願校の相談もできます。

　繰り返しになりますが、必ずしも推薦者がその分野における第一人者であったり、立派な肩書きを持った方である必要はありません。そのような方から推薦状をもらえたとしても、内容がありきたりであったり、むしろ出願者を推し切れていないと推測できたりする場合、逆に審査委員にネガティブな印象を与えてしまいます。また、英語の書き方よりも、伝えようとする内容の方が大切ですので、たとえ短くても十分に効力のある推薦状もあります。最も有名な例に、次のようなエピソードがあります。のちにノーベル経済学賞を受賞した、ジョン・ナッシュのプリンストン大学への出願にあたり、彼の指導教官は、"This man is a genius."とだけ書いた推薦状を送ったそうです。

　推薦者との強固な信頼関係は、一朝一夕に築けるものではないので、長期的な視点で考えることが大切です。

エッセー

　エッセーはアメリカの大学院出願において、自分自身の個性や長所を売り込む唯一の場といえます。大学院側は、このエッセーから、GPAや推薦状だけ

では見えてこない一個人としての人物像を読み取り、審査の対象とするのです。最終的な合否決定の際に、GPAやTOEFLなど、他の要素がほぼ同じ場合に、エッセーによって差をつけることができるので、非常に重要です。プログラムによってはエッセーの内容が特定されることもありますが、多くの場合はStatement of purposeとして、自分自身の背景、出願動機、理由や目標などについて、比較的自由に表現することができます。

エッセーの構成

全体の構成は、イントロ部（序論）、内容部（本論）、結論部に分かれます。最初のイントロ部では、自分の背景や出願に至った動機、短期・長期的な目標について、簡潔かつ論理的にまとめます。この書き出しで、いかに読み手の興味を引きつけられるかがポイントです。

次の本論では、Why you?（なぜ自分が合格すべきか）、Why us?（なぜその大学のプログラムが自分を受け入れるべきか）を、背景やそこに至った経緯を絡めて、詳しく述べてください。出願先のプログラムではどのような人材を求めているかを把握し、自分が的確な候補者であることをアピールすると良いでしょう。一般的には、研究や学問への情熱を持っていること、分析・判断能力に優れていること、自立心を持っていること、勤勉・努力家であること、独創性があり論理的思考ができること、協調性、コミュニケーション能力があること、などが求められています。これらを示すエピソード、自分の研究分野における業績、興味のある研究の第一線で活躍している研究者や目標とする研究者の名前、なぜ目標としているか、などを具体的に盛り込むと、研究に対する態度がより明確に伝わります。既に研究のアイデアがある場合は、具体的にどんなプロジェクトに興味があるかも述べておくと、より現実的なアピールになります。また、アメリカでは、常に目標が明確であることが期待されます。そのため、大学院で達成したい近い将来のゴール（short term goal）と、さらなる大学院後のキャリアゴール（long term goal）も見据えた上で明確に書くことが重要です。そして、ゴール達成のためには、なぜその大学院で学位をとる必要があるのか、なぜそのプログラムが適切であるのかを、具体的に述べます。

最後の結論部分では、まとめとして、再度自分がその大学院で学位をとることのメリットを強調し、その後も取得学位をキャリアに有効に活かせることを簡潔に述べて結びます。

より良いエッセーに仕上げるポイント

　多くの出願者からのエッセーの中で、特に際立つものに仕上げるためには、長すぎず、簡潔に、読みやすくすることを心掛け、かつ、インパクトのあるものにしなければなりません。エッセーの骨子である、背景、動機、目標が密接に関連し、論理的な文章にまとまっているかどうかを意識してください。多くの具体的な例が盛り込まれていれば、説得力のあるものになるでしょう。当然、英語力も問われますから、提出前には、読みやすく書かれているか、つづりや文法の間違いがないかなどを再三チェックし、必ず複数の第三者に目を通してもらうことをお勧めします。時間に余裕を持って、少なくとも1カ月くらいは時間を掛けてください。

　実際にはどのように取り掛かればよいのかわからない場合は、英文エッセーのクラスを受講したり、添削サービスを利用したりすることもできます。アルク社から、エッセーについての詳しい参考書『留学入試エッセー　理系編』が出版されています。多くの合格者のサンプルも掲載されていますので、そちらも活用してみてください。また、書くべき内容がはっきりしない場合は、念のため、出願プログラムのアカデミック・コーディネーター（Academic coordinator）に相談し、エッセーに何を書くべきかを明確にしてから取り組むことをお勧めします。複数校へ出願をする場合、エッセーもそれぞれのプログラムに合わせて、個別に書かなければなりません。その際、大学名、プログラム名を混同しないように、興味のある教授の名前のつづりを間違えないように、細心の注意を払ってください。

CV・レジュメ

　英語の履歴書は、CV（Curriculum Vitae）またはレジュメ（Resume）と呼ばれます。CVとレジュメの主旨に大きな違いはありませんが、内容と長さがやや異なります。CVは詳しい学歴や職歴を網羅し、論文リストや個人情報もすべて盛り込めるため、長め（最低2ページ〜）であるのに対して、レジュメは自分がアピールしたい技能や成果のみに絞って簡潔にまとめるため、短め（通常1ページ、多くても2ページ）です。また、イギリスやオーストラリアではCVが、北米ではレジュメが一般的ともいわれますが、アメリカでは研究機関への応募や研究資金申請の際にはCVが要求されます。大学院入試においては、出願先から特に指定されていない場合、多くの情報を提供できる志願者でなければ、1ページのレジュメに仕上げる方が無難でしょう。

CV・レジュメは、大学院やプログラムによって、要求されるところとされないところがあります。提出が課されていなくても、追加書類の提出が可能であり、さらにそれが自分にとってプラスだと判断できるのであれば、提出しない手はありません。

　エッセーとは違い、自分の想いを書き上げるのではなく、客観的な情報を簡潔にまとめることがポイントです。大学院への応募の場合、CV・レジュメで最も重要となるのは、筆頭著者としての論文掲載や学会発表の数ですが、日本で学部生の間に、それなりに評価を受けるような論文を書く学生は少ないでしょう。もちろん、投稿論文があれば非常にプラスになりますが、ない場合であっても、学士論文・修士論文を英訳したものや、現在投稿中であったり将来投稿予定の論文も、リストに載せると良いでしょう。

　またほかにも、学部生への講義・実習を行った経験や、取得資格、奨学金や受賞した賞など、自分の能力を示せる事柄はすべて残さずまとめましょう。特に形式が決まっていなければ、多くの出願者の中から目に留まるように、簡潔で読みやすいものに仕上げてください。一般的には、名前、連絡先（Contact information）から始め、教育、研究経験、奨学金など、論文のリスト、学会発表、といった順になります。

　学歴や論文、学会発表をリストする際の時系列は、統一されていれば問題ありませんが、日本では古い順から並べるのに対して、アメリカでは新しい方から先に挙げるのが一般的です。アメリカの大学院では仕事の経験も評価されますから、卒業後や在学中のインターンシップなどで働いた経験があればそれもリストに入れてください。

> Memo

出願書に関して

　インターネットの普及により、従来の紙ベースの出願書から、オンラインでの出願書が一般的になってきました。出願書に求められる事項は、各プログラムによって変わってきますが、おおまかには、下記のような情報が求められます。

- 個人情報：氏名、生年月日、性別、住所、電話番号、ソーシャル・セキュリティー・ナンバー（SSN）、国籍など
- アカデミック情報：出願先の専攻プログラム・課程名、入学希望時期、興味のある教授名、財政状況、出身校とプログラム名、学部・修士課程でのGPAなど
- 試験結果：TOEFL、GREのスコア
- 職歴：就業経験、研究歴、TAなどの経験
- 賞罰：奨学金などの受賞歴、過去に受けた刑罰・不正行為・退学などの経歴

　出願書の注意事項にも書かれていると思いますが、すべて事実を記入する必要がありますので、必ず正直に申告してください。万が一、事実でないと発覚した場合、入学許可の取り消しや、国外強制退去になる可能性もあります。

Case 1

「Section 2　出願書類作成のポイント」体験談

研究経験のないオールA志願者は落とされる?!
ウェブサイトを活用して自己アピール

嶋 英樹 *Hideki Shima*

▶留学先大学名／専攻分野
　Carnegie Mellon University／Computer Science：コンピューターサイエンス（計算機科学）
▶年齢（出願当時）／性別
　22歳／男性
▶学部から現在までの経歴
　2000年〜2004年　早稲田大学理工学部情報学科（学士）
　2004年〜2006年　Carnegie Mellon University, School of Computer Science（修士）
　2006年〜現在　Carnegie Mellon University, School of Computer Science, Language Technologies Institute（Ph.D.課程）在学中。

■推薦状は1カ月以上前に依頼

　大学4年生の秋から冬にかけて、米国の修士プログラムに出願しました。まず推薦状ですが、私は海外で研究経験のある学科内の教授らに面談していただき、留学相談と同時に推薦状の依頼をしました。タイミングとしては、締め切りの1カ月以上前に依頼し、志望校リスト（推薦状の送り先や締め切りなど）、材料になりそうな利点と欠点、履歴書、成績などをファイルにまとめました。教授らは推薦状書きに慣れているはずですが、念のため、留学本の英文推薦の書き方マニュアルもファイルに加えておきました。他の出願書類にも当てはまることですが、日本人の書く英語は謙虚すぎて見劣りしがちなので、注意が必要です。最近ではウェブサイトに履歴書などを載せている学生が多いので、どういう書き方でアピールをするのが効果的か、分析してみるといいでしょう。当然ですが、書いていただいたらお礼と合否報告を忘れずにしましょう。

■エッセーは「リサーチステートメント」

　次にエッセーですが、私が現在所属している大学の教授によれば、研究系の場合、今までどんな研究をしてきて、入学後何がしたいかなどを書く、「Personal Statement」というより「Research Statement」的な書類になるということです。同教授によると、トップ校、特にPh.D.の入学審査では、成績やGREスコアでは大学院生として成功するか見極めにくいため、研究実績と推薦状とエッセーが合格の鍵を握るそうです。その結果、毎年百人単位の研究経験のないオールA志願者が落とされているとか。事前にコンタクトをとった出願先の教授の名前を挙げて、可能なら一緒に研究したいとアピールするのもプラスでしょう。

■ 研究実績をウェブサイトで紹介

　私はエッセーにはそこまで時間を割かなかったものの、ウェブサイトが結果的に役に立った気がします。仮にあなたが学生を選ぶ立場で、限られた貴重な予算から給料を出すとしたら、ウェブでも情報を探しますよね？　日本の大学生は恵まれていて、学部生のうちから研究室でプロジェクトに携わったり、卒業研究をやったりするのですから、その実績をウェブで紹介すればいいアピールになると思います。私はURLをカバーレターか履歴書かに貼っておいたところ、出願先からのアクセスがいくつかありました。

■ 出願書類対策は事前調査が大切

　最後に、海外の大学院はプログラムごとに千差万別です。例えば、履歴書が必須かどうかくらいはウェブサイトに書いてあるでしょうが、追加の推薦状がプラスになるところと、逆にマイナスになるところがあります。細かいことはしっかり調べて対策を練りましょう。

Case 2

志望先が具体的なら、推薦状とエッセーが最重要

杉村 竜一 *Ryohichi Sugimura*

▶留学先大学名／専攻分野
　Stowers Institute for Medical Research／Cell Biology & Genetics：細胞生物・遺伝学
▶年齢（出願当時）／性別
　24歳／男性
▶学部から現在までの経歴
　2008年 大阪大学医学部医学科卒。2008年 Stowers Institute for Medical Research（Ph.D. Program）在学中。

　私はすでに学部の間に研究をスタートしていたため、専攻したいテーマのアイデアと知識がある程度あり、「行きたいラボがある」から留学しました。こういった場合、推薦状とエッセーに具体性が増し、「重み」がつきます。大事な、そして強力な書類になります。よって、推薦状とエッセーに最も気を使いました。もしも研究の業績（評価の高い雑誌に掲載された原著論文）があると、レジュメが断トツで出願書類の優先度トップにくるでしょう。

■推薦状

　日本の大学で所属していたラボの教授、大学内の著名な同分野の教授（講義や部活で交流をもち、非常にお世話になりました）、アメリカの行きたいラボの教授の、3つの推薦状をそろえました。私のようにテーマや行きたいラボに明確なアイデアがある場合、手前味噌ながら、これが最高に近い組み合わせかと思います。中には、行きたい大学のプログラムディレクターの推薦状もとってくる猛者もいます。頼んだ教授の性格によって、推薦状を学生本人（日本はこのパターンが圧倒的に多いでしょう）に書かせたり、教授自身で書いたりします。ちなみに、アメリカでは「推薦状は教授自身が書く」のが当然です。インタビューの最中に、間違っても自分で書いたなどと言わないでください。

■推薦状は3通とも、異なるタイプ

　推薦状1通目：学生が下書きを書いて、教授が清書する
　推薦状2通目：教授本人が書いて、学生に見せて確認させる
　推薦状3通目：教授本人が書いて、学生には見せない
　1通目と2通目は、具体的で個人的なエピソードのある推薦状でした。3通目も、

どうやら良かったようです。なぜなら、インタビューの最中に「君の推薦状はどれもすごく良かった」といわれましたから。たまに、著名な教授の推薦状でさえあれば、中身がカラッポ（"彼は熱心に講義に出席してクラスで２番目の成績を云々"といったつまらない内容）でも強力だといわれますが、実際は「無いよりはマシ」な程度でしょう。中身が悪いと、救いようがありません。

■エッセー

専攻したいテーマがあったため、アイデア、経験と知識を織り交ぜて書きました。英語のチェックを受けて提出しました。素晴らしい実験の構想を書いたわけではなかったですが、「どうしてあなたのラボか」を強調できたので、まずまずの出来でした。たいていのラボのウェブサイトに載っている「ビッグピクチャー（そのラボの研究の流れを俯瞰して、確かな将来像を示す）」を参考にして、「あなたのラボでこういうことがしたい」と言いました。このビッグピクチャーというのは、日本で言う、「ラボの研究方針」とうよりは、もっと自分の業績に根付いて、将来像にも具体性と発展性があります。アメリカでは、ビッグピクチャーを示すことが研究者として重要視されるので、良い手だったと思います。

■レジュメ

レジュメは市販の英文CV作りの本を参考に書きました。英語チェックも受けました。医学部出身という特異なバックグラウンドと、ラボでの経験に重点をおきました。もし評価の高い雑誌の原著論文があれば、レジュメが最優先です。

■GPA

私は、3.9（4点満点）でほぼ最高でした。ただし、重要さは全く感じませんでした。

Case 3

国際会議の論文が入学審査で評価され、運良く合格

山本 智徳 Tomonori Yamamoto

▶留学先大学名／専攻分野
The Johns Hopkins University／Mechanical Engineering（Robotics）：機械工学
▶年齢（出願当時）／性別
24歳／男性
▶学部から現在までの経歴
2003年に東京工業大学制御システム工学科を卒業。日本国内にて一年強の留学準備期間を経て、2004年秋より、Johns Hopkins University, Department of Mechanical EngineeringのPh.D. 課程に在籍中。2007年夏に3カ月間、ドイツのTechnischen Universität München（ミュンヘン工科大学）へ研究留学する。

■ GPAが足を引っ張る

　私が大学院留学を思い立ったのは、大学4年の9月でした。その時点で、アメリカの理系大学院では、どのような入学審査が行われるのかをしっかりとは理解しておらず、後々大変な目に遭います。そうです、GPAです。アメリカでは、大学院の入学審査においてGPAがかなり重視されます。留学を決意した段階で、既に卒業必要単位数を取り終えており、またその成績が芳しくなかったため、GPAの挽回は不可能でした。結果的に、大学卒業後から出願までの準備期間中、学部時代の恩師たちの計らいによって仕上げた国際会議への論文が、入学審査で評価され、運良く合格をもらうことができたのですが、悪かったGPAは悩みの種で、最後まで足を引っ張りました。もし仮に当時の自分へアドバイスを贈るならば、まずは日米どちらでも構わないので修士課程へ進み、大学院ではGPAが4.0になるよう頑張れ、と言うでしょう。

■ エッセーでアピール

　GPAの悪かった私にとって、エッセーは最後の救いでした。アメリカ大学院への提出書類の中で、唯一自分の想いを自分の言葉で表現できるのは、エッセーだけだからです。やむを得ない特別な事情があった場合、なぜ成績が悪かったのかを、エッセーで簡潔に説明することは悪いことではありません。しかし私の場合、自らの不勉強で良い成績ではなかったため、そこには敢えて触れず、自分の研究に対する熱意と将来性を一生懸命アピールしました。はじめての下書きから最終的な完成まで、おそらく2～3カ月ほど費やしたと記憶しています。非常に幸運なことに、

当時通っていた東京・四ッ谷にある日米会話学院で、素晴らしい先生と巡り会うことができ、満足のゆくまでエッセーを個別添削してもらうことができました。

■ 募集要項にはない書類でアピール

理工系の場合、CVやレジュメが必須のプログラムは、あまり多くないと思います。実際、私が出願した8校のうち、レジュメが要求されたのは1校のみでした。しかし、せっかく時間を掛けてレジュメを作ったので、必須とされていない他の7校にも尋ねてみたところ、すべてのプログラムから「自分にとって有利になると判断するものなら、何を送っても構わない」という返事をもらったため、すべての出願校にレジュメを提出しました。私はレジュメの他に、国際会議で発表した論文のコピーも同封したのですが、どんなものであろうと、あなたの出願者としての価値を上げるものだと判断したら、先方に確認した上で、どんどんと送るべきだと思います。

■ 真実みのある推薦状

最後に推薦状ですが、学部時代の指導教官と、当時の研究室の助手の先生、そして授業でお世話になった先生の計3名にお願いしました。日本では、推薦状という文化があまり浸透していないため、特に学部生にとって3通の推薦状を確保するのは、なかなか骨の折れる作業かもしれません。個人的には、あまりつながりのない著名な先生からの並以下の推薦状より、出願者のことを良く知っている方からの真実みのある推薦状の方が効果的なのでは、と思います。推薦者から良い推薦状をもらうということは、推薦者と出願者とが、強い信頼関係で結ばれていることを意味します。そして、人から信用を得るというのは、そう簡単に、短期間でできることではありません。ですので、GPA同様、推薦状も長い目で見て準備を進めることをお勧めします。

Section 3　出願関連テストのポイント

　書類審査が主体のアメリカ大学院の入学審査において、TOEFLとGREは、唯一の共通試験となります。TOEFLは、英語が母国語ではない留学生が、大学院生活を生き残るための英語力は身に付けている、と示すための英語試験です。もう1つの試験であるGREは、General TestとSubject Testに分けられ、アメリカ人も受験する必要があります。一般的にはGeneral Testのみが求められますが、専攻分野によってはSubject Testも要求されます。

TOEFL

　アメリカの学校で学ぶためには、英語力が不可欠です。そのため、英語の運用能力が十分に備わっていることを証明するために、一部の例外を除き、すべての大学・大学院にてTOEFL（Test of English as a Foreign Language）のスコアの提出が要求されます。TOEFLは、その名の通り、英語を母語としない外国人のみが受けるテストです。日本各地のテストセンターで受けることができ、その手続き等は、テストを主催しているETS（Educational Testing Service）のウェブサイトで確認することができます。

　大学院やプログラムによって、出願のための最低基準点は異なりますが、TOEFL iBTの満点が120点であるのに対し、多くの大学院が80点以上を求めています。また大学院によっては、各セクションごとに最低基準点が決められているところもあり、出願先ごとに必要最低点数を確認する必要があります。特別な例外を除き、最低基準点に達していない学生は、まず審査から除外されると考えてよいでしょう。大学院入学後も、TOEFLの点数によって奨学金が優先的に与えられたり、TAをするための学校独自の英語のテストが免除される場合もあるので、出願時に高得点を取ることは、英語力を伸ばすだけでなく、入学後の生活にとっても重要だといえます。

【TOEFL iBTの問題構成】
　TOEFL iBT（Internet-based Test）はリーディング（Reading）、リスニング（Listening）、スピーキング（Speaking）、そしてライティング（Writing）の4つのセクションから成り、各セクション0〜30点ずつ、全体で0〜120点のスケールで点数が算出されます（図3参照）。

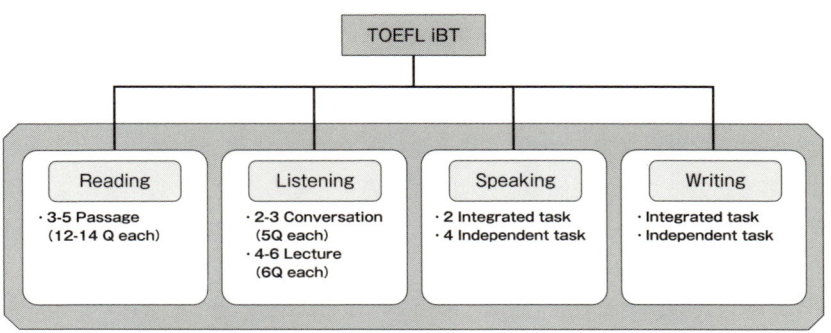

```
                         TOEFL iBT
                            │
       ┌───────────┬────────┴────────┬───────────┐
   Reading      Listening        Speaking      Writing
  ・3-5 Passage  ・2-3 Conversation ・2 Integrated task ・Integrated task
   (12-14 Q each) (5Q each)       ・4 Independent task ・Independent task
                ・4-6 Lecture
                 (6Q each)
```

図3：TOEFL iBTの問題構成

1）Reading（60～100分）

　約700語から成るパッセージを読み、設問に答えます。パッセージとしては、芸術、歴史、科学分野における説明文など、大学の講義で用いる教科書の文章に似たものが多く出題されます。設問は、パッセージ中の語句やフレーズの意味、定義を答える問題、新たな一文を本文に挿入する場合に、挿入箇所としてどこが適切かを問う問題などがあります。

2）Listening（60～90分）

　大学キャンパス内で交わされるような会話や、大学の講義の一部を聞いて、関連する質問に答えます。講義タイプの設問は、教授のみが話す場合と、学生とディスカッションをする場合の2種類があります。従来の選択問題に加えて、パッセージ中に出てきた事柄を順序立てて並べる問題や、会話やディスカッションの中での、話し手の態度・意図・目的を、話し手の声のトーンや言い方などから考えて答える問題が出題されます。

3）Speaking（20分）

　このセクションの問題には、Independent TaskとIntegrated Taskの2種類があります。

　Independent Taskでは、「学校で履修した授業について述べ、なぜそれがあなたにとって重要だったのかを説明しなさい。詳細に、かつ例を挙げて説明しなさい。」（Describe a class you have taken in school and explain why the class was important to you. Include details and examples to support your explanation.）といった身近なトピックについて、自分の意見を述べる問題が

出題されます。準備時間は15秒、解答時間は45秒と短く、この時間内に内容をまとめて話す必要があります。

　Integrated Taskの最初の2題では、短いパッセージを読み、同じトピックについての会話や講義を聞き取ったり要約したりして、設問に答えます。例えば、ある病気についての簡単な説明を読んだ後、その治療法が近年どのように発達してきたかについての講義を聞き、内容を簡潔にまとめて話します。準備時間は30秒、解答時間は60秒です。後半の2題では、会話や講義を聞いて、要約したり設問に答えたりします。例えば、美術館の展示のセットアップの手伝いをある教授に約束をしたが、ちょうど同じときに調査旅行に来ないかと他の教授に誘われるという状況で、教授が、調査旅行に行きたいのなら、誰か他の人を見つけて美術館のセットアップの手伝いを代わりにしてもらう、あるいは、セットアップの日時を早めて調査旅行とかぶらないようにするといった解決策を提案します。これを簡潔にまとめ、自分ならどちらの解決策が良いかを述べます。準備時間は20秒、解答時間は60秒です。

┊Memo

Speakingで20点を超える3つのポイント
　　　　　　　　　　　西山淳（State University of New York Stony Brook University, Mechanical Engineering）

　TOEFLを受験するにあたって、まず、合格するために必要なスコアをいくつかの大学院のWebサイトで調べ、目標を合計100点（R：28 L：28 S：20 W：24）に設定しました。実際に留学してみて、工学系の場合、最初に必要な英語力はこのくらいだと思います。

　Speakingで20点を超えるために大切なことは3つあると思います。(1) 採点は減点法ではなく加点法だと思ってどんどん話す、(2) 緊張して早口にならないように注意する、(3) 口を大きく開けてはっきりと話す。聞き手（＝採点者）が注意深く聞いて話の概要を理解できれば、20点は超えられると思うので、間違いを恐れずにたくさん話し、聞き手に多くの情報を提供しましょう。ただし、落ち着いて、ゆっくり・はっきりと話すことが大切です。日本語でも焦ったり緊張したりして話すと意味が不明瞭になることが多いので、英語で話す際にはなおさら注意が必要です。発音に関しては、留学して最初に取った英語の授業で教授からもらったアドバイスは、"Open your mouth!"でした。少なくともテスト本番では、口を大きく開けることだけに集中した方が良いと思います。

　TOEFLの勉強は大変ですが、留学するために必要な要素がたくさん詰まっています。是非突破して夢への第一歩としてください。

4）Writing（50分）

　Speakingと同様、Independent TaskとIntegrated Taskの2種類があります。

Independent Taskでは、250〜300語のパッセージを読み、同じトピックについての講義を聴き、内容を要約して、150〜225単語で解答を書きます。内容はSpeakingのIntegrated Taskと同様で、ある事柄についての説明を読み、その具体例あるいは反論を聞いて要約します。

　Integrated Taskでは、設問に対して、自分の経験や具体例を交えて、300単語ほどで解答を書きます「昔に比べて今日では読み書きの能力はより重要であるか。その理由はなにか。具体的な理由と例をあげて答えなさい。」(Is the ability to read and write more important today than in the past?)「学校は生徒に教師の評価をさせるべきである。賛成か、反対か。具体的な理由と例をあげて説明しなさい。」(Schools should ask students to evaluate their teachers. Do you agree or disagree? Use specific reasons and examples to support your answer.) など、身近な話題について出題されます。

【試験対策】
　研究室に所属している、あるいは仕事を持つ人にとって、忙しい生活のなかで、効率よく英語力をつけ、必要なTOEFLのスコアをとることは非常に重要です。アメリカの理系大学院を目指す受験生の多くは、もともと理系専攻であり、英語に対して苦手意識を持っている人もいるかもしれません。ではどのように対策をしていけばよいのでしょうか。

　TOEFLの問題は理系・文系問わず、バランスよく幅広い分野から出題されます。テストを実施しているETSによると、基礎知識がなくても解答できるような問題しか出題されないとありますので、基本的にはどのトピックに対しても同じように解答できるはずです。そうは言っても、やはり理系のトピックの場合は、もともとある程度の基礎知識があるので、文系のトピックに比べて、読んだり聞いたりするのが簡単で、問題の解答にかかる時間も短くなると感じることがあるでしょう。その一方、文系のトピックの場合にはそうはいかないため、それなりの対策が必要になります。例えば、分野別にまとめられている単語帳を使う、最低限必要な基礎知識を、分野別に英語・日本語でまとまっている参考書を使い、出題されるトピックに馴染んでおく、などが重要です。

　TOEFL iBTでは、スピーキングやライティングなど、英語のアウトプット力も評価に入るようになりましたが、日本在住の受験生にとっては対策も難しく、特に苦労する部分だと思います。対策としては、英語そのものを話すことに慣れてない人の場合は、まず簡単な文章の音読から始め、英語を話すことに

慣れてください。TOEFLのリスニングの問題を、音読の練習に使うのも効果的でしょう。ある程度音読するのに慣れた場合は、自分で英語の文章を組み立て、話す練習をします。例えば、Which do you prefer, summer or winter? と自問自答し、自分でI like summer better because… というように答えていきます。この練習は、特に机に座っていなくても、通学しているとき、料理しているとき、お風呂に入っているときなど、どこでも可能です。そして、最終的にはTOEFLのように、例えば15秒で考えて45秒で答えるなど、時間制限を作って答えてみてください。もし可能であれば、英語のできる人に聞いてもらい客観的な評価を聞いたり、テープにとって自分の解答を自分で評価してみたりすると良いでしょう。

　ライティングに関しても、自分で一週間に一度書くなどノルマを決めて、より多くの文章を書いてみてください。もし、頭から英語がすらすら出てこない場合は、自分が読んだものでこれは使えると思った表現を別のノートに書き貯め、覚えて、使ってみてください。最初は、口から出てくる英語はゆっくりでぎこちなく、自分でも何をしゃべっているのかわからない程度かもしれません。文章を書いてみても、一文一文が短く、冗長で、文章も続かないかもしれません。しかし、こつこつと毎日練習を繰り返すことで、着実に英語の運用能力はついてゆきます。

　このように、TOEFLで高得点をあげるためには、英語の運用力・総合力を身に付ける必要があります。こうした力は一朝一夕には得られないため、スコアを上げるには時間がかかることを念頭において、計画的に準備しましょう。

Part Ⅱ　実践編

Column ▷ TOEFL iBTと実際の留学生活における英語

岩田愛子

TOEFL iBTは、いかに英語を使えるかを測るテストとして導入されました。多くの受験生は、かなりの時間や労力をTOEFL iBTの勉強に費やすことになるでしょうが、実際にTOEFL iBTの勉強で培われた英語能力は、理系大学院留学においてどのように生かされるのでしょうか。そこで、TOEFL iBTで求められる能力と、理系大学院留学で要求される能力の比較を行いました。細かい内容の違いはあるものの、TOEFL iBTと留学で必要とされる能力は、共通していることがわかります。留学後、どのような場面で、どのような英語の能力が要求されるのかを、意識して勉強することは、勉強の目的を明確にし、勉強のモチベーションを保つのに効果的といえます。TOEFL iBTの勉強は、単なる出願必要条件の一部ではなく、留学に必要な英語能力を身に付ける絶好の機会なのです。

TOEFL iBTで必要なスキル
- Reading
- Listening
- Speaking
- Writing

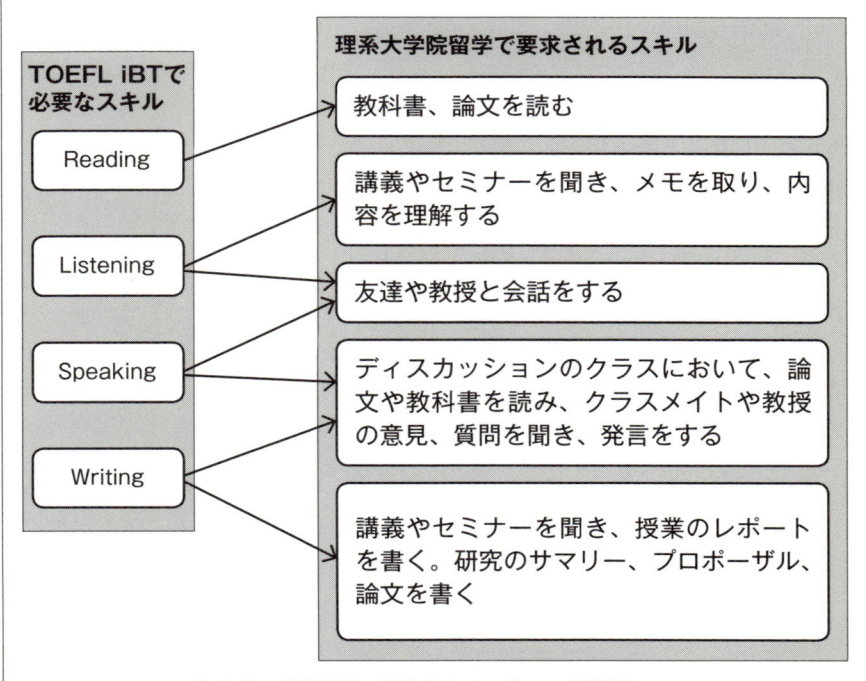

理系大学院留学で要求されるスキル
- 教科書、論文を読む
- 講義やセミナーを聞き、メモを取り、内容を理解する
- 友達や教授と会話をする
- ディスカッションのクラスにおいて、論文や教科書を読み、クラスメイトや教授の意見、質問を聞き、発言をする
- 講義やセミナーを聞き、授業のレポートを書く。研究のサマリー、プロポーザル、論文を書く

図4：TOEFL iBTと理系大学院留学に要求されるスキルの相関図

GRE

　GREとはGraduate Record Examinationの略称で、アメリカの大学院に入学するためには、一部の例外を除いて、出願時に要求されるテストです。TOEFLとの違いは、GREはアメリカ人も受ける試験だということです。そのため、英語の難易度は格段に上がります。こちらも、日本各地のテストセンターで受けることができ、その手続き等は、ETSで確認することができます。GREの基準は、各大学院プログラムによって異なり、一般的に、VerbalとQuantitativeの合計が1200点、というのが最低ラインとして知られています。

【GRE GeneralとGRE Subjectの違い】
　GREテストはGRE GeneralとGRE Subjectの2種類あります。GRE Generalは、分野に関わらず、学術系大学院受験者が受けるテストであるのに対して、GRE Subjectは、2010年2月現在、生化学（Biochemistry, Cell and Molecular Biology）、生物（Biology）、化学（Chemistry）、コンピューターサイエンス（Computer Science）、文学（Literature in English）、数学（Mathematics）、物理（Physics）、心理学（Psychology）の8つの専門科目に分かれ、受験する大学院・プログラムによって、そのうちの1つまたは複数が必要とされる場合と、特に必要でない場合があります。以下では、より一般的なGRE Generalについて、少し詳しく紹介していきます。

【GRE Generalの問題構成】
　GRE Generalは、英語（Verbal Reasoning）、数学（Quantitative Reasoning）、英作文（Analytical Writing）の3つのセクションから構成されています（図5参照）。

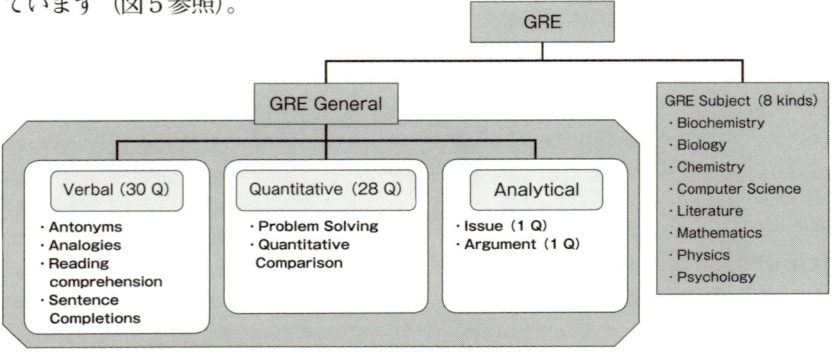

図5：GREの種類と問題構成

VerbalとQuantitativeセクションの問題は、いずれも選択式問題になっており、Analytical Writingのセクションでは、英作文問題が全部で2題出題されます。スコアは、VerbalとQuantitativeが200〜800点、Analytical Writingが0〜6点となっており、テスト終了後には、スコアとともに、自分が上位何パーセントに入っているかを知ることもできます。

1）Verbal（30問、30分）
　Verbalセクションの問題は、反義語（Antonyms）、類義語（Analogies）、長文読解（Reading Comprehension）、穴埋め（Sentence Completions）の4つのタイプに分けられます。

●反義語問題（Antonyms）
1つのキーワードとなる単語と、5つの単語（選択肢）が与えられます。目的は、5つの単語の中から、キーワードと逆の意味の単語を探し出すことです。例えば、bigがキーワードであれば、smallまたはそれと類似の意味を持つ単語を、選択肢から選びます。

●類義語問題（Analogies）
1組のキーワード対（＝2つの単語）と、5つの選択肢の単語対が与えられます。目的は、5つの単語対の中から、キーワード対の単語の関係と同じものを選ぶことです。例えば、キーワード対がbasketball : sportsであるとしましょう。すると、バスケットボールはスポーツの一種なので、○○は□□の一種である、という関係が見出されます。よって、apple : fruitsのような単語対が選択肢の中にあれば、それが解答となります。この例のほかにも、2つの単語間の関係にはさまざまなものがあります。

●長文読解問題（Reading Comprehension）
長文を読んで設問に答えるという点で、TOEFLのReadingセクションに似ています。文学、理学、工学等の分野から幅広く出題され、正しい選択肢を見つけるためには、本文をよく理解する必要があります。

●穴埋め問題（Sentence Completions）
空欄を含んだ文が出題され、その空欄に入れるのに最もふさわしい単語を選ぶ

という点で、やはりTOEFLのReadingセクションに似ています。異なる点は、TOEFLでは文法が問われるのに対し、GREでは論理性が問われることです。TOEFLでは、空欄に選択肢を当てはめた後、全文の文法が正しくなるものがほとんどの場合1つしかないのに対し、GREではどの選択肢を選んでも文法的には正しいため、文章全体をよく理解し、より論理的かつ合理的な答えを選ぶ必要があります。

2）Quantitative（28問、45分）
Quantitativeの代表的な問題のタイプには、比較問題（Quantitative Comparison）と問題解決（Problem Solving）があります。

●比較問題（Quantitative Comparison）
比較問題では、最初に次のような英文が現れます。

The question consists of two quantities, one in Column A and one in Column B. You are to compare the two quantities and choose:
  A. if the quantity in Column A is greater;
  B. if the quantity in Column B is greater;
  C. if the two quantities are equal;
  D. if the relationship cannot be determined from the information given.

つまり、比較問題では、2つの数式または量（それぞれ①、②）を与えられ、比較したとき大きい方はどちらかを問われます。選択肢は、A：①の方が大きい、B：②の方が大きい、C：①と②の大きさは等しい、D：与えられた情報のみでは大小関係の判断ができない、の4つがあります。例えば①x^2と②x（ただし、0< x <1）では②の方が大きいので、Bが正解です。
　もう1つ例を出すと、①$-x$と②xでは、xに代入する数が正か負かによって①と②の大小関係が変わってくるので、与えられた情報のみでは判断ができない、すなわちDが正解になります。

●問題解決（Problem Solving）
　問題解決では、最初に次のような英文が現れます。
The question has five answer choices. For each of these questions, select

the best of the answer choice given.

ご覧のとおり、これは一般的な選択肢問題で、問題に対する最もふさわしい回答を選びます。例えば、$\frac{x}{6} + \frac{x}{4} = ?$という問題があったとします。それに加えて選択肢がA：$\frac{x}{3}$、B：$\frac{5x}{12}$、C：$\frac{2x}{3}$、D：$\frac{5x}{24}$、E：$\frac{7x}{12}$、と与えられたならば、答えはそのうちのBとなります。

Quantitativeテストで出題される問題の多くは、以下の分野に属します。
- 計算（Arithmetic）：実数、無理数、数直線、パーセント、絶対値などを扱った計算問題が出題されます。
- 代数（Algebra）：指数、因数分解、関数、不等数、座標などを扱った問題が出題されます。
- 幾何（Geometry）：平行、円、三角形、四角形、多角形、面積、体積、ピタゴラスの定理などを扱った問題が出題されます。
- データ解析（Data Analysis）：データを図や表などの形で与えられ、そのデータに関する問題が出題されます。図表から情報を読み取る能力が問われます。

3）Analytical Writing（2問、75分）

Analytical Writingでは、英作文問題を通して論理的思考力が試されます。問題はIssueとArgumentに分かれ、時間はそれぞれ45分、30分です。Issue、Argumentともに、それぞれ0～6点のスコアで評価され、最終スコアはその平均値となります。例えば、Issue、Argumentのスコアがそれぞれ4点と5点の場合、最終スコアは4.5点となります。

●Issue

2つのトピックが与えられますが、どちらか一方を選び、選んだ文章について自分の意見を述べます。例えば、"It is dangerous to trust only intelligence." と "It is a grave mistake to theorize before one has data." という2つのトピックが与えられ、前者のトピックを選んだ場合、なぜintelligenceのみを信じるのは危険だと思うのか、そしてそれはなぜかを、45分以内に論理的にまとめることが求められます。

●Argument

　ある文章が与えられ、その文章から論理の問題点を見つけ出し、議論することが求められます。題材となる文章は、広告や新聞の記事など、多くのタイプが存在しますが、共通していることは、必ず筆者の意見とその意見をサポートするデータや理由が挙げられていることです。多くの場合、データが直接筆者の意見をサポートしていなかったり、または論理に飛躍や矛盾点があるため、それらをいち早く見つけ、30分以内に的確に指摘することが求められます。

　実際のGREテストのIssueとArgumentで出題される問題は、ETSのウェブサイトで確認することができます。

【試験対策】

　GRE Verbalは、英語を母国語としない受験生にとっては、かなり難解な単語が出題されます。さらに、反義語問題や類義語問題のように、単語を知らないとまず正答できない問題が大きな割合を占めます。ですから、GRE Verbal専用の単語帳を購入して、単語を覚えることが重要です。

　GRE Verbalにおいて、理系と文系の学生の正答率に差が出る部分は長文読解です。GRE Verbalの長文読解問題を解く場合、正答率は文章のトピックに依存します。研究室に配属され、英語の論文をよく読んでいる理系の学生がGRE Verbalの理系の文章を読むと、比較的簡単に理解することができ、回答率が高くなります。それに対して、アメリカの歴史、文学、芸術等の文系の文章を読む場合、もともとの知識の少なさと文章中の単語の難しさゆえに理解が難しく、正答率が低くなります。よって、対策としては、GRE Verbalの長文読解問題を勉強するときは、文系の文章の問題を多く解くことが考えられます。または反対に、テストで全くわからない文系の文章が出題されたら、すぐにあてずっぽうで選択肢を選んで、時間をほかの問題にまわすことも重要です。

　GRE Quantitativeは、日本の受験者にとってはGRE Verbalに比べて非常に取り組みやすいはずです。もし中学・高校範囲の数学で苦手な分野がある場合は、日本語の教材を使って、基礎をしっかりと理解しておくとよいでしょう。苦手分野を克服したら、後はGRE Quantitativeの問題を多く解き、形式に慣れておくことをお勧めします。

　GRE Analytical Writingは、最初は問題形式に慣れず、苦労する受験者が多いかもしれません。これを克服するには、模範解答を多く読み、よい議論の仕方を吸収することが重要です。問題集を買って、とにかく多くの例文を読む

ことをお勧めします。また、英文を書くことに慣れることもとても重要です。最初は日記などでもよいので英語を書く習慣を身に付け、最終的には多くのGRE Analytical Writing問題を解くとよいでしょう。問題を解く際は必ず時間制限を設け、プレッシャーの中で英文を書くことを心掛けましょう。

Case 1

「Section 3 出願関連テストのポイント」体験談

未来の自分を想像して、楽しみながら英語を勉強

岩田 愛子 *Aiko Iwata*

▶留学先大学名／専攻分野
　Purdue University／Cytogenetics & Genomics：細胞遺伝学・ゲノム科学
▶年齢（出願当時）／性別
　25歳／女性
▶学部から現在までの経歴
　2002年　神戸大学　発達科学部　人間環境科学科
　2006年　神戸大学大学院　総合人間科学研究科　博士課程前期（修士課程）
　2008年8月　Purdue Univ. PULSe program（Purdue University Interdisciplinary Life Science Ph.D. program）

■ TOEFL iBTのスピーキングでパニックに

　私がTOEFLの勉強を始めたのは、出願のおよそ1年半前、日本で修士課程に行き始めたころでした。修士課程の研究と平行しての出願準備だったので、短期的に集中できる時間はとれず、長期的にこつこつと準備をしていくつもりでした。ちょうどTOEFL iBTが導入されたころで、情報も少なく、まわりに経験者もおらず、わけのわからないまま受けたTOEFL iBT 1回目、Speakingで見事にパニックに陥り、テストの後はしばらく落ち込んでいました。しかしながらこの悔しかった経験が絶対に高得点をとりアメリカに行こうという決意に変わり、本格的に勉強していくようになりました。

■ 勉強時間の確保

　それに伴い、まず考えたことは勉強時間の確保です。平日の朝から夕方までは研究のため、TOEFLの勉強は主に研究室に行く前の朝の早い時間と夜の時間、週末にするようにしました。また研究室で実験をしているときでも待ち時間が5分でもあれば、単語集などに目を通すなど、とにかく時間があれば何かをしていました。そして、勉強した時間はそれぞれのセクションごとに記録し、1日と1週間の勉強時間が一目でわかるような表を作りました。

■ 英語のシミュレーションをしてスピーキング対策

　次に勉強法ですが、Reading, Listeningについては、とにかく問題集などを解き、問題の傾向をつかみました。また、TOEFLの問題に限らず、時間があれば、新聞や雑誌のコラムを読んだり、サイエンス系の雑誌のポッドキャストを聞いたり

して、少しでも多く英語に触れるようにしました。Speaking、Writingについては、客観的な評価が必要だと思ったので、TOEFLを受けている友達と練習したり、通っていた英会話学校の先生にみてもらったりしました。この2つのセクションの難しさの1つは、短時間で自分の意見をまとめることです。例えばSpeakingで「あなたが尊敬している人は誰か?」といきなり聞かれ、15秒の準備時間で、誰について話すかを考え、理由を2つくらい考え、文章を組み立て、45秒で言うのは、おそらく日本語にしてもそう簡単ではないかもしれません。その上マイクをつけて録音されるのですからパニックに陥ってもおかしくありません。そのため、私は対策として、普段からこう聞かれたら、こう答えるというような英語でのシミュレーションを頭の中でしていました。これなら、まとまった時間もいらず、歩いているとき、お風呂に入っているとき、掃除しているときなど場所、時間を選ばずできます。時間がとれるときにはタイマーで時間もはかり録音もして、自分の答えをあとからチェックもしました。

サイエンスをやるのに英語は不可欠

そして、最終的に点数は大学の入学基準より20点くらい上回り、見事に合格しました。TOEFL iBTの試験はなかなか高得点をとるのが難しいテストです。サイエンスをやりたいのになぜここまで英語を勉強しないといけないのかと苦しい思いをしたときもありましたが、サイエンスをやるのに英語は不可欠です。英語ができると学べる内容も増えますし、ラボメイトや教授ともいろいろな話ができますし、英語力があって損はありません。留学した後、自分が英語でディスカッションしている姿、セミナーに参加している姿、友達とのおしゃべりを楽しんでいる姿など思い浮かべてみてください。未来の自分を想像することで、やる気もでるし、楽しみつつ英語力をつけていけるのではないでしょうか。

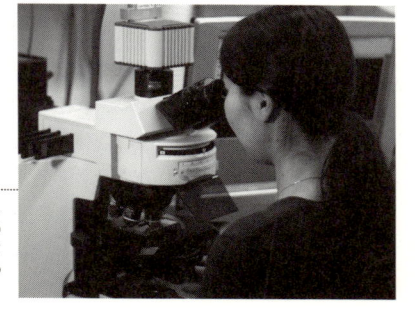

蛍光顕微鏡で染色体を観察しているところです。染色体の構造や遺伝子の位置についての新しい発見を楽しみにしつつ観察をしています

Case 2

最初から最良の勉強法を目指さず、多くのことを試してみる

庄司 信一郎 *Shinichiro Shoji*

- ▶留学先大学名／専攻分野
  Ohio State University／Microbiology：微生物学
- ▶年齢（出願当時）／性別
  22歳／男性
- ▶学部から現在までの経歴
  2004年京都大学農学部卒業。同年秋、Ohio State University, Department of MicrobiologyのPh.D.プログラムに入学。2009年夏にPh.D.を取得し、同年秋からLa JollaのScripps Research Instituteにてポスドクとして在籍中。上原記念生命科学財団リサーチフェロー。

留学に際して私が最も心配していたのが英語の能力でした。私は過去に海外に旅行以外で行ったこともありませんでしたし、中学と高校の授業で勉強した以外は英語に触れることも稀だったからです。大学では英語の授業も取りましたが、恥ずかしながら全く真面目に受けていませんでした。それがたたって4回生の始めに最初に受けたTOEFL CBT*は300点中200点以下で、GREもQuantitativeはほぼ満点でしたが、Verbalは全受験者の下から20％ほどと散々でした。

*日本国内でのTOEFL CBT試験は2006年9月末で終了。

■ 問題集、ラジオでTOEFLリスニング対策

　私が受けた当時はスピーキングがなかったので、リスニングに一番苦労しました。最初に受けたテストで25問中半分ほどしか正解しなかったので、「これはやばい」と思って、とりあえずできるかぎりのことを試そうと思い、まずAmazon.comでTOEFLの問題集を探して手当たり次第に買いあさりました。リスニングの問題集には大抵の場合CDが付いていたので、それを毎日聴いて、ラジオ英会話もCDの付いたものを本屋で購入して聴いていました。問題集も毎日量を決めて解いていましたし、大学受験のときにも作ったことが無かったような英単語帳を作って毎日見返したりしていました。今から思えば、最初から自分に最良の勉強方法を見つけてそればかりするのではなく、多くのことを試してみるのも決して回り道ではなかったと思います。いろいろな媒体を通して英語の文章に触れることで、英語そのものだけでなく、アメリカの文化背景を学ぶこともでき、それがテストに出てくる文章の理解度を大きく高めてくれました。結局リスニングは25問中22問正解するところまで持っていくことができ、合計280点と合格ラインの250点を大幅に上回ることができました。

GREのVerbalは英文を読むスピードが鍵

　GREに関しても、Quantitativeを別としてTOEFLと同様に問題集を中心に対策をしたのは同じなのですが、違ったのはGREのVerbalで点数を伸ばすのがTOEFLに比べて遥かに難しかったということでしょうか。同じように英語の理解度を測るとはいえ、出てくる単語も文章の構成もずっと高度です。結果、40%ほどまでにしか成績を上げることができませんでしたが、これは文章を読むスピードが遅く、問題を正しく理解する時間がなかった、ということが主な原因だったと思います。GREの国語に関しては英語の文章を読むスピードを上げる努力が必要でした。私はGRE Subjectの分子生物学分野も受けたのですが、プログラムには"optional"とあったので結局提出しませんでした。しかし自分で思っているよりも実はそんなに悪くない点数だった、ということもあるかもしれないので、申請するプログラムのコーディネーターに合格者の平均点などを問い合わせてみるのも一案だと思います。

クラスメイトと、大学近くの科学博物館で。右から二人目が筆者

Case 3

過去の英語の勉強が実際に役に立っていることを実感

宋 云柯 *Yunke Song*

▶留学先大学名／専攻分野
Johns Hopkins University／Biomedical Engineering：生体工学
▶年齢（出願当時）／性別
22歳／男性
▶学部から現在までの経歴
慶應大学理工学部生命情報学科卒業。アメリカ東海岸のJohns Hopkins University, School of Medicine, Department of Biomedical Engineeringに留学し、現在はマイクロ流体工学、一分子蛍光検出に関する研究に従事。

私は留学する4, 5年前からTOEFLを勉強し始めたため、英語の勉強に多くの時間をかけ、余裕を持ってTOEFL、GREテストの準備を進めることができました。ですから、私の勉強方法がすべての読者の参考になるとは思いません。しかし、アメリカに留学している今、私は自分の過去の英語の勉強が実際に役に立っていることを実感しているため、ここで私の勉強方法を簡単に紹介したいと思います。また参考のため、私のTOEFLとGREの点数を以下に挙げます。

テスト名	点数	受験期間	受験回数
TOEFL	273（CBT）	大学三年夏	4
GRE Verval	V610 (87%) Q750 A5.0	大学四年夏	1

■ 文法・単語重視の勉強で土台作り

　私の英語勉強スタイルは、大きく分けて4つの段階に分かれています。第一段階は文法・単語重視の勉強で、新しい文法を学んでは問題等を解くことによってそれらを確実に覚えていく、というものです。私がこの第一段階の勉強スタイルをとっていたのは中学生のころでした。そのころ私は学習塾に通っていましたが、塾で出される問題をとにかく大量にこなすことで、英文法、英単語の土台を作り上げました。このとき、エッセーライティングやスピーキングはあまり勉強していませんでした。

■ 大量に英語の文章を読み、聞く

　第二段階はリーディング・リスニングを重視します。つまり、大量に英語の文章を読み、聞く、ということです。私は問題集を解いたりもしましたが、それだけで

はどうしても読む英文の量が少ないということに気づき、アメリカのABC Newsのホームページ（http://abcnews.go.com/）を利用し始めました。これはアメリカ版のNHKのようなもので、アメリカ人のためのニュースを報道しているため、その文章の質の高さは疑う余地がありません。それに加え、更新の早さ、見ることのできるニュースの量など、すべての面で英語のリーディングの勉強には最適のサイトといえます。そればかりではなく、このサイトでは無料でニュースビデオをみることができ、これを利用すればリスニングの勉強をすることもできます。

ライティングとスピーキングの練習に重点

　3つ目の段階はライティングとスピーキングの練習に重点をおきます。ライティングの練習として、私はまずTOEFL、GREライティングについての本を読んだあと、数カ月かけてTOEFLのライティング問題を全部で200問、それに加えてGRE IssueとArgumentの問題をそれぞれ100問ずつ解きました。努力をした割には、実際のテストで取った点数が高くなかったのですが（TOEFL、GREそれぞれ5点）、その理由は練習のときに他人に添削をお願いしなかったことです。場合によっては、お金がかかるかもしれませんが、やはり自分で書いた文章を誰かに添削していただいたほうが上達が早いと思います。スピーキングに関しては、私はあまり勉強していません。その理由は、私はコンピューターベース（CBT）のTOEFLを受験したのですが、テスト内容にスピーキングが含まれていなかったためです。スピーキングの練習もやはり他人に自分のスピーチを聞いてもらい、アドバイスをいただいたほうが上達が早いと思います。

問題集でテスト対策の仕上げ

　最後の段階はTOEFLやGREといったテストの準備に特化した勉強方法です。私はそれぞれのテストでよく出題される単語をまとめた本を愛用していました。特にGREのVerbalはとんでもなく難しい単語が多く、対策をしなければ散々な点しか取れないことがわかっていましたから、GREの赤本に当たる *"Barron's How to Prepare for the GRE"* を買い、それに載っている単語集を暗記しました。Barron'sの単語集には3500もの単語が載っており、これをすべて覚えるには膨大な時間がかかります。私はその単語集の中でも特別に重要といわれる単語のリストのみを覚えました。単語の暗記以外にも、問題集を借りたり買ったりしては、ひたすら問題を多くこなしました。英語に自信があり、留学までの勉強時間が限られている方は、すぐにこの段階に入るのがいいかもしれません。TOEFL、GREは留学への最初のハードルです。これを突破しない限り、留学への道は永遠に見えてきません。しかし、努力さえすれば決して超えられない壁ではありません。皆様のご健闘をお祈りします。

Section 4 | 外部奨学金の獲得

　留学をする際に決して過小視してはいけないのが、奨学金の獲得です。奨学金の重要性を理解するために、まずは日本からアメリカへの大学院留学生の経済状況を、以下の3つのケースに分けて考えてみましょう。

アメリカへの大学院留学生の経済状況

ケース1：修士課程

　アメリカの修士課程プログラムは、学費や生活費を自分でまかなうのが一般的です。これは、文系専攻や、MBAやロースクールなどの職業系大学院のみならず、理系プログラムにも当てはまります[*1]。修士課程の学費は、分野や大学にもよりますが、基本的には年額100万円〜500万だと考えてよいでしょう。これに加えて、健康保険や生活費を自己負担する必要があります。さらに、普通は学位をとるまでには複数年掛かるため、この金額を卒業まで払い続けることになり、相当の負担になってしまいます。

ケース2：Ph.D. 課程

　Ph.D. 課程プログラムの学生は、理系専攻であれば、大抵の場合、学費を全額または一部免除されます。これに加えて、生活費としてTAやRAとしての給料が支給されたり、健康保険費用がカバーされる場合もあります。給料の額や加入する健康保険のグレードは、大学や学科の経済状況、さらにはその地域の物価によって異なりますが、月に15万円〜25万円ほどです。そのため、扶養家族がいなければ、あまり贅沢をしない限り、大学外部からの財源がなくても生活に困ることはないでしょう。

ケース3：企業派遣

　以前に比べて少なくなりましたが、企業から派遣されて留学をする場合、基本的に企業から学費と生活費が支給されます。注意点は、卒業後にその企業へ復職する必要があること、また少なくとも数年間は離職できない（もしくは罰金を払って離職する）ことが挙げられます。細かい規定は、留学を決意する前

[*1]：ただし、修士課程でも、特定の研究室で実験をしてRAとして働いたり、ある授業の手伝いをしてTAとして働く場合、研究室の教授や学科から給料や学費援助をもらえることもある。

に確認する必要があります。

　上記3つのケースを考慮してみると、特に修士課程への留学生にとって、大学外部からの財源、つまり奨学金を取得することが非常に重要になってきます。また、Ph.D. 課程出願者にとっては、奨学金の取得は、大学院合格の可能性を高めてくれるステータスにもなります。外部から獲得した奨学金の額が十分な場合、学科や指導教官がその学生に給料を支払う必要がなくなりますし、仮に十分な額でなかった場合でも、学科や指導教官から見れば、通常よりも少ない出費で済みます。さらに、奨学金を獲得するためには選考プロセスがあるため、奨学金を獲得したという事実は、その学生が優秀であるという証にもなります。

日本国内の奨学金

　日本で奨学金といえば、返済義務のある貸与と返済義務のない給与があります。アメリカでも貸与はloanと呼ばれ、給与のscholarshipとははっきりと区別されます。ここでは給与の奨学金について説明します。

　アメリカの大学では、アメリカ人や永住者を対象とした奨学金が多く、留学生がアメリカの一般的な奨学金を取れる機会は非常に限られます。そのため、多くの場合は、日本の政府または民間財団が支給している奨学金に応募することになります。

　表2は、日本からの留学生が出願前に考慮すべき主な奨学金のリストです。応募する際に注意すべき点は、各奨学財団が応募できる学生の勉強分野に制限を設けたり（フルブライト奨学金、中島記念国際交流財団、村田海外留学奨学会）、留学後の帰国を条件として要求していることがある（長期海外留学支援プログラム）、ということです。表中で、フルブライト奨学金だけは主に社会・人文科学分野の学生を募集していることが多いですが、募集基準は毎年変更する可能性があるため、理系の学生も募集要項を一読することをお勧めします。また、多くの奨学金は応募の際に日本国籍を持っていることが必要ですが、表2で＊印をつけた奨学金は、外国人であっても日本の永住権を持っていれば応募可能です。応募の際には、事前に応募要項をよく読み、それぞれの奨学財団についての理解を深め、その奨学金が自分に合っているかを確認することが重要です。

　各奨学財団の採用基準はそれぞれ異なりますが、多くの場合、大学の成績（GPA）、外国語の運用能力の証明（TOEFL等）、そして小論文が要求されます。

このように、大学院に合格するためにも、また奨学金を獲得するためにも、大学の成績は非常に重要ですので、日頃から成績を上げる努力が必要です。また、奨学金の応募のためにも、早めにTOEFLを受験しておくことをお勧めします。二次試験として面接が課される場合もあり、その場合は応募者が書いた小論文の内容に関した質問をされることがありますので、自分が書いた小論文はコピーをとっておいて、面接前に見返すことをお勧めします。必要書類を見るとわかる通り、各財団の奨学金選考過程は、アメリカの大学院選考とかなり似通っています。そのため、奨学金への応募は、大学院へ出願する準備にもなるので、仮に採用されなくても、時間の浪費にはなりません。

　ほとんどの場合、複数の奨学金の受給は禁止されています。そのため、複数の奨学財団から採用通知を受けた場合でも、1つを残して他の奨学金をすべて辞退する必要があります。また、アメリカの大学院へ留学し、プログラムから給料をもらうことになる場合は、この事実を奨学財団に通知する必要があります。

　奨学金に関する情報は、大学在籍者であれば、所属大学の留学課などで得ることができます。一般的に、フルブライト奨学金とロータリー国際親善奨学金の応募締め切りは早く、それぞれ奨学金支給開始年度の前年4月上旬ころから5月下旬ころ、および3月上旬ころから8月下旬ころです。他の奨学金の応募受付はおよそ前年の夏から秋にかけて行われます。ただし、厳密な応募締め切りは年毎に変わるため、必ず応募者自身が確認してください。また、毎年情報を更新し、年度版で刊行されている『アメリカ留学公式ガイドブック』（日米教育委員会 編著／アルク刊）には、巻末付録としてアメリカ留学奨学金制度の一覧も掲載されています。

　奨学金獲得は留学の可能性を広げるために重要であるため、早期に情報を収集し、応募に向けて準備をすることをお勧めします。

財団名（奨学金名）	URL	対象分野・制限
日米教育委員会 （フルブライト奨学金）	http://www.fulbright.jp/	主に社会・人文科学分野
文部科学省 ＊ （長期海外留学支援）	http://www.mext.go.jp/a_menu/ koutou/kaikaku/cyouki.htm	言及なし
ロータリー財団 （国際親善奨学金）	http://www.rotary.org/ja/	言及なし
中島記念国際交流財団 ＊	http://www.nakajimafound.or.jp/	情報、生物、経営
平和中島財団 ＊	http://heiwanakajimazaidan.jp/	言及なし
伊藤国際教育交流財団 ＊	http://www.itofound.or.jp/	言及なし
村田海外留学奨学会 ＊	http://www.muratec.jp/ssp/	法律、経済、経営、理学、工学各科
本庄国際奨学財団	http://www.hisf.or.jp/	言及なし
吉田育英会	http://www.ysf.or.jp/	言及なし

表2：日本からの出願者が応募できる日本国内の奨学財団

Case 1

「Section 4 外部奨学金の獲得」体験談

奨学金合格には
応募書類と面接が重要

宋 云柯 *Yunke Song*

▶留学先大学名／専攻分野
　Johns Hopkins University／Biomedical Engineering：生体工学
▶年齢（出願当時）／性別
　22歳／男性
▶学部から現在までの経歴
　慶應大学理工学部生命情報学科卒業。アメリカ東海岸のJohns Hopkins University, School of Medicine, Department of Biomedical Engineeringに留学し、現在はマイクロ流体工学、一分子蛍光検出に関する研究に従事。

「Section 4 外部奨学金の獲得」でも説明されているとおり、大学院外部の奨学金の獲得は大学院留学において非常に重要な役割を担っています。私は日本国籍を保有していないため、応募できる奨学金が非常に限られていました（このことに憤りを感じたことはありません。むしろ、日本国籍を保有しない学生の応募を認めている財団が存在することに感謝しています）。私がその限られた奨学財団の中で複数の合格をいただくことができたのは、以下の要素を重要視していたからだと思います。

■参考材料としてGPA、TOEFL、指導教官の推薦状

　まず、どの奨学財団でも参考材料として大学の成績（GPA）と英語テストの成績（主にTOEFL）を要求しています。よって、これらのファクターが第一段階の選抜基準として使われることが考えられます。よいGPAとよいTOEFLの点数は海外の大学院を受験するときにも必要ですので、その重要性は明白です。これらに加えて、指導教官の推薦状を要求する財団もありますので、指導教官とよい関係を築いておくことも大切です。

■応募書類と面接はさらに重要

　しかし、上記の要素と同様に、またはそれ以上に重要なのは各財団の応募書類と面接だと私は考えます。一般的に面接は応募書類の内容をもとに行われます。各財団の奨学金に応募するときはまずなぜ奨学金に応募する必要があるのか、そしてなぜその財団なのかを考えました。また、私は単に奨学金がほしいというだけではなく、なぜ自分がこの財団の必要とする人材であるのかを説明しました。

応募書類は一般の方も理解できる内容にする

　財団によっては、現在行っている研究の紹介、または留学先での研究計画を問う場合があります。私が心がけたことは研究の細部を語るのではなく、一般の方も理解できる内容を書くということでした。その理由は、一般に、応募書類の審査員または面接官が応募者の研究分野を細部まで完全に理解できる場合はそれほど多くないからです。もし自分の研究内容を簡潔に書く、または話すことができなければ、審査員にネガティブな印象を与える可能性があります。面接でも、基本的には研究の詳細を聞かれることはありませんが、財団が応募者の分野を細かく定めている場合（たとえば中島記念国際交流財団）は、この限りではありません。ですから、研究を短くまとめて話す練習とともに、万が一、深い質問をされても答えることができるように、私は面接前に自分の研究を整理しました。

　基本的に奨学金の倍率は5倍前後から100倍前後です。応募者の分野に制限が設けられている奨学金は、応募者が絞られるため、一般的に倍率が低めになり、制限がない場合は高めになる傾向があります。ハードルはなかなか高いですが、時間をかけて応募する価値はあります。みなさまの成功をお祈りします。

ジョンズ・ホプキンス病院内のキリストの銅像の前で。ジョンズ・ホプキンス大学は世界的に有名な病院、医学部、公衆衛生学部等を持つ

Case 2

奨学金出願のためにも
留学目的や研究内容を明確に

T. H.

▶留学先大学名／専攻分野
　Georgia Institute of Technology／Aerospace Engineering：航空宇宙工学
▶年齢（出願当時）　／性別
　24歳／男性
▶学部から現在までの経歴
　2004年3月名古屋大学工学部卒業（航空宇宙工学）。2004年8月より、ジョージア州アトランタにあるGeorgia Institute of Technologyの大学院に入学。2006年5月、M.S.（航空宇宙工学）を取得、卒業。2006年9月より、東京にて経営コンサルティングファームに勤務。

■ダメもとで日本の奨学金にチャレンジ

　初めて両親に海外留学のことを打ち明けたとき、父親から「留学すると金かかるだろ？」という当然の反応がありました。そのときは、Research Assistantで研究室から奨学金が出るから金銭的な迷惑はかけないと説得しました。しかし、正直なところ、研究室から奨学金をもらえる確信は全くありませんでした。そこで、ダメもとで日本で奨学金を得ようと試みました。

　まずはインターネットや大学の留学課で奨学金を出している団体を調べました。その当時は、全国の奨学金をまとめた冊子を大学の留学課で配布しており、それが非常に役に立ちました。その冊子の中から、自分に合う奨学金をいくつかピックアップしました。選定の基準としては、金額の多寡、給付対象、給付型などでした。さらに、自分の研究領域（航空宇宙工学）で過去に奨学金が出ているかどうかもわかる範囲で調べました。

■奨学金出願は大学院出願の予行演習

　そしていよいよ出願となるわけですが、出願書類は奨学金によってさまざまです。私の場合は、留学目的、研究内容、推薦状、英語テストなどがありました。たいていの場合、大学院の出願書類よりも前に、奨学金への出願があります。従って、奨学金出願のために留学目的や研究内容を明確にしなければならず、大学院出願書類作成のための予行演習となるよい機会です。

　私は、最終的に、盛田国際教育振興財団から奨学金を頂きました。盛田国際教育振興財団とは、ソニー創設者の盛田昭夫氏の実家である盛田株式会社が運営してい

る財団法人です。愛知県内の学生の海外留学に対する奨学金の給与を行っています。私の出願した当時（2003年）は、高校生向け、大学生（大学院生）向け、外国人留学生向けに奨学金がありました。しかし、残念ながら、大学生（大学院生）向けの奨学金は私が最後となり、現在は、高校生および外国人留学生向けのみとなっています。奨学金の種類は給付型で返済の義務はありません。奨学金の内容は、私の場合は、授業料100万円と往復航空券でした。

　盛田国際教育振興財団から戴いた奨学金はフルサポートではないため、2年間の留学費用全額を賄うことができません。そこで、日本学生支援機構からも海外留学向けの奨学金をもらっていました。ただし、日本学生支援機構は、国内の奨学金と同様に有利子での返済義務があります。将来的には返済しなければなりませんが、一時的に必要なキャッシュの補填という意味で非常に有用だと思います。私の場合は最終的に研究室からResearch Assistantとして奨学金をもらえたので、日本学生支援機構からの奨学金を使わずに済みました。

奨学金を得ている事実が大学院出願に有利に働く

　最後に、奨学金を獲得するメリットとして、金銭的メリット以外に2つあると考えています。1つは優秀であると証明できること、2つ目は奨学生のネットワークを得るということです。

　奨学金を得ているという事実が大学院出願に有利に働きます。奨学金を得るというのは、奨学金を支給する団体が、その人が十分優秀であり、他の人と比べ奨学金を給付するに値すると認めたということになります。従って、大学院側は奨学金を得ているので、優れた学生だと考えることができます。もちろん、奨学金の有無で選考のすべてが変わるわけではありませんが、必ずプラスに働きます。

　また、歴代の奨学生、あるいは将来の奨学生のネットワークを得ることができます。盛田財団では、毎年、奨学生を招待して交流会を開催しており、普段の生活では会わないような方々と交流する機会があります。留学前は意識していませんでしたが、奨学生とはいろいろなところでご縁があるものです。私の場合は、帰国後、同じ大学院に盛田奨学生として留学していた大先輩と全く別の会合で知り合いました。同じ盛田奨学生、同じ大学ということもあり、非常にご厚意を頂きました。その方のご紹介により、大学院側からコンタクトしてきたりということもありました。今後も盛田奨学生ということでさまざまなご縁があると思っています。

Case 3

留学を考える日本の女性をサポートする
CWAJの奨学金を獲得

峰島 知芳 *Chika Minejima*

▶留学先大学名／専攻分野
University of California, Berkeley, Department of Chemistry／Atmospheric Science：大気科学

▶年齢（出願当時）／性別
23歳／女性

▶学部から現在までの経歴
東北大学理学部化学科卒業、東北大学大学院理学研究科化学専攻前期2年の課程修了、後期3年の課程進学・留学の為中退。University of California, Berkeley, Ph.D. in Chemistry取得後、国立環境研究所NIESポストドクフェロー。

■ 授業料や生活費を自ら持ちこめる学生は合格率が高い

　2000年当時、私はアメリカの大学院に留学したいと考えていました。情報を集めると、授業料や生活費を自ら持ちこめる学生は合格率が高いということがわかりました。大学院側は、お金を払わなくてよいわけですから、当然と言えます。
　そこで、奨学金を探し始めました。しかし、多くの奨学金は文系や開発学、医学を対象にしており、私のような化学（大気科学）の学生にはそもそも応募できる奨学金が限られていました。また、対象分野が比較的広くても、1、2年の短期間の留学に対する支援で、その後即時の帰国、講演活動等が必要とされ、通常5、6年かかるPh.D. 課程を希望している私には応募が不可能でした。余談ですが、注意すべきなのは、一度留学して日本を離れてしまうと、応募できる奨学金がほとんどないことです。私が知っている限りでは、生物系、医学系、開発学、音楽についてはあったのですが、理学系や工学系に対する奨学金はその当時はありませんでした。

■ College Women's Association of Japanの奨学金獲得を目指す

　そんな中、発見したのはCollege Women's Association of Japan（CWAJ）でした。この団体は、非営利ボランティア団体で、1949年に日本人留学生への渡航費援助を目的として発足し、現在では、友好・文化交流・教育への貢献を使命とし、30カ国以上から500名を超える女性たちが集まるまでに成長しています。毎年、現代版画展を開催し、寄付を募ることで、外国で勉強したい日本の女性、日本で勉強している外国人女性、視覚障害を持った方々などに奨学金を支給しています。この団体の"Graduate Scholarship for Japanese Women to Study

Abroad"という奨学金は、学業の卓越性、研究課題の質と実行可能性、社会貢献への可能性の3点を基準として選出されますが、応募者の学問領域については、社会に役に立つ分野であれば詳細に指定せず、かつ、留学期間を限定しない。また、特筆すべき点は、年齢制限を設けていないことです。一度社会に出て職務経験を積んだ非常に優秀な女性が、毎年多数応募されるそうです。また、これまでには子連れで留学した人も複数いらっしゃいます。金額に関しては、当時は200万円（現在は300万円）を渡航前に半分、渡航後に半分、留学準備、渡航費、授業料や生活費に充てるためにくださるという、融通のきく、欧米型の奨学金でした。この団体の善意、おおらかさ、懐の深さを感じました。

大学院への応募同様の厳しい審査

しかし、この奨学金への応募書類はアメリカの大学院への応募書類同様の厳しさでした。多国籍の会員からなる団体なので、応募書類はすべて英語で記入します。応募書類には、通常の履歴書に記入する事柄に加え、外国での勉強・長期の旅行経験、仕事・ボランティア経験、論文・雑誌記事等の出版物、受賞歴、受賞・応募中の奨学金、TOEFLのスコアを記入します。TOEFLのスコアは570（CBT230）以上が求められ、実際にアメリカの大学院が求めているスコアより上であるというレベルの高さでした。その他に、エッセー（自分の人間像、達成目標、応募するプログラム、その分野の重要性、長期的な計画・ゴールについて）、教授や上司からの推薦状を英語で2通、また、成績証明書が必要でした。この応募締切りが9月頃で、アメリカの大学院の応募締切りの約3カ月前に設定してあります。これは、大学院へ送付する応募書類を作成する非常によい練習になりました。

次に英語の面接が行われました。面接会場に入ると、会場には15名以上の選考委員がいて、30問程、応募用紙やエッセーの内容を中心に質問を受けました。自分の学問のこと、どのように世の中の役に立つのか、将来どうなりたいかといったことを質問されたと思います。私は、将来女性研究者としてのロールモデルになりたいと答えたことが、気恥ずかしく思い出されます。面接では、学問に関してだけでなく、英語力、自分を表現することができるかどうか、熱意等も試されていたのではないかと思います。また、私が感激した点は、面接に呼ばれた際に交通費が支給されたことでした（2008年までは全額支給）。当時、そのような配慮がされている奨学金は私の知る限りはなく、大変助かりました。私は仙台に住んでいましたが、GREのSubject、TSEは仙台では行われておらず、試験を繰り返し受験する度に、受験料に加え東京までの交通費、宿泊費のために大変お金がかかったのです。大学院への応募も、1校ごとに受験料や、TOEFL等のテスト結果の送付料、その他でお金がかかるので、注意が必要です。補足ではありますが、留学準備にあたり、これらの費用や受験料は絶対に準備しておく必要があり、私は日本育英会の奨学金

を最大限に受けて、数年前から貯金することで、まかないました。

　無事に奨学金に合格したわけですが、CWAJの素晴らしいところは、奨学生１人１人に担当者がつくことです。奨学金が支給されただけでなく、その後も担当者から連絡があり、暖かく励ましてくださいました。また、奨学生を招いて大きなレセプションを開き、奨学生を会員の皆様に紹介してくださいました。その場で、奨学生同士が知り合うことができ、実際にアメリカで他の奨学生とお会いしたこともあります。そのように扱ってもらったことで、非常に勇気付けられ、自分が大切にされていて、これからアメリカの大学院で頑張っていくに足る人物なのだと感じることができました。

　現在日本に帰ってきて、ポストドクトラルフェローをしていますが、面接の際に言ったように、これから留学をしようとしている女性科学者のロールモデルになるように努力を続け、CWAJや、これから留学する皆さんに何らかの形で貢献していきたいと考えています。

　最後に、私が留学準備をしているときによく自分に言い聞かせていたことは、テスト勉強、願書作成、奨学金応募なども留学の一部で、夢の留学はもう始まっているのだということです。留学したいとお考えの方、準備期間も楽しみ、味わって頑張ってください！

野外観測の為、自作の測定機器を持ってカリフォルニアのサンホアキンバレーに行った際の写真です。果樹園に設置されたトレーラー上で、装置と筆者

> **Memo**

留学先での2種類の奨学金

　留学先で利用できる奨学金には大きく分けて、経済的に困難な学生が給付対象になる need-based と、成績などの能力に応じて与えられる merit-based との2種類があります。どちらの奨学金も州民やアメリカ市民が優先され、残念ながら留学生が対象となるものは非常に限られていますが、留学生を対象とした特別な基金や財源がある場合もあります。

　理系でPh.D. 課程の学生としてアメリカの大学院に留学する場合、財政支援額が十分でなかったり家族がいる場合を除いて、need-based の奨学金が必要になる場合はまれでしょう。それらの奨学金に応募する際には、収入、支出や家族の資産に関して、正直に申告する必要があります。家族の財政状況について、両親の収入を証明するため、両親の雇用主からのレターを添付することが求められる場合もあります。

　merit-based の奨学金は、(1) 自分で応募して受給するものと、(2) 大学や教授、または同僚から推薦を受けて受給するものがあります。前者の場合は、願書や成績証明書などを自ら提出して応募します。後者の場合は、大学院出願時に提出したエッセー、推薦書、成績証明書、TOEFL/GRE の結果などが優秀な学生が大学から推薦されるケースや、研究成果を認められて教授から推薦されるケースがあります。また成績だけでなく、人格が優秀な学生を選ぶために、学生同士による推薦、投票を通して授与される奨学金もあります。これら merit-based の奨学金の募集があるときは、大学や学科がニュースメールを学生に送って知らせることもありますので、チャンスがあれば、出願要項を確認の上、ぜひチャレンジしてみてください。

Section 5　出願後から合否通知をもらうまでにすべきこと

　前節までの出願準備にしたがって、すべての必要書類を提出した後は、もう結果を待つだけと思われる方も多いかもしれません。日本のような筆記試験・口頭試験であれば、確かに試験後にできることはほぼありません。しかし、アメリカの大学院は書類選考ですので、最終的な合格通知をもらうまでは、出願プロセスは継続中である、と考えることができます。ここでは、すべての書類を提出した後でもできる「最後の一押し」に関してまとめます。

すべての書類が届いたかを確認する

　非常に些細なことと思うかもしれませんが、すべての書類を提出した＝すべての書類が出願先に届く、ということが当てはまらない場合があります。郵便物に追跡機能を付けて送っても、その他にもいくつかの必要書類が違うところから届けられます。例えば、正式なTOEFL/GREの点数は、主催者のETSから送られますし、推薦状は推薦者から直接送るように言われる場合もあります。オンライン出願を受け付けているところでは、どの出願書類が届いたか、出願者用のアカウントから、一目でチェックできるところもありますが、そうでない場合、すべての必要書類が届いたかを、提出後少し経ってから確認してください。この確認1つで、他の出願者の合否がわかり始めるころ、「まだ○○が届いていません」という事態を回避できます。

興味のある教授へ出願したことを知らせる

　特に入学時に指導教官が決まるような場合、大学院選考結果は、その教授によるところが大きくなります。もちろん、ある教授の一存だけで決められるわけではなく、他の入試選考委員を説得できるだけの理由が必要でしょうが、例えばその教授が、「どうしてもこの志願者が欲しくて財政援助もいとわない」と思えば、どうにかしてその志願者を取ろうとします。そのため、出願先プログラムにおいて、特定の教授に就きたい場合、その教授に自分の出願書類を見てもらえるように、何らかの方法で伝える必要があります。

　1つには、これまで紹介したように、事前にコンタクトするケースがあります。しかし、特別な印象があって名前を覚えている応募者でない限り、ずっと認識し続けてもらうことは困難です。2つ目の方法として、例えばエッセーの中で、就きたい教授の名前を挙げることが可能です。大学院・専攻によっては、

出願書の中で、就きたい教授の名前を記入できるところもあります。そして3つ目として、すべての書類が出願先に届いた後、就きたい教授へその旨をEメール等で知らせる方法が挙げられます。特に人気のある教授であれば、事前に数多くの応募者から「あなたの研究グループに興味がある」という連絡を受け取っていると推測されます。そのため、出願前に連絡をとっても、応募書類すべてを見ないと合否に関しては何も言えないため、出願完了後に連絡を取ってくれ、と言われる場合があります。だからこそ、すべての書類が届いた後に連絡を取ることは大切です。

ほかには、キャンパス訪問をする場合、その旨を直接伝える方法もありますし、もちろん、すべての方法を組み合わせても良いでしょう。いずれにしても、「あなたの研究グループに興味があって出願しました」というシグナルを、その教授に送ることが重要です。

新たな追加情報を送る

すべての書類を提出した後、新たに更新したいことや書き加えたいことが出てくるかもしれません。例えば、TOEFLやGREの点数が最低必要点数を越えた場合、もしくは点数が大幅に上がった場合です。また、奨学金を獲得できたという情報は、合格率を上げる非常に大きな要素になります。複数の奨学団体から採用通知をもらえた場合、最終的には1つの奨学団体を選ぶ必要がありますが、複数から採用通知をもらった事実は、出願校にぜひとも知らせるべきです。奨学金は誰でも獲得できるわけではなく、一部の選抜された者のみが授与できるため、特別な応募者という印象を与えることができます。ほかには、投稿論文が採択されたり、新たにインターンシップを始めたりした場合など、基本的にCV・レジュメを更新できる内容であれば、出願先に伝えるべき内容です。追加情報を送る場合には、出願先のアカデミック・コーディネーターに確認してから送付し、届いたかどうかの確認はもちろんのこと、きちんとその情報に更新されたかを確認してください。

Section 6　合否決定のプロセス

　ここまで、アメリカ大学院の入学審査に必要な基本要件を確認し、どうすれば魅力的な出願書類に仕上げられるのか、どのようにTOEFLやGREなどの試験に備えるべきか、また、日本国内で応募できる奨学財団や、出願後から合否通知をもらうまでにできることを紹介してきました。本節では、この章の最後として、合否決定のプロセスに関して、カガクシャ・ネットメンバーの経験から探ってみます。

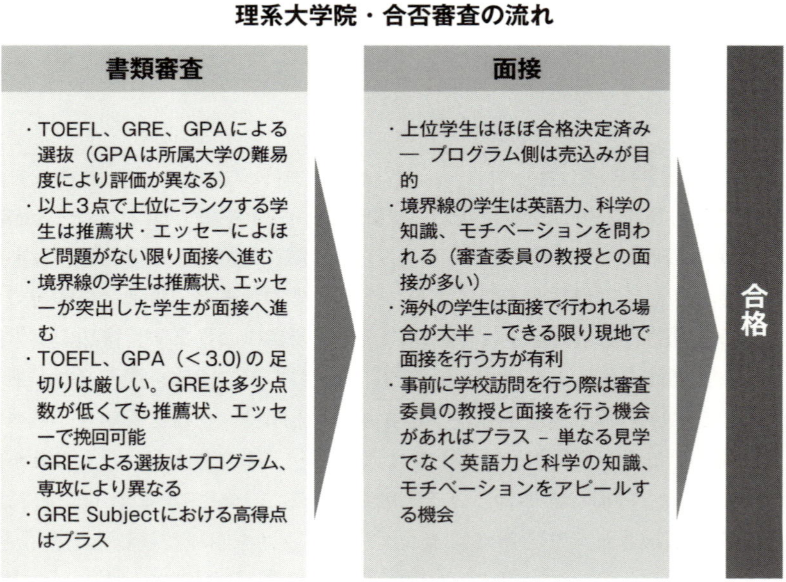

理系大学院・合否審査の流れ

書類審査
- TOEFL、GRE、GPAによる選抜（GPAは所属大学の難易度により評価が異なる）
- 以上3点で上位にランクする学生は推薦状・エッセーによほど問題がない限り面接へ進む
- 境界線の学生は推薦状、エッセーが突出した学生が面接へ進む
- TOEFL、GPA（＜3.0）の足切りは厳しい。GREは多少点数が低くても推薦状、エッセーで挽回可能
- GREによる選抜はプログラム、専攻により異なる
- GRE Subjectにおける高得点はプラス

面接
- 上位学生はほぼ合格決定済み — プログラム側は売込みが目的
- 境界線の学生は英語力、科学の知識、モチベーションを問われる（審査委員の教授との面接が多い）
- 海外の学生は面接で行われる場合が大半 – できる限り現地で面接を行う方が有利
- 事前に学校訪問を行う際は審査委員の教授と面接を行う機会があればプラス – 単なる見学でなく英語力と科学の知識、モチベーションをアピールする機会

→ 合格

図6：アメリカ理系大学院における合否審査のプロセス

　以下は、生物医学系を専攻していた筆者の一人が、大学院生時代に学生代表の一人として、審査委員を務めた経験をベースにしています。各プログラム、または専攻などによって大きく異なることもありますのでご了承ください。

合否決定プロセス

　出願書類の審査は、国内（Domestic：アメリカ・カナダ国民、またはアメリカ永住権を持つ出願者）と海外（International: その他の国籍を持つ出願者）

で、分けて審査が行われます。国内出願者からの書類が時期的に数週間早く集まるため、はじめにその審査が行われます。そして国内出願者の中から面接に呼ぶ学生を決めた後、海外出願者の審査が行われます。国内・海外とで、多少は審査の基準が異なるものの、基本的には似たようなプロセスで選考が行われます。ここでは、読者のほとんどが該当するであろう、海外出願者の審査プロセスについて紹介します。

　海外出願者を大きく分けると、中国からの出願者とその他の2つに分けられます。中国からの出願者はそれだけ多く、海外出願者の中でもまた別枠として審査が行われます。その他の国からの出願者数は、主にインド、韓国が多く、それに加えて、ヨーロッパやアジア他国から数人ずつ、という順が一般的です。

Step1　TOEFL、GPA、GRE

　審査における最初の判断材料となるのは、TOEFLの点数、GPA、GREの点数の3つです。特にTOEFLの最低基準点は明記されていることが多く、一般的にiBTで80〜100点（従来のCBTでは213〜250点、PBTでは550〜600点）が、多くの大学院プログラムで要求されます。よほど特別なケースでない限り、最低基準点に達していない学生は、まず審査から除外されます。合格者全員がこの基準を満たしていたため、TOEFLの必要最低点数は非常に厳格だと考えて良いでしょう。

　次に、GPAが3.0未満の学生が除外されます。また3.0以上であっても、専門科目のGPAが3.0未満の学生は、ほぼ不合格となります。逆に全成績のGPAが2.9でも、専門科目のGPAが3.5以上と専門に強い学生であれば、考慮される場合もあります。国内出願者のGPAの審査は必ずしも一定でなく、例えば一流大学の3.5と無名校の3.5では扱われ方が違います。または、高成績を修めるのが難しいことで知られている大学で3.5を取った学生は、そうでない大学で3.5を取った学生よりも高く評価されます。海外出願者の場合は、GPAの審査は非常に困難を極めます。GPAが4点満点ではなく100点満点だったり、聞いたことのない大学出身、ということが多々あるためです。その場合は、その国出身の学生に聞いたり、出願者の出身大学の評判を聞くことによって、情報を集めます。日本の場合、科学論文などでアメリカでも名が広く知られている大学が多いため、それほど大きな問題とはならないでしょう。

　3つ目の判断材料となるのが、GREの試験結果です。GREの基準は、各大学院プログラムによって異なり、明確に表記されている場合と特に問われない

場合があります。一般的に、VerbalとQuantitativeの合計が1200点、というのが最低ラインとして知られています。しかし、日本を含むアジアの一部やラテンアメリカからの学生で、Verbalの点数が非常に低くても、研究で高い成果を出す学生が見られるため、この1200点ラインはさほど厳格ではないでしょう。1150点を取っていれば、GPAが高ければ出願書類は考慮範囲内に入っていました。逆に1100点まで下がると、GPAに加えて推薦状やエッセーが突出しており、さらには教授陣の中に強力にサポートをしてくれる人がいない限りは、落とされるというのが現状のため、最低1150点は欲しいところです。GREが合計1200点以下の学生でも、GRE Subjectで高い点数を取得した学生は考慮に入れられる可能性が高い、といえます。なお、中にはGREのスコアを全く気にしない、というプログラムや教授もいるため、出願先においてGREがどれくらい重視されるのか、聞いてみることをお勧めします。

Step2 エッセー、推薦状、研究歴、コネクション

最初の選抜を行った後、TOEFL、GPA、GREが突出して優れている学生と、合格ラインに近い学生とで分けられます。前者に当たる出願者のうち、エッセーから学問に対する情熱が読み取れ、推薦状もしっかりしている場合、面接へと振り分けられます。逆に、エッセーがあまりに単調であったり、推薦者がその学生を推していないケースなどがあれば、後者の出願者と同じグループへとまわされます。

審査で最も困難であるのが、まさに合格ライン上の出願者の審査です。ここで非常に重要となってくるのが、エッセーと推薦状です。エッセーに、学問に対する情熱や目的意識がしっかり記されている出願者、または強力な推薦状のある出願者が有利となってきます。推薦状は、もちろん全員が強く推してくれることが一番良いのですが、一通でも突出した推薦状があれば有利になります。例えば、GPAが3.5の出願者が二人いたとしましょう。出願者Aはエッセーや推薦状が平凡だけれどGREは1300点、出願者BはGREは1150点だけれど、エッセーや推薦状が優れている。このような場合、後者の出願者Bの方が面接に進む可能性が高いといえます。

これらの出願書類に加えて、さらに重要となってくる要素が、ほかにもいくつかあります。1つ目は研究歴です。アメリカの大学では、理系専攻者であっても、卒業研究を行うことは必須ではありません。一方日本の大学では、大学4年次の1年間、みっちりと研究を行い、卒業論文を書き上げて口頭発表をし

ます。特にPh.D. 課程へ出願する場合、これは大きなアドバンテージとなります。さらに、共著であっても、論文や学会発表などを行っていれば、十分にアピールすべきポイントでしょう。修士課程を修了してから出願する場合、学部出身の出願者に比べてさらに2年間の研究経験を積んでいるため、非常に大きなアピールポイントとなります。大学・大学院での研究歴に加えて、社会人経験がある出願者は、異なる視点から研究の重要さを認識しているため、これも十分にアピールするべきです。逆に、大学卒業後に数年間のブランクがある場合は、マイナス材料となってきます。出願に至るまで、そして現在はどのようなポジションに所属しているのか、出願書に明確に記すことをお勧めします。

　2つ目は、出願先とのコネクションです。日本の指導教官とそのプログラムの教授が親しかったり、共同研究を行ったことがあったり、または、以前に大学訪問を行い教授陣と会ったことなどがあれば、遠慮なくエッセーを通じてアピールしてください。それが審査員の目に留まれば、該当する教授に意見を聞き、それが審査の重要なポイントとなってきます。つまり、内部に推してくれる人がいることは、かなり大きなプラス材料となってきます。

Memo

国家政策と合格者枠

布施紳一郎

　GREやGPAによる選抜は、その年により募集学生数が異なるため、年毎に異なってきます。例えば、私が審査を行った年は、ブッシュ政権下でNIHの研究費予算が前年と変わらなかったため（よってインフレを考慮すれば、予算は削減されたと同様になります）、研究費取得が厳しくなることが予測されていました。その状況を踏まえた上で、他のプログラムでは合格者数を減らしている、という情報がまわっていました。さらには、前年にこれまでと同様の入学許可を出したところ、入学の意志を固める応募者が突然増え、研究室配属に困った、という問題が発生していました。よって審査委員会の中ではその年度は前年に比べて学生を減らすという方針でした。現在（2010年）はオバマ政権の景気刺激策を受けて研究費予算が一時的に増えています。政権は今後も基礎研究への投資を大きな課題として挙げていますが、国債の急増が問題になっている中、NIHの予算がどのように変わっているのかは不透明です。医学系プログラムにおいては、NIHの予算が学生を何人取れるかに大きく影響していくため、今後も注視していく必要があります。

Step3　面接

　書類審査を通って面接まで進んだ応募者は、ほぼ合格したといえるでしょう。しかし、ここまでたどり着いても油断はできません。

　国内出願者は、大学の経費で大学のキャンパスまで面接に呼ばれ、面接に加

えて、出願先プログラムの学生との交流、大学キャンパス案内などを受けます（Interview Weekendなどと呼ばれます）。プログラム側からすれば、予算を使って遠くから学生を招待しているため、ほぼ受け入れると決めた学生以外は招待しません。むしろ、訪問者たちに入学してもらえるよう、プログラムがアピールする場ともいえます。その一方、書類審査で最後の最後まで合格ライン上の出願者は、教授陣との面接結果や学生との交流などの内容が、最終合否判断に影響を及ぼしてきます。例えば、エッセーから熱意を読み取れなかった出願者には、モチベーションを探るような質問を、学力が問題となりそうな場合には専門的な質問を、人格的に問題のありそうな応募者は在学生との交流具合を、英語力に疑問のある人は英語力を把握するなど、多くの場合はポイントを絞って面接を進めます。そうは言っても、面接まで呼ばれたのであれば、よほどひどい結果でない限りは、合格通知が出るでしょう。

　海外出願者の場合も、書類審査を通れば合格の確率はかなり高くなります。日本からの出願者の場合には、面接の目的はほぼ1つ、英語力を試すためであると予想できます。発音は、相手が理解できる程度であれば良いでしょう。面接官の質問をしっかりと把握でき、適切な答えを丁寧にわかりやすく伝えられるか、ということがポイントになると考えられます。英語でサイエンスのディスカッションができるか、ということを試す面接もあれば、動機などをうまく説明できるかを試す面接もあります。

　日本からの出願者であれば、現地でインタビューを行うことは難しいため、多くの場合は電話面接となります。しかし、可能であれば、現地まで足を運び、直接会って面接を行うことに越したことはありません。他の在学生を交えたイベントなども多く開かれるため、それらを通じて、他の学生と上手くやっていけることをアピールすることも重要ですし、逆に、本当に自分に合ったプログラムを評価する意味でも有意義でしょう。もし、複数のプログラムから面接の依頼があれば、一度の渡米で済ませられるよう、上手く各プログラムに設定してもらうことも可能です。プログラム側からすれば、審査が行いやすくなるため、喜ばれることが多いと思います。出願前に、既にキャンパス訪問を行ったことのある場合は、現地に行って面接を行うことは、大して重要ではないかもしれません。ただ、その訪問の際にプログラムの審査委員会のメンバーと会っておくことがポイントとなるため、あらかじめプログラム側にコンタクトを取って設定してもらうことをお勧めします。

> **Memo**

現地訪問の重要性

布施紳一郎

　私の個人的な体験では、出願先にはあらかじめ一度訪問を行っていたため、電話面接の多くは挨拶程度で終わりました。出願前の秋に出願校を直接訪問し、その際に審査委員の教授陣とインタビューを行いました。インタビューでは私の英語力、研究のバックグラウンドなどをアピールできたため、面接のほとんどは趣味や現地での生活のアドバイスなどの会話で終わりました。面接を行わずにオファーを頂いたプログラムもありました。逆に訪問の際に審査委員と会う機会を逃したプログラムでは、通常の面接のように科学の知識を試す質問などを聞かれました。よって訪問の際は1）審査委員と話す機会を設けること、2）単なる訪問でなく面接であるという意識を持ち下調べをした上で行くこと、が重要となります。

ライバルに差をつけるには

　日本からの出願者が、他国からの出願者に差をつけるには、どのようにすれば良いのでしょうか。これは非常に難しい質問です。当然ながら、その応募者によって答えが異なってくるでしょう。一般的には、日本からの出願者は、他国からの出願者に比べて英語力に苦しみ、GREのVerbalの点数が低いことが不利になるといえます。エッセーにおいても、英語力に加えて、欧米型のエッセーの形式に不慣れな応募者が比較的多いため、総合的に若干不利であると予想されます。さらには、日本の大学の教授は、英語で推薦状を書くことにあまり慣れていない方が多いため、推薦状にも苦労することが多いでしょう。

　その一方で、日本が他国に比べて有利なのは、科学教育の質と研究レベルの高さにあります。日本の科学教育の質の高さは、アメリカの研究者も当然ながら知っており、日本でしっかりと教育を受け、良い成績を残した学生は、非常に高く評価されます。そのため、学部・修士の成績証明書を翻訳する際にも、講義の内容がしっかり伝わるように翻訳することが重要です。さらには、日本はアメリカの大学と異なり、早くから専門化し、その専門を細かいレベルまで学ぶ機会があります。その機会を十分に活かし、理解の深さをアピールすることも可能でしょう。先にも触れた通り、日本の理系学生は、大学4年生の1年間、大学院生と同様に研究室で研究活動に従事し、卒業論文を書き上げます。逆にアメリカでは理系でも卒業研究を行わない学生も少なくありませんし、研究経験が比較的少ないといえます。この点はしっかりアピールすることをお勧めしますし、身に付けた知識・技術・研究プロジェクトの内容と成果を十分に伝えることは、出願に大きなプラス材料となるはずです。

Case 1

「Section 6 合否決定のプロセス」体験談

サマーシップ滞在中に出願。
ラボのボスの推薦状が決め手に

杉村 竜一 *Ryohichi Sugimura*

- ▶留学先大学名／専攻分野
  Stowers Institute for Medical Research／Cell Biology & Genetics：細胞生物・遺伝学
- ▶年齢（出願当時）／性別
  24歳／男性
- ▶学部から現在までの経歴
  2008年 大阪大学医学部医学科卒。2008年Stowers Institute for Medical Research（Ph.D. program）在学中。

Chapter 3の体験談（p.146）で、留学を希望するプログラムを見学したことを述べました。目的は出願書類の詳細を聞くこと、実際にそこに所属している院生に会うこと、熱心さをアピールすることでした。ここではその結果得られた、合格する出願のコツをまとめます。

University of Michigan, Program in Biomedical Science（Ph.D. program）

現地でプログラムディレクターに会って出願のアドバイスを聞きました。出願書類の中では、GREやGPAよりも、推薦状やエッセーの方が大事だと知りました。合格するには、書類選考後のインタビューが最も大事で、その形式や「実際に選考から落ちた人の例」を聞けたのが参考になりました。出願するなら、こういった情報を持っていると強みになります。

Kansas University Medical School, Interdisciplinary Graduate Program in Biomedical Sciences（Ph.D. program）

ここでも、現地でプログラムディレクターに会って出願のアドバイスを聞きました。その際、今すぐ出願してくれれば、まだ出願シーズンよりも数カ月前だけれど、特別にすぐに合否判定をしてあげようと言われました。

Stowers Institute for Medical Research, PhD program

第一候補のラボです。サマーシップの学生として、2カ月滞在して研究をしました。この間に、出願しました。この時期、日本にいる同級生は、勤務先となる病院で試験や面接をしています。なんで自分はアメリカにいるんだろう、と苦笑することもありました。ラボでの実験ぶりはずっとボスに見られています。ミーティングでの発言や提案も注目されて（というか試されて）います。このボスから推薦状を

もらって、出願書類はそろいました。

　滞在して1カ月たったころ、面接に呼ばれました。公正を期すために、在籍しているラボの教授をのぞいた、別のラボの教授と順番に面接して、1対1で話します。1人1時間ほどで、3人の教授と話しました。質問されたのは、自分のバックグラウンド、学部で学んだことの内容、これまでの研究経験、今のプロジェクトをどれくらい理解しているか、生命科学で最も権威あるテキスト、*THE CELL*の内容程度の口頭試問、入学後にやりたいプロジェクトの構想などです。ちなみに、口頭試問は事前に説明がなく、抜き打ちで行われました。GRE Subjectの"Biochemistry, Cell and Molecular Biology"の勉強をしたり（スコア88%でした）、普段から自分の分野以外の論文に目を通したりしていたのが幸いしました。*Nature*などの総合誌のダイジェスト版を読むのが効率的でしょう。帰国5日前に、同じ建物にいるプログラムディレクターが直接来て、合格を伝えてくれました。どうやら、この面接と、第一候補のラボのボスの推薦状が決め手になったようです。現在はこのラボで院生をして2年目になります。

Case 2

希望大学院のPIに直接会ってアピール

Y. N.

▶留学先大学名／専攻分野
University of Wisconsin-Madison／Immunology：免疫学
▶年齢（出願当時）／性別
23歳／女性
▶学部から現在までの経歴
2003年春に東京大学農学部獣医学課程を卒業。2008年夏にUW-MadisonでPh.D.課程修了。2008年秋から現在までMount Sinai Medical Centerでポスドク。

私が学部卒業後の進路として、担当教授にアメリカの大学院受験を考えていると伝えたとき、初めは冗談かと思われ、本気で取り合ってもらえませんでした。まだ大学院を終えてからポスドクとしてアメリカに渡るというルートが一般的だったため、それならまずは日本で大学院を出てからにした方がいいのではないかとも勧められました。しかし、私はアメリカの大学院のシステムそのものに魅力を感じ、学位をアメリカでとる事を決心していましたので、本気であることを話し、推薦状も早めにお願いしました。決心はしたものの、まだまだ情報が少なかった当時は、カガクシャ・ネットのメーリングリストに非常に助けられました。そのアドバイスに従って、積極的にPI（principal investigator：研究責任者）に連絡を取り、いくつかの大学院を実際に訪問したことが決め手になったと思います。

■GREやTOEFL対策は早めに開始

まず、アメリカの大学院を受けるために必須なGREやTOEFLですが、私は大学院受験を決心したのが比較的早かったので、それらの試験準備を早めに始めることができました。といっても、卒論の実験や国試の準備なども忙しく、時間を見つけては問題集を解いたり、サンプルテストを受けたりしている程度で、実際に集中的に勉強を始められたのは締め切りが近づいてきてからでした。特にGREのverbalのセクションは歯が立たず、結果的に点数を上げることはできませんでした。そこで、エッセーや推薦状、レジュメを充実させ、さらに興味のある研究室のある大学をいくつか訪問し、直接会ってアピールすることにしました。

■真夜中過ぎの電話面接

まず、興味のある研究室にメールでコンタクトを取ることから始めました。メールの内容は、大学院進学を考えていることと自分のバックグラウンド、その研究室の仕事に興味のあること、大学院生を受け入れの可能性があるかどうかの打診です。

最初のメールには具体的なことを書きすぎず、金銭的なことも返事が来た場合に限り交渉を始めたほうがいいと思います。返信が来たのは7割くらいだったと思います。返事がない場合には、メールがどこかにまぎれてしまっている可能性もあるので、一週間ほどしてから再度メールを送りました。渡航費負担で面接に呼ばれることもありますが、私の場合は電話面接のみでした。電話面接をしたいとメールにあったのですが、時間がはっきりせず、時差の誤解で真夜中過ぎに電話が来ました！

電話面接の場合は、双方に都合のいい時間になるように、日本と希望大学の時差をはっきりさせておくのもポイントかもしれません。

希望する大学院を訪問してPIにアピール

さて、インタビューへの招待はなかった私ですが、自分でいくつかの大学院を実際に訪問することに決め、誰にいつ面接ができるかなどの日程を含め旅行日程をつめていきました。三都市周遊の航空券で三都市、3つの大学を訪問し、それぞれ2～4学部で会えるだけのPIに会いました。現地に着いてからコーディネーターに電話名簿を渡され、電話してアポイントメントを取ったりもしました。金曜日などは早く帰ってしまうPIも多いので、数日ずつ滞在できるように余裕を持って行きました。面接は形式はいろいろですが、大抵はまずPIのオフィスで自己紹介、なぜその研究室に興味があるかなどを話し、質問などあればそこで直接聞きます。それからPIが研究室を案内してくれたり、研究室のメンバーを紹介してくれたり、話の内容によって、ほかにも会ってみるとよいPIを紹介してくれたりもします。私はTOEFLやGREの点数だけ見て判断されると不利になる状況でしたので、英語は意思疎通が問題なくできる程度には話せ、研究もできることを直接説明しました。やはり直接会ってアピールした所からは、いい返事が早く来たように思います。インタビューへの招待があれば受け入れの確率は相当高いと思いますが、招待がない場合でもこのように自分で訪問することも可能です。私の場合はそれが一番の合格の決め手になったように思います。

ラボに入って初めて参加した学会でラボメイトと。ラボのみなで頑張ってポスター発表にこぎつけた後の記念撮影は最高でした

Case 3

興味があるなら
駄目と決めずにまず挑戦

佐藤 修一 *Shuichi Sato*

▶留学先大学名／専攻分野
　University of South Carolina／Applied Physiology：応用生理学
▶年齢（出願当時）／性別
　34歳／男性
▶学部から現在までの経歴
　1990～1994年　上智大学理工学部化学科（学士）
　1994～1996年　上智大学大学院理工学研究科化学専攻（修士）
　1996～2000年　一般企業（4年）
　2000～2003年　University of Southern Mississippi, Athletic Training（BS）
　2004～2005年　University of Southern Mississippi, Exercise Science（MS）
　The University of South Carolina（Ph.D.課程）在学中

私はPh.D.課程に進学するにあたり、最終的に3校出願しました。そのプロセスは（1）行きたいラボの教授に直接Eメール、（2）レジュメ及び願書提出、（3）電話インタビュー、（4）学校訪問しての面接、とどこもほぼ同じ段階を踏みました。

■ 希望するラボの教授にコンタクト

　私の専攻は修士号を取ってからPh.D.課程に進むことが通常です。Ph.D.課程ではすぐにラボに所属して研究を行うため、出願時に希望するラボが次年度Ph.D.課程の大学院生を受け入れる予定があるかを確認する必要があります。実際、研究資金の都合で来年は受け入れられない、という所がありました。

■ 出願書類を提出

　ラボが大学院生を募集している場合、大学院に願書を、教授にはレジュメを送るよういわれました。前述の通り、私の専攻分野ではPh.D.課程入学後すぐにラボに所属するため、合否決定は受け入れる教授の意見が強く反映されます。従って自分を上手にアピールし、受け入れる教授が話したいと思わせるレジュメを用意するのがポイントです。一般に日本人の書くレジュメは謙虚すぎるので、欧米式のレジュメに精通した方に見てもらうことをお勧めします。

■ 電話インタビューと現地面接

　次の段階は電話面接、学校訪問しての面接、もしくはその両方でした。先方の教授が推薦書を書いた私の恩師に電話をかけたのもこのころでした。この面接では英

語でどれだけコミュニケーションを図れるか探っていたような気がします。というのは、その大学および専攻では、授業を教えるアシスタントシップが大半だったからです。

　電話面接は約20分行われました。内容は簡単なあいさつの後、私が現在何をしているか聞かれました。その後は教授が自分のこと、研究のこと、ラボのことを話してくれました。最後に質問はないか、不安なことはないかなど質疑応答して終了しました。面接中緊張はしましたが、必要ならばゆっくり話してもらい、それでもわからなければ違う言葉で説明してもらって、完璧でなくてもきちんと会話を成立させるようにしました。これが結果的に吉となったと思っています。

　最後に、学校訪問をして面接を受けました。面接は、1日だけで終わった場合と、3日かけた場合がありました。学校訪問中に共通していたことは、希望する教授と1対1の面接、希望する学部、学科の教授陣との複数対1の面接、セミナーの聴講、そのプログラムに所属する大学院生との懇談、キャンパスツアーでした。今思い返しても大変だったと思うことの1つに、ディスカッションがあります。その大学では到着した当日に文献を1つ渡され、翌日その文献についてラボの大学院生とともに通読、ディスカッションをしました。前の晩、文献に目を通したものの、緊張もあってか内容を良く把握できず、どうしようと思ったものです。それでも翌日なんとか質問をし、ディスカッションに参加しました。決して自分がした質問が良かったとは思えませんでしたが、帰り際に教授から「いいディスカッションができた」とささやかれたので、悪くはなかったのでしょう。後日、この大学からアシスタントシップ付きの合格のオファーをいただけました。

　海外の大学院の志望校選定から合格までは、言葉の問題、提出書類の違い、選定プロセスの違いなど、不安とストレスを抱えることが多いかと思います。「自分なんてとても無理」と思う方がいらっしゃるかも知れませんが、多くの方々がこの道を通ってこちらで頑張っています。もし興味があるなら駄目と決めずに挑戦してみるのはいかがでしょうか。

ラボの仲間とその友達で夕食をとった時の写真。彼らとは仲がよく、イベントの度に食事をしたりお互いの家や部屋を行き来したりして、息抜きしています

Chapter 5
合格通知取得後

> ここまで、アメリカの大学院の特徴の紹介にはじまり、どのように出願校を選ぶか、どうやって合格を勝ち取るか、などについて説明してきました。運良く合格を勝ち取ることができた場合、実際にどの大学院プログラムへ進学するかを決めることは、これまで以上に大切な決断になってきます。また、入学校を決めた後は、渡航準備や、プログラムが始まるまでに何をしておくべきかを知ることが、新しいスタートを切るための重要なポイントとなります。

Section 1 | 入学校の選定

複数の大学院から入学許可を得られた場合、有意義な留学生活を送るためには、どのようにして最終的な進学先を決めるべきか、そのプロセスをご紹介します。2年間の修士課程であっても、5〜6年間のPh.D. 課程であっても、共通するポイントは数多くあります。どちらかの課程に固有と考えられるいくつかの事柄に関しては、別々に分析しています。

必ず考慮すべきポイント
1. 財政援助

合格通知と一緒に、財政援助の内容を知らされることが多いため、最初に授業料の免除具合と生活費の支給額についてチェックします。授業料は、全額免除の場合もあれば一部免除の場合もあります。一部免除の場合、自己負担額はどれくらいなのか、その額を何年間払うことになるのかを、概算する必要があります。また、生活費をもらえない場合、もしくは支給額だけでは不十分な場合、その地域の物価を参考にして、自己負担額を見積もってみてください。多くの大学のウェブサイトで紹介されているその地域で標準的な生活を送った場合の年間支出額の目安や、各都市における物価を比較しているCNNMoney.com[*1]の情報は、見積もりの参考になるでしょう。なお、大学やプログラムによって、健康保険も負担してくれる場合と、自分で支払う場合があります。健康保険は学生向けで安くなっていますが、それでも自己負担となると結構な出費[*2]になるため、その点も確認してください。

生活費がTAの給料として支払われる場合、少し注意が必要です。TAの仕

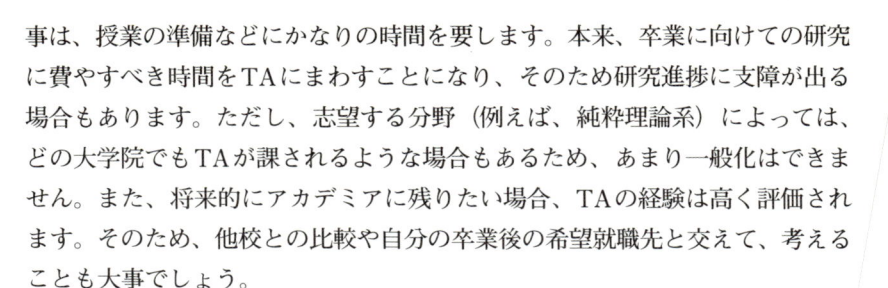

事は、授業の準備などにかなりの時間を要します。本来、卒業に向けての研究に費やすべき時間をTAにまわすことになり、そのため研究進捗に支障が出る場合もあります。ただし、志望する分野（例えば、純粋理論系）によっては、どの大学院でもTAが課されるような場合もあるため、あまり一般化はできません。また、将来的にアカデミアに残りたい場合、TAの経験は高く評価されます。そのため、他校との比較や自分の卒業後の希望就職先と交えて、考えることも大事でしょう。

　アメリカでは財政援助が出たプログラムの中から、最終的な進学先を絞る傾向があります。つまり、合格したすべての学生に財政援助が保証されているのではなく、支援をもらえるところへ進学するため、結果的に多くの人が授業料免除＋生活費支給の待遇を受けている、という図式になります。授業料免除も生活費の補助もなしに第一志望に合格した場合、果たして将来の自分への投資として見合うのか、じっくり考えてみてください。入学後の努力によって財政援助がもらえる場合もありますし、とりあえず財政援助の出る修士課程をどこかで終えた後、改めてPh.D.課程に出願する、という選択肢も出てくるかもしれません。

2．指導教官・研究室の選択

　入学前にあらかじめ、指導教官を決めるプログラムの場合、合格校の中から、自分の希望する教授のもとで研究できる大学院が最優先となるでしょう。ただし、万が一入学後に指導教官と合わないとわかったとき、ほかに興味のある研究室がないと、非常に辛い状況に陥ると考えられます。そのため、興味のある研究室が複数ある大学院の方が、将来的なリスクを最小限に止められます。一方、入学後に指導教官を選ぶプログラムの場合、1〜2年目終了時に博士論文研究を指導してくれる教授を選ぶのが一般的です。1つの研究室の受け入れ人数は限られているため、3〜5つほど興味のある研究室がある大学院を選んだ方が、将来的にある程度満足できる研究室に配属される可能性は高いでしょう。

　また、希望する研究室の規模・構成もチェックすべきポイントです。大所帯の研究室なのか、あるいは少人数の研究室なのか、ポスドク中心なのか、もしくは大学院生中心なのかを確認しましょう。また、大きな研究室の場合、主宰

＊1：Cost of living: Compare prices in two cities – CNNMoney.com
＊2：相場として、一般的なプランで年額約$6420（HMO Blue Crossの場合）

教授の補佐役として、Research Associate ProfessorやResearch Assistant Professorが研究室内にいる場合もあります。

研究室のウェブサイトや研究室メンバーの個人サイトがあれば、ぜひチェックすることをお勧めします。このような情報から、その研究室やメンバーの雰囲気が伝わってきますし、研究室メンバーに直接コンタクトを取って、そのプログラム・研究室の風土や、気になる点を聞くこともできるでしょう。

最後に、指導教官とは長い師弟関係となるので、教授の人間性を吟味することは重要です。電話での応対の仕方や、メールへの返信内容などから、ある程度の人柄を推測することはできますし、上で述べたように、直接研究室メンバーに尋ねるのも1つの方法です。

3．コースワークの充実度

アメリカの大学院では、コースワークがかなりのウェイトを占めるため、その充実度は大切なポイントです。特に、修士課程への進学の場合は、最優先事項の1つといえます。また、小規模なプログラムの場合、担当教官の専門分野に特化し過ぎて、数年に一度しか開講されない科目もあるので、Ph.D. 課程であっても注意が必要です。

どんな授業が開講され、どんな内容が取り扱われるかは、各プログラムや担当教官のウェブサイトから、それぞれの授業ページへのリンクが見つかります。シラバスを読むと、その授業の到達目標や詳しい授業内容の配分がわかり、過去の講義資料、宿題や試験問題までも閲覧可能な場合もあります。

4．卒業生の進路状況

アメリカにおいても、就職活動に関してコネクションは大変重要です。もちろん、それだけで就職を勝ち得るのは難しいですが、卒業生が就職して活躍すると、同じプログラムから優秀な学生が欲しいと思われることは多いのです。また、もし就職したい業種や企業などへ行った卒業生がいる場合、生の情報を得やすくなるのも大きなメリットです。　実際、就職を控えている大学院生向けに、卒業生をセミナーに講師として招き、その業界や会社での業務の実情を話してもらったり、就職活動で役に立ちそうな情報を紹介してもらったりする機会が、少なからずあります。アカデミアへの就職を希望する場合も同様に、どのようにすればアカデミック職を勝ち取れるのか、過去の経験者のアドバイスは非常に有用です。

できれば考慮したいポイント

5．大学院生寮の有無・標準的な家賃や物価のチェック

　家賃は生活費に占める割合が大きいため、安全性に問題なければ、リーズナブルな方が良いという方も多いでしょう。アメリカの大学院では、世界中のさまざまな国と地域から留学生が訪れ、土地勘のない留学生が多いことから、大学院が寮やアパートなどを所有している場合があります。留学生が余計なトラブルに巻き込まれないようにという大学院側の配慮でしょう。家賃補助などがあるため、大学院所有の住居の方が、一般のアパートに比べて割安で、大抵の場合、安全性も十分に確保されています。特に自己資金での留学の場合、その地域における標準的な家賃や物価は、考慮したいポイントです。

6．生活環境、ライフスタイルなど

　学位取得を目的とした留学は、長期の滞在になるため、その土地の生活環境やライフスタイルを考慮することは重要です。

　都市部には、アフタースクールの楽しみがあります。コンサート、スポーツ観戦などの各種イベントがあり、美術館や博物館なども多く、買い物に便利で、レストランやバーもたくさんあります。もちろん、郊外でも便利なところもあります。アメリカの場合、一部の都市部を除き、快適な生活を送るために車は生活必需品となります。

　生活環境については、自分で直接訪問してみたり、現地在住の方や以前住んでいた方に尋ねたりするのが、参考になります。長い留学生活において、異文化を学び、刺激を受ける絶好の機会にもなるので、有意義に利用しましょう。

7．治安

　治安は、アメリカにおいては特に重要です。基本的に、大学キャンパス内には、専属の警察（Campus Police: 大学独自の警察で、銃も所持）やセキュリティースタッフがいるので安全です。しかし、一度キャンパスを出てしまうと、日本と変わらないくらい治安の良いところもあれば、残念ながら治安の悪い地区に位置する大学院もあります。治安状況を調べるためには、SpotCrimeなどのようなウェブサイトを活用してみてください。

　基本的には、どんな場所であれ、TPOをわきまえて生活していれば、大きな危険を感じることはないでしょう。例えば、夜遅くの一人での外出は控える

とか、暗い道を一人で歩かないとか、治安の悪い地域には近寄らないなど、非常に基本的な事柄を守るだけで十分に自己防衛できます。一般的に、都市部の方が人口が多く、犯罪発生率は高く、郊外ほど安全という傾向があります。また、大学によっては、夕方から深夜まで、キャンパスに近い範囲内であれば、大学所有の車で無料で送迎してくれることもあります。

8. プログラムの特徴

　Ph.D. 課程の場合、平均成績をB以上に保つ必要があったり、卒業までに関門試験を突破したりする必要があります。そして、数ある大学院・プログラムの中には、多めに入学者を取って、優秀な学生だけを残す、という方針のところもあれば、少人数を採用し、じっくり育ててゆくところもあります。同じ大学院内であっても、各プログラムに依存する場合もあるので、なかなか判断が難しいところですが、Ph.D. 課程学生の卒業率を尋ねることで、ある程度の予想はできるでしょう。

●切るタイプのプログラム

　入学時点でかなり大人数を入学させるプログラムの場合、成績や研究の進捗状況で競争を煽り、一般的に少人数しか生き残れないサバイバル方式が多い傾向にあります。そのような競争型の方が、自分を奮い立たせて頑張れる、という方はチャレンジのしがいがあるでしょう。また、それを突破すれば、大きな自信にもなります。

●育てるタイプのプログラム

　一方、じっくりと腰を据えて、できるだけ気長に成長を見守ってもらえる環境が良い場合、プログラム開始時点で、あらかじめ少人数で採用し、基本的に育てながら最後までしっかり面倒をみるタイプが合っているでしょう。ただし注意が必要なのは、それまではこうした育てるタイプだったプログラムが、大学院の責任者（Dean等）が変わった途端、サバイバル方式の切るタイプに180度方針の転換をすることです。しかし、これは情報収集や予想が難しいと考えられるため、できる範囲内で情報を集め、そこから判断すべきでしょう。

Section 2　入学辞退を伝える

　進学する大学院のプログラムを選んだ後は、なるべく早めに、進学先以外へ入学辞退の連絡をしましょう。もちろん、回答期限が設けてあれば、その期日まではじっくり考えても構いませんし、どうしても結論がでない場合は、回答期限の延長を求めることも可能かもしれません。しかし、一旦結論が出たのであれば、あなたの入学辞退によって、ほかの誰かが合格をもらえる可能性もあるため、素早い行動が求められます。なお、財政援助付きの合格をもらって辞退する場合、一般的には毎年4月15日前後が返信期限と決まっています。

　入学を辞退する場合、アカデミックの世界は案外狭いため、将来どこかでその相手に会う可能性があるかもしれませんので、辞退する意思を先方に丁重に伝え、その後の人間関係を円滑に保つ努力をしておきたいものです。

　ここでは、複数校合格した場合に、やむを得ず断りの連絡を入れる内容のサンプルレターを紹介します。

資料：入学辞退レターサンプル

Dear Professor John Smith,

I am writing this E-mail to appreciate the great offer for predoctoral position from your Ph.D. program at Science University, since I know that your program is highly appreciate in the scientific community as one of the best in the U.S. At the same time, I have been fortunate enough to receive equally great offers from several universities, and apparently I am unable to take favorable actions to all of them. Although selecting one offer from such well-appreciated programs is not an easy task for me, I have decided to accept offer from Nobel University, and join the Ph.D. program in Computational Biology. This is the joint Ph.D. program of Nobel School of Medicine and Chemistry and Mathematics Departments at Fields University that offers me fellowship package including tuition waiver, stipend ($29,000 yearly), and health insurance. Thus, unfortunately I am unable to take a favorable action to your offer. But I hope you can extend your offer to those who are really waiting for hearing from you.

Best regards,
Hanako Yamada

Section 3 | 渡航準備

　進学先と渡米日を決めたら、すぐにでも動き出したいのは、渡米後に住む場所（特に寮の場合）探しとビザの取得です。家賃の高い大都市への留学の場合、経済的な寮の確保は非常に重要ですし、人気も高いためすぐに埋まってしまいます。また、合格通知が遅く届いたり、プログラム開始前に語学学校へ通う場合、一日も早くビザの取得をするべきですが、ビザの面接を申し込むためには、入学校からI-20（学校が発行する正式な入学許可証）が必要だったり、いろいろと準備物が必要です。

住居の手配

　大学院が提供している寮は、キャンパス内やすぐ近くに併設されていることが多く、費用面は非常にお手頃で、セキュリティー面も安心です。また、洗濯場、ジム、パーティールームなどのコミュニティエリア、大型スクリーン、ATM、自動販売機など、さまざまな設備が充実しています。そして、寮には多くの学生が住んでいるため、友達を作りやすい環境にあります。異国においての住居契約はなかなか大変ですし、クレジット・ヒストリーのない外国人の場合、法外な保証金や連帯保証人を要求される場合もあります。そのため、大学が運営している寮の方が、信頼度は高いといえます。その一方、ルームメイトとの相性が問題になったり、特に物価の高い大都市の場合、家賃面での魅力から人気が高いため、すぐに入居分が埋まってしまうというデメリットがあります。

　大学寮でなく、キャンパス外のアパートを借りる場合、大学や地域のウェブサイト・オンライン掲示板から、ハウスメイトや入居を募集しているアパートを探したり、渡米後1カ月間程度の短期入居アパートを確保し、その期間内に自分で歩き回って探す、という方法が考えられます。大学のハウジング・オフィス（Housing Office）や留学生課などを活用して、できるだけ多くの情報を集めるのが良いでしょう。

予防接種など

　アメリカの大学院へ進学する留学生には、州ごとの法律によって、いくつかの接種[1]が義務付けられています。そのため、(1) 予防接種を受けたという証

---

[1]：アメリカの場合、州ごとに法律が異なるため、必要となる予防接種は、各州法で定められている。従って、必要な予防接種の種類などの詳細は、進学先から送られてきた情報で確認する必要がある。

明書、あるいは（2）以前に接種した免疫が、まだ体に残っていることを証明する診断結果（もし免疫がなければ、再度予防接種を受ける必要があります）を、英語で書かれた書類として提出することが必要です。また、母子手帳に接種記録が残っている場合、最寄りの保健所にて、証明書を発行できるか問い合わせてみてください。

万が一書類に不備があった場合、アメリカで予防接種を受け直す必要がある場合があります。また、これらの書類が正式に受理されないと、大学院での授業登録ができなかったり、仮に授業登録ができても、単位がもらえなかったりなど、非常に面倒な事態に陥る可能性があるので、入念にチェックしてください。

パスポート・ビザの申請

パスポートの申請は、原則として、住民登録をしている各都道府県の窓口へ問い合わせてください。また、パスポートの有効期間が短いと、ビザを発給できない場合があります。その際には、まずパスポートを更新してから、ビザの発給手続きを進める必要があります。

ビザ発給手続きに関しては、東京の米国大使館、大阪、那覇の米国総領事館、札幌、福岡の米国総領事館のいずれかにおいて面接を受ける必要があります。パスポート・ビザの申請については、手続きの方法が変更される可能性があるため、必ず最新の情報を関係機関に確認してください。

アメリカへ送る荷物の整理と輸送

渡米後、早急に必要なものはEMS（日本郵便による国際スピード郵便）などで送り、あまり急を要さないものや書籍などの重いものは船便（通常、日本からアメリカへは40日程度）などと分けて送るのが良いでしょう。書籍をEMSで送ると、重量によっては船便と比べかなり輸送費が高くなる場合があります。早急に必要なものでも、渡米日やアパートへの入居日を逆算して、早めに船便で送ることで、輸送費を節約することも可能です。

航空券の手配

これまでに特定のマイレージサービスに加入したことがない場合、留学を機会に加入することをお勧めします。特定の航空会社が運用拠点とし利用しているハブ空港を持っている都市へ留学する場合、その航空会社が加盟するマイレージサービスに加入すると、さまざまな特典が得られるかもしれません。

Section 4　プログラム開始前の準備

　進学先を決定した後、プログラム開始までの間に、どのような準備をしておくべきでしょうか。これまでの大学院留学経験者の体験談から推測すると、これから留学する方の多くにとっても、おそらく予想以上に大変な生活になると考えられます。日本とアメリカでは、やはり言語や文化の違いがあるため、準備をしてもしすぎることはないでしょう。

英語力の強化

　まずは、英語力の強化です。既に大学院出願のために、TOEFLやGREを受け、ある程度の英語力は鍛えられていると思いますが、ここでは専門的な内容を扱う場合について、もう一度考えてみましょう。

　最近では日本の専門書であっても、日本語の専門用語のあとに、英語の専門用語も書いてある場合があります。また専門用語辞典も出版されています。留学前に専門用語を確認しておけば、スムーズなスタートが切れるでしょう。

　また、特にPh.D.プログラムへ進学する場合、専門分野の文献に目を通すなど、より実践的な形での確認が有効です。時間に余裕があれば、発音の確認もしてください。例えば、医学・生物学系の場合において、アミノ酸のイソロイシンは、英語ではisoleucineと綴り、「アイソリューシン」と発音します。つまり、カタカナ表記のまま発音しても、英語としては通じないのです。このような点にも注意することなど、専門分野の英語力を磨いてください。医学・生物学系専攻の場合、一例として、下記のような辞書・参考書が挙げられます。

【辞典】
- 『化学・英和用語集』橋爪斌、原正（編集）　化学同人
- 『生化学辞典 第4版』大島泰郎（著）　東京化学同人
- 『分子細胞生物学辞典 第2版』村松正實（著）　東京化学同人
- 『岩波数学辞典』日本数学会（編集）　岩波書店

【参考書】
- 『医学・生物学研究者のための絶対話せる英会話―研究室内の日常会話から国際学会発表まで』東原和成（著）、Jennifer Ito　羊土社
- 『バイオサイエンス研究留学を成功させる　とっさに使える英会話―留学先

のラボ・国際学会でそのまま使えるフレーズ集』東原　和成（著）、Jennifer Ito　羊土社
・『化学者のための実用英語—旅行・学会・留学』小沢　昭弥（著）東京化学同人

　これ以外にも、実際に書店等で手に取り吟味して、自分に合った本を選んでみてください。

オリエンテーション
　渡米後、授業が始まるまでの１～２週間ほど、オリエンテーションなどの歓迎イベントが目白押しです。この間に、これからはじまる留学生活などの指南を、大学院上級生や、教授や大学院スタッフの方々がしてくださるので、素直に耳を傾けて、情報収集に努めることをお勧めします。また、できるだけ多くの頼りになりそうな上級生と仲良くなっておくと、授業でわからないところを質問できたり、試験前に過去問や試験対策の勉強方法なども伝授してもらえたりするので、非常に助かります。

指導教官との面接
　主にPh.D.プログラムの場合が多いと思いますが、指導教官との面接では、これから研究をするにあたり、研究室で今どういった研究がなされているのかなどの説明を受けたり、研究室から発表された代表的な研究成果の論文などを渡されて、議論したりするのが主な内容となります。その上で、自分がこれから取り組む研究内容を練ることになります。

　以上のように、大学院のプログラム開始前には準備すべきことが非常に多くあります。自分のペースに合わせて、自分風にアレンジしながら消化しましょう。また一旦留学生活に入ってしまうと、時間に追われることも多いと思います。旅行などでリラックスして英気を養うという方法もよいでしょう。

Case 1

「Section 4 プログラム開始前の準備」体験談

大学院入学は1人の力では絶対にできない
お世話になった方々にお礼を

杉村 竜一 *Ryohichi Sugimura*

- ▶留学先大学名／専攻分野
  Stowers Institute for Medical Research／Cell Biology & Genetics：細胞生物・遺伝学
- ▶年齢（出願当時）／性別
  24歳／男性
- ▶学部から現在までの経歴
  2008年 大阪大学医学部医学科卒。2008年 Stowers Institute for Medical Research（Ph.D. program）在学中。

■ 以前通っていたラボで新たなプロジェクトに参加

　合格が決まり、アメリカでのサマーシップから帰国後、医学部卒業までの7カ月を日本で過ごしました。医学部は卒業試験なるものがあり、始めの3カ月はこれに費やしました。そのあとは実習も講義も何もなく、みんな家で国家試験の勉強をするだけです。試験勉強がひと段落したころ、以前通っていたラボに数カ月通い、新たなプロジェクトの立ち上げにたずさわりました。スタッフのメンバーも変わっており、いろいろな人と交流ができました。彼らとは、今でも親しくしています。このとき身に付けた新たな知識や実験技術、それに人とのつながりは、今でもすごく助けになっています。

■ アドバイスをくれた教授や友人にお礼を

　また、出願先を選ぶのにアドバイスをくれた教授や友人を訪問し、お礼を言いました。大学院入学は一人の力では絶対にできないので、多くの人間に支えられることになります。他人の力が必要となる推薦状や情報集めの大事にくらべれば、一人でどうにでもなる試験の重みなんて些細なものです。この入学許可から実際の渡米までの期間はひとそれぞれですが、忘れずに、これまで支えてくれたひとにお礼を言ってまわりましょう。

■ 入学後はとんでもなく忙しい

　入学後は新しい生活が始まり、しばらくはとんでもなく忙しいでしょう。新しい友人もでき、何をしても楽しいと思います。半年もすれば、落ち着いてくるでしょう。そうして、周囲に「日本人の院生が一人もいない」ことに気づきます。実はこれは、じわじわとストレスになります。周囲の中国人院生は、強大なアジア系コミ

ュニティを作っています。彼らに混ぜてもらうのもアリです。楽しいです。また、日本あるいはアメリカに日本人の友人がいれば、互いに連絡をとりあうことでストレスを減らせます。私は、ポスドクとして別の大学に留学している昔のラボメイトと月に数回はスカイプで話をしていました。その人が帰国してからも、交流は続いています。そんなわけで、入学前から「スカイプメイト」を確保しておくのもいいでしょう。

ポイント

1. お世話になったひとにお礼を言いましょう。
2. 新しいことを学びましょう（例：ラボで新しいこと（人）にトライしましょう）。
3. スカイプメイトをもちましょう。

Case 2

未知の世界に踏み込んで行く
わくわく感でいっぱい

岩田 愛子 Aiko Iwata

▶留学先大学名／専攻分野
Purdue University／Cytogenetics & Genomics：細胞遺伝学・ゲノム科学
▶年齢（出願当時）／性別
25歳／女性
▶学部から現在までの経歴
2002年　神戸大学発達科学部人間環境科学科。2006年　神戸大学大学院総合人間科学研究科博士課程前期（修士課程）。2008年8月　Purdue Univ. PULSe program（Purdue University Interdisciplinary Life Science Ph.D. program）。

修士課程も終盤、データをまとめ、修士論文を書いているとき、合格通知は届きました。卒業は3月、渡米は8月。渡米後も研究内容は大きく変わらないので、修士課程の指導教官とも話し合い、渡米までは同じ研究室で研究を続けながら、渡米準備もしていくことになりました。

■ 映画やアメリカのドラマを見て英語学習

　まずは英語に関してですが、留学経験のある友達から、実際の生活ではTOEFLに出てこないような表現やスラングがいっぱいと聞いたので、映画やアメリカのドラマを見たりして、実生活にも役立ちそうな英語を覚えていきました。また、iTunesUでアメリカの大学の講義のビデオをみて、自分の近い将来と重ね合わせたりしていました。

■ ビザの取得や大学の入学手続き

　次に、ビザの取得や大学の入学手続きといった公的な手続きです。6月くらいに大学側からI-20（ビザ取得、渡米に必要な入学許可証）、オリエンテーションの案内、大学のシステムのアカウントの設定方法のお知らせなどが届き、大学院に入学するための手続きが始まりました。

■ メンター制度でアドバイスをもらう

　また、私の所属プログラムでは上級生が下級生に一人ずつ割り当てられ、質問に答えたり、アドバイスをしたりするメンター制度があるので、私にもアメリカ人の1つ上の学年の学生が割り当てられ、メールのやり取りも始まりました。大学近く

のすしの食べられるレストラン、週末の過ごし方、研究の話など、いろいろ教えてもらいました。

留学生向けのオリエンテーションを受ける

渡米直後のオリエンテーションに関してですが、私の大学では留学生向けのオリエンテーションがFall semesterの始まる2週間前、プログラムのオリエンテーションは1週間前にありました。留学生向けのものでは、SSN（Social Security Number）の取得の手続きや、大学の留学生センターへの登録、アメリカでの生活についてのセミナーなどがあり、プログラムでは、実験をする上での安全トレーニングや、図書館のツアー、上級生との交流、また専門科目のテスト、英語のテストなどがありました。専門科目のテストというのは、いわゆるプレースメントテストで、結果に応じて、どのレベルのクラスを取るのか決めるテストです。英語のテストはTAをする必要のある留学生全員が受けるテストで、受からなければ、英語の授業を取らなければいけません。

このように渡米直後からテストもあって、いろいろ大変でしたが、新入生歓迎のピクニックなど楽しいイベントも多く、世界各国からの友達もこのころに一気にできた記憶があります。また、オリエンテーションとセメスターの始めの一週間では、ラボ・ローテーションをする研究室選びもありました。興味のある教授に自分でアポイントメントを取り、研究室訪問をしたり、またローテーションの学生を受け入れてくれるラボが集まってポスターセッションをしたりしていたので、多くの教授陣、上級生とも話し、プログラム全体の雰囲気をつかんでいたと思います。このように合格から渡米、そして学期が始まるまでやることは多かったですが、未知の世界に踏み込んで行くわくわく感でいっぱいだった時期だったと思います。

Case 3

日本企業でインターンを経験。
経営コンサルティングを本格的に意識

T. H.

- ▶留学先大学名／専攻分野
  Georgia Institute of Technology／Aerospace Engineering：航空宇宙工学
- ▶年齢（出願当時）／性別
  24歳／男性
- ▶学部から現在までの経歴
  2004年3月名古屋大学工学部卒業（航空宇宙工学）。2004年8月より、ジョージア州アトランタにあるGeorgia Institute of Technologyの大学院に入学。2006年5月、M.S.（航空宇宙工学）を取得、卒業。2006年9月より、東京にて経営コンサルティングファームに勤務。

■日本企業でインターンに応募

　私は、日本で学部を卒業後、そのまま、アメリカの大学院に入学しました。アメリカの大学院は学期の始まりが8～9月です。私の進学した大学院は8月中旬から秋学期が始まります。日本の大学は3月末で終わるので、4月～8月まで約4カ月間、空白の時間ができます。私は、その間に、ある企業でインターンを経験しました。

　実は、留学を検討し始めるころ、AISECという団体を通して海外でのインターンを希望していたことがありました。しかし、残念ながら実現しなかったため、インターンをしようと考えていました。なぜインターンをしたいと考えていたかというと、最終的には民間企業で働くことを考えていたからです。また、学部に入学するまでに2浪しており、留学すると同年代より計3年遅れるので、なんとか企業での経験を積んでおきたいと考えていた面もあります。

　私はETICというインターンをあっせんしている企業を通してインターン先を探しました。インターンを受け入れてくれた企業は、日本中の工場を集めてデータベースを作り、インターネット上でビジネスマッチングを行う企業でした。日本の製造業を活性化するとの理念の下、大田区などの工場経営者が立ち上げたベンチャー企業です。私は、日本の工場の現場を直接見ることで、概念設計への知見やコスト評価の考え方などが得られるのでないかと期待していました。

■営業サポートと新規事業開拓を経験

　そのインターンでは、営業サポートと新規事業開拓を経験させていただきました。

正直な話をしますと、営業は向いていないと思いました。ベンチャーなので教育制度などなく、自分で行動を起こさない限り誰も面倒をみてくれません。私は何をやったらいいのかわからず、使い物になっていませんでした。次に新規事業開拓の仕事をしたのですが、ここでは、ビジネスモデルを考えたり、調査をしたりで、研究と似ているので、非常にやりやすかったのを覚えています。また、上司にも恵まれました。この上司には、就職はマッキンゼーとかどうかと言われて、自分にはこういった仕事が向いているんだなと思い、経営コンサルティングを本格的に意識した時でもありました。

この企業はインターンを毎年数人受け入れており、インターンのOB会が組織されています。主に勉強会をしているのですが、私もたまに参加をして、インターン時に貢献できなかった分を取り返そうとしています。

▍航空宇宙系の学生団体活動に積極的に参加

また、インターンをやりながら、ネットワークも広げました。学部時代は名古屋におり活発に活動してはいませんでした。東京では、航空宇宙系の学生団体などが活発に活動していることを知り、そういった活動に積極的に参加していました。今でも、そのころ出会った人たちと共にいろいろイベントを企画したり議論をしたりしています。

▍事前の英語学習は重要

1つだけ、後悔していることがあります。それは、早めに現地入りして、語学学校などで英語のブラッシュアップをしなかったことです。私はインターンを渡米直前までやっていいたので、現地で語学学校に行きませんでした。私はもともと英語が苦手なこともありますが、いきなり大学院の授業を英語で受けてもほとんどわかりませんでした。学生の会話にも全くついていけませんでした。何とか授業についていくのに数カ月かかりました。おそらく語学学校に行っても大学院で苦労するのは同じだと思います。しかし、早めに行って英語力を上げておけば、苦労する期間を短くすることはできると思います。その間に失うものは大きいかもしれません。これから留学される方は、事前に語学学校などで英語力をあげておくように計画しておくとよいでしょう。

Column 専門語彙の増やし方

小葦泰治

シソーラスの活用

　シソーラス（thesaurus: 類語辞典、同意語・反意語を掲載）の活用は、専門語彙等を増やすのに有効です。シソーラスは、TOEFL、GREの勉強にも使え、1000円ぐらいで、コンパクトでかなり良いものが紀伊國屋書店の洋書コーナーなどで手に入ります。ある1つの単語に対して、5つほど同意語がいえるぐらいまでになり、ニュアンスの違いがわかって、使い分けもできれば、理想的だと思います。

　例えば、importantだと、同意語として、significant、critical、meaningful、keyからはじまって、もう少し意味を広げて、valuable、momentous、considerable、substantial、もう少し意味を強めて、essential、indispensableなど、また反対語として、trivial、unimportant、insignificant、small、nonessentialあたりは、スラスラと出るようには、なっておきたいところです。Thesaurus.comもお勧めです。

　この応用として、ほかの単語を用いてセンテンスを言い換える、paraphraseという作業を日頃から心がけておくと、文献を読んだり、書いたり、話したり、聞き取ったりするときに大変役立ちます。

効率の良い語彙の増やし方

　効率のよい語彙の増やし方は、接頭語（prefix）、接尾語（suffix）、語幹（root）から語彙を広げていくという方法です。これらは、ラテン語、ギリシャ語がもとになっていて、書き出すときりがなくなるくらい、非常に多くあります。

　この方法が本当の威力を発揮するのが、今まで見たことのない学術用語や専門用語に出会ったときです。そのときに単語を分割することで、意味を推測することができるのです。便利な学習法なので、少し掘り下げて、自分で学習することをお薦めします。まずは基本的な、核心となるものを押さえることが学習のコツです。

　ここでは簡単に紹介しますが、興味を持たれた方は、『徹底攻略TOEIC TEST単語』（川端淳司著、テイエス企画）など、接頭語や接尾語に重点を置いて解説された参考書をご覧ください。

最重要接頭語（prefix）

　まずは以下の15を覚えてください。2つ意味のあるものは、a）、b）で示しています。

1. **ad**=toward（方向、afford など adの変形型もいくつかある）　例：admit（承認する、認める）、adjunct（付加物）
2. **com, con**
   a）with, together（一緒に）　例：company、connect、combine、conspiracy（息を合わせる、共謀、

spire=breath 息) b) utterly（強調） 例：complete
3. **de**
   a) down 例：decrease（減少する）、demolish（破壊、粉砕する）、descendant（子孫、ced, cess=sit) 反対語：ancestor（先祖） b) utterly（強調） 例：demonstrate（論証する）
4. **dis**
   a) off, away 例：distant（遠い）、discourage（落胆させる）、disappoint（失望させる）
   b) not 例：disadvantage（不利）、disagree（一致しない）
5. **ex**=out
   例：exclude（除外する）、exit（出口）、exodus（出国）、extinguish（消す）
6. **in**
   a) inside 例：include（含む）、indent（字下げ） b) not 例：irregular（ir=in、不規則な）、illegal（il=in、違法、leg=law）、impossible
7. **ob**
   a) against 例：objection（反対、異議）、obstacle（障害物） b) off, away 例：obscure（不明瞭な）、oblique（斜めの、遠回しの）
8. **per**=through（通す） 例：perform（演じる）、perambulate（歩き回る、amb=walk）、perceive（気づく、ceive=catch）
9. **pre**=before 例：predict（予言する、dict=say）、preview（試写、view=look）、prelude（前触れ）
10. **pro**=forward（前に） 例：progress（進歩、gress=step）、promote、propose（提案する、pose=put）、promise、program、prolong（延長する）
11. **re**
    a) again 例：repeat、reassemble（再び組み立てる）、reassess（再評価） b) back 例：regress（後退する、gress=step）、reply（返事をする、pli, ply=bend）
12. **sub**=under 例：subway（地下鉄）、submarine（潜水艦）、subcutaneous（皮下の）
13. **trans**=across（越えて） 例：transparent（透明な）、translate（翻訳する）、transport（輸送する）
14. **a**=not 例：atheist（無神論者）、asymmetry（非対称）、abiotic（非生物の）
15. **un**=not 例：unfair（不公平な）、unimportant（重要でない）、unavailable（手に入らない）

否定語を作る接頭辞：in, un, dis

その他に覚えておくとよいもの

16. **inter**=between 例：interrupt（真ん中で遮る、rupt=break）、interfere（干渉する、fer=carry）、interpret（解釈する）
17. **ab**=not 例：abnormal, abduct（誘拐する）、abortion（流産）、abolish（廃止する）
18. **tele**=distant 例：teleportation（遠距離移動、port=carry）、television、telegraph（電報、graph=write）
19. **amphi**=both 例：amphibia（両生類）
20. **bio**=life
21. **chrono**=time 例：chronological order（年代順）、synchronize（同時に起こる）
22. **man**=hand 例：manuscript（原稿、scribe=write）、manicure（マニキュア）、manual
23. **pedi**=foot 例：pedicure（ペディキュア）、pedestrian（歩行者）
24. **poly**=many 例：polygamy（一夫多妻制）、polygon（多角形）、polymer（重合体）、monopoly（独占）

root（語幹）の例として非常に有名なもの

ceive=accept　例：receive（受け取る）、perceive（気づく）、conceive（思いつく）

clude, clust=close　例：conclude（結論する、con=together）、occlude（閉じ込める、oc=obの変形でagainst）、cluster

crypt=hide　例：encrypt（暗号に置換する）、cryptograph（暗号文、graph=write）

dent=tooth　例：dentist（歯医者、ist=person）、denture（入れ歯）、indent（段落の字下げ）

fer=carry　例：interfere、confer（授ける）、refer（参照する）、ferry（フェリー、渡し船）、transfer（輸送する、trans=across）

greg, gress=step　例：progress（pro=forward）、regress（後退する）、congregate（集まる、con=together）、aggregate（集合、ag=adの変形で、方向 =toward）

graph=write　例：photograph、biography、telegraph、cryptograph（暗号文）

ject=throw　例：reject（拒絶する、re=against）、project（投影する、pro=forward）、conjecture（推測する）

mit=send　例：commit（犯す、委託する）、remit（送る）、submit（提出する、sub=under）、transmit（伝達する、trans=across）

pel, pulse=push　例：repel、repulsive（反発する、re=back）、propel、impulse（衝動）

port=carry　例：teleportation、portable（持ち運び可能な）、report（報告）、transportation（輸送、trans=across 越えて）

scribe=write　例：describe（記述する、de=down）、manuscript（原稿、manu=hand）、subscribe（購読する、sub=under）、transcript（写し、成績証明書、trans=across）

＊本コラムの詳細版は、カガクシャ・ネットのウェブサイト（http://kagakusha.net/alc/）に掲載されています。

Part III

インタビュー編

★★★

世界で活躍する研究者からのメッセージ

＊記事中の肩書き等の情報は2010年2月現在のものです。

Interview 1 　　取材・文：杉井重紀、山本智徳　（2009年12月9日　於：平成基礎科学財団）

自分で体験して、これならやれると感じられるものを
見つけることが一番大事

小柴 昌俊
Masatoshi Koshiba

平成基礎科学財団理事長

Profile　　　　　　　　　　　　　　　　こしば まさとし

1926年、愛知県生まれ。東京大学理学部物理学科卒業。ロチェスター大学（University of Rochester）大学院Ph.D. 課程を、18カ月という同大学の最短記録で修了。シカゴ大学（University of Chicago）研究員、東京大学原子核研究所助教授、東京大学理学部教授等をへて、陽子崩壊の観測施設「カミオカンデ」を設立。超新星爆発で発生した素粒子ニュートリノを観測することに世界で初めて成功、ニュートリノ検出による天体物理という新たな学問分野を開拓した功績から、2002年ノーベル物理学賞を受賞。2003年、平成基礎科学財団を設立し、理事長に就任。

ⓒ財団法人平成基礎科学財団

多くの困難にも屈せず、ニュートリノ観測を成功させた「科学者魂」。長い研究生活を経て得た、自分で決めて始めることの大切さを、熱意を込めて語ってくださった。

≫ロチェスター大学に大学院留学した経緯を教えてください

　ロチェスター大学は、物理ではトップレベルではないけれど、当時、私が素粒子実験に使っていたニュークリア・エマルジョンでは、世界で3つの指に入るくらい、飛びぬけてよかった大学でした。そのときに、日本から3人くらいまではロチェスターへ採りたいので誰か推薦してくれと、当時Columbia Universityにいた（ノーベル物理学賞の）湯川秀樹先生の経由で、話がまわってきました。私も、日本でやっていては井の中の蛙になるので、世界のトップレベルのところへ行って修行しなきゃという気になって、大学院2年になったばかりのとき、ロチェスター大学院へ行って、ニュークリア・エマルジョンを本気でやりたいと思ったわけです。

　ところが、日本から3人選ぶというとき、残念ながら私の大学の卒業成績はあまりよくなかった。そこで私は、親しくしていた朝永振一郎先生（のちにノーベル物理学賞）に、私はどうしてもこういう理由でロチェスターに行きたいから、推薦状を書いてくれないかとお願いしたのです。そしたら、「アメリカに行って一番困るのは英語だから、君が自分で英語で推薦状を書いて持っておいで。それを見ていいようだったら、私がサインしてあげるよ」と。それで私は苦心して、この男は成績はあまり良くないけど、それほどばかじゃないよというようなことを書いて、朝永先生のところへ持っていったのです。そうしたら、にやっと笑って、サインしてくれたのです。そのおかげで私は最初の3人の中に入って、ロチェスターへ行けたわけです。

≫1年8カ月という記録的な早さで学位をとったそうですね

　ロチェスターで、リサーチ・アシスタントとしてもらったのが1カ月120ドル。生活はとても苦しいものでした。そうしたらアドバイザーに、物理で学位を取ったら月に400ド

ルは保証されているからがんばれ、と言われて。学位を早く取りたくて、寝る間も惜しんで馬車馬みたいに働いて、短い期間で学位をとることができました。

≫アメリカに来て苦労したことはありましたか
　英語はつらかったねえ。8月にロチェスターに着いて、その年の暮れくらいまで、英語のことでしょっちゅう頭がガンガンしているようなつらさでした。最初に会った人には必ず、"Please speak slowly and clearly." と頼んでいました。それでもだんだんと慣れてきて、そのうちに英語でけんかもできるようになったし、ジョークを言って笑わせることもできるようになったけれどね。慣れだからね、言葉は。他に方法がなければその言葉を使うしかないです。

≫海外に留学してよかった点は何でしょうか
　英語でコミュニケーションできるようになったこと。これは科学者としてものすごく大きなことです。悲しいことだけれど、日本語だけでは世界の科学者とコミュニケーションできないです。国際会議はどこへ行っても英語。それが使えるか使えないかは、大きな違いですね。

≫今後面白そうな研究分野・テーマがあれば教えてください
　とても難しいことだけれど、京都大学の山中先生たちが立派な研究をしているでしょう。バイオサイエンスですね。非常に大きな未来がありそうです。

≫これから留学を目指す人へのメッセージをお願いします
　誰か偉い先生や親に、お前この道を進めとか、ここへ留学して勉強しろとか言われて、それに従うだけでは、僕は将来を期待できないと思います。自分で実際に体験して、あ、これは僕やりたい、これなら私にやれそうだと、自分で感じられるものを見つけることが一番大事です。それを見つけさえすれば、それをやっている間は、止めようなんて気は起きない。なんとかしてその困難を乗り越えちゃう。人から与えられたものは、困難に出会うともうこれはできないと、あきらめてしまう。だけど自分でやるんだと決めて始めたことは、困難に出会ってもあきらめないのですよ。そういうことを選ぶのが、人間として一番成功する道ではないかと思います。

Interview 2

取材・文：杉井重紀（2009年11月24日 於：デューク大学）

早ければ早いほどいい。
ためらわないで大学院から留学を

安田 涼平
Ryohei Yasuda
デューク大学メディカルセンター助教授

Profile やすだ りょうへい

1994年慶應義塾大学理工学部物理学科卒業、同博士課程修了。科学技術事業団研究員を経て、コールドスプリングハーバー研究所ポスドク研究員、2005年より現職。ハワードヒューズ医学研究所（Howard Hughes Medical Institute）の Early Career Scientist を兼任。一分子解析でATP合成酵素が回転していることを初めて示した大学院時代の研究や、神経細胞同士が連絡しあう際の分子の挙動を可視化する、現在の研究で知られる。New Investigator Award（Alzheimer Foundation of America）、Career Award at the Scientific Interface（Burroughs Wellcome Fund）など、若手でありながら数々の賞を受賞。

2009年より、ハワードヒューズ医学研究所の Early Career Scientist を兼任している安田博士。全米でトップの若手研究者50人のみが選ばれるこのポジションを、見事獲得した秘訣を伺った。

≫研究留学としてアメリカに来て、英語をどのように克服しましか

　Cold Spring Harbor Laboratoryへポスドクとして行く前に、ウッズホール（Marine Biological Laboratory：ウッズホール海洋生物学研究所）で開かれた神経生物学コースを9週間取りましたが、それが良かったです。日本人が留学して最初に苦労するのは英語ですが、9週間ずっと寝泊りしてやるので、かなり英語ができるようになって、最後の3週間と最初の3週間では、英語力が全然違ってきました。午前中5つレクチャーがあって、その後、午後から夜中まで実験というカリキュラムで、日曜だけ休みでした。ついでにいっぱい友達ができて、今でも重要なネットワークを作っています。それまでは英語が得意ではなかったせいで、セミナーをやっても興味のある人は聞いてくれますが、そうでない人は何を言っているかわからないという感じで見られていました。このコースをとったおかげもあって、留学先のカレル・スボボダ（Karel Svoboda）研に行った時は、インタビューのときは適当だったけど、なんだか急にしゃべれるようになったね、と教授に言われました。

≫海外に来てよかったと思う点は何ですか

　コミュニティーの大きさですね。今、サイエンスといえばアメリカというくらい、圧倒的に規模が大きいです。同じ分野をやっている人が多いので、知り合いになると、いろいろと情報が入ります。神経生物学コースでの同期生も、そろそろ独立している人が出てきて、ポスドクのころとはまた違うコミュニケーションがとれたりするので、そういうつながりは大きいです。それと、論文誌も、アメリカで審査しているところが多いので、そういう意味では編集者（editor）とか査読者（reviewer）にずっと近く、何となくみんながどういうこ

≫研究生活を成功させる秘訣を教えてください

　よく言われていることだと思いますが、最初にこの人はこの分野を専門にやっているというラベルをつけられます。そうすると、何か関連したことをやりたいという人は相談に来るし、そこを起点にコミュニティーを作るということも可能になってきます。その中で、自分自身の役割というか、ニッチ（niche）を見つけるということでしょうか。僕自身は大学・大学院では物理のバックグラウンドがあるということで、すでに他の人と区別されていました。顕微鏡技術を使って神経細胞間のシナプスを見るということで、貢献できているのかな、と。やはり、他の人とやっていることがちょっと違うので、直接競争になりにくいし、そういった利点を生かして最初に何かを発見すれば、その後も物事をやりやすい。2番目以降はけっこう大変なんですよ。そういう意味で自分の場所を作るというのは、大事だと思います。

≫デューク大学で教授陣として、アメリカに残ることを選んだ理由を教えてください

　すごく大きな理由があったわけではありません。カレルの研究室にいて、彼のコネを使おうと思ったら、アメリカでポジションを得ようという方向に自然になりました。日本で独立したポジションはそんなにはないので、独立したポジションを取ろうと思ったら、アメリカのほうが簡単だろうと思います。最初にラボを立ち上げるときも大きなサポートを受けられますし、NIH（National Institute of Health、米国で生物医学系のほとんどの研究資金を配分する国立機関）も若い人に助成金を出すことをためらわない。特に最初の研究費はとりやすくなってきていますし、新しく入ってくる若手向けのサポートは、全体的にアメリカのほうが厚いと思います。

≫これから留学を目指す人へのメッセージをお願いします

　留学をためらわないでほしいです。アメリカやヨーロッパから学べることは沢山あるので、留学の経験はすごく大きい。僕の経験でも留学するなら早ければ早いほどいいという感じがするので、大学院から（海外に）来られるのなら、ためらわないで留学するのがいいと思います。

Interview 3 取材・文:杉井 重紀、平野 節(2009年12月10日 於:パシフィコ横浜 分子生物学会会場)

当たって砕けろ、でいい。
若さに任せて何でもチャレンジを

鳥居 啓子
Keiko Torii

ワシントン大学 生物学部教授

Profile とりい けいこ

1965年生まれ。1987年筑波大学卒業、同大学院生物化学研究科博士課程修了。東京大学博士研究員、エール大学(Yale University)海外特別研究員、ミシガン大学(University of Michigan)博士研究員、ワシントン大学(University of Washington)生物学部助教授(Assistant Professor)をへて、現在同大学教授。2008年より科学技術振興機構さきがけ研究員を兼任。代表的な業績に、植物の気孔のパターン形成を決定する3遺伝子の発見(Science誌)や、表皮細胞から気孔ができる基本的な仕組みの解明(Nature誌)がある。日本女性科学者の会奨励賞などのほか、生物系では女性として初めて日本学術振興会賞を受賞。

アメリカでの独創的な研究実績が評価され、米国のみならず、日本での共同プロジェクトや講演の引き合いも多くなった鳥居教授。研究者を目指す若い人や女性へのメッセージを熱く語っていただいた。

≫海外に来てよかったことは何でしょうか

　博士研究員として過ごした留学先のエール大学では、他のラボの人たちとの交流も盛んで、世界各国から集まった人たちが多く、皆、不安定な研究人生を結構のびのびと楽しんでいました。知らず知らずにして、いろいろなことを学んだような気がします。研究以外の雑用や心配が少なくて済むように、効率よく無駄を省いている環境でした。ポスドクには当然雑用はありませんが、当時急上昇中のDeng教授も、(贅潤な研究費を獲得してくることからか)大講義などを免除されていたように見受けられました。また、事務や研究機材の修理などには専門のスタッフがおり、個々の研究者は自分の研究に集中できる環境がありました。特に大学院生の場合、きちんと研究が進展しているかどうか、何か問題がないか、指導教官とはちゃんとうまくいっているかなど、サポートシステムがきちんとしていることが大きいと思います。私も日本で研究を続けていたら芽が出なかったでしょう。

　日本は不思議な世界で、(出だしの若いときの)一人のボスによって、運命が決まってしまうようなシステムです。アメリカだと、大学院では一般にローテーションという「研究室お試し期間」があり、2～4つのラボを各3カ月ほど体験できます。私のいるワシントン大では、最低、年に一回はCommittee meetingがあり、主査(アドバイザーの教授)と副査数人で、大学院生の研究の進行具合がチェックされます。さらにCommittee meetingには、GSR;Graduate School Representative(大学院プログラムから派遣される教員)という客観的なオブザーバーが含まれています。GSRは中立的な立場から大学院生のクウォリファイ試験やディフェンス試験等が適正に行われているかを監視する役割を担っています。ですので、研究室のボスとうまくいかなかったら、研究室を替われるなど、サポー

ト体制がしっかりしていますね。

≫ワシントン大学に入学するために重要な点は何でしょう
　まず、学部（Undergraduate）の入学は大学のCentral Administrationが行っており、私はノータッチです。所属する2つの大学院Ph.D.課程プログラム（Graduate Program in Biology；生物学プログラム；およびMolecular and Cellular Biology Program-MCB-分子細胞生物学プログラム）の選抜には関わっています。ワシントン大は公立の大学ということもあり、外国人対象のフェローシップ（給与型奨学金）は限られています。Biology Programでは5年間のTAを保証していますが、外国人の場合は語学試験に通らないとTAをすることができなくなりました。ですので、RAを払う教授を見つけることが重要になります。うちの学部の教授の特許利益が寄付され、Hall International Fellowshipという外国人学生専用のフェローシップが最近できたので、チャンスかもしれません。
　MCB Programは全米でもトップレベル、その分きついプログラムで、TAでお金を稼ぐことを認めていないので、研究室配属を決める2年目以降は全部ボスのグラントで雇わなくてはならないのです。ですから教授陣2〜3人がRAを払うと保証しないと、外国人は入れないということになっているようです。全くコネなくして受けると、入学は難しいと思います。どちらにしろ、これまでの研究成果をアピールしたり、実際に訪問するなど、ネットワーキングが重要になると思います。

≫女性を含めてこれから留学をめざす人へのメッセージをお願いします
　これがやりたいということがあった場合は、若さに任せて何でもチャレンジしたほうがいいと思います。ある程度チャレンジしてみないと、自分に何ができて、何ができないのかわからないと思いますから。ただ、もちろん引き際は重要だと思います。アメリカでは、大学院生でも結婚している人は多いし、子どももいたりしますが、日本ではなんとなく、論文が出るまでは休みをとらないとか、就職するまでは結婚はしない、という風潮がありますよね。でも今の時代は、そうしていると結局何もできなくて終わってしまう気がします。
　出産にしたって、日本では、女性は30歳を過ぎたらもう高齢出産、のような世間の雰囲気がありますね。私が第一子を産んだのが37歳の時、第二子は41歳の時ですが、特に年齢や立場を気にしていませんでしたし、(幸い母子とも健康だったので)出産前日まで出勤して、第二子の出産当日にNature誌に論文がpublishされたこともあり、産室で仕事のe-mailをしていました。呆れられてしまうかもしれませんが、好きなことをしたかったのです。やっぱり、当たって砕けろ、でいいんじゃないですか。留学がその対象だったら、どんなに本を読んでも、人に話を聞いても、自分が体験することと、その人が体験したことが同じというのはありえないでしょう。ぜひチャレンジして実行に移してください。

Interview 4　　　　取材・文：小菫 泰治（2009年12月11日　於：ワシントンDC 世界銀行）

人に理科系と文科系の区別などない。
研究者にも社会リテラシーが必要

岩瀬 公一
Kimikazu Iwase
内閣府大臣官房審議官・イノベーション推進室長

Profile　　　　　　　　　　　　　　　　　　　　いわせ きみかず

1979年、東京大学理学部卒業。同理学修士。1988年、ダートマス大学（Dartmouth College）経営学修士。1981年、科学技術庁（当時）入庁、在米日本大使館一等書記官、科学技術庁国際課長、文部科学省初等中等教育局参事官、科学技術振興事業団（当時）国際室長、文部科学省宇宙開発利用課長、科学技術振興機構社会技術研究開発センター研究開発主幹等を経て、文部科学省科学技術・学術政策局科学技術・学術総括官、2009年4月より内閣府大臣官房審議官（科学技術政策、イノベーション担当）、イノベーション推進室長を併任。

ワシントンDCの世界銀行で開かれた 2009 Global Forum: Science, Technology and Innovationのフォーラムで、日本の科学技術を世界に広める上で、大きな役割を果たしている2人の重鎮に、貴重なお話を伺うことができた。

≫ダートマス大学に留学してよかったと思うことと、それが日本でのキャリアにどう生かされているのかということについて、お聞かせください

岩瀬：大学、大学院では理科系で、その後、役所に入って数年してダートマス大学に留学しました。理学部出身で、行政官をずっとやっていたので、勉強することで視野が広がる分野がいいと思って、ビジネスを専攻に選びました。ところが、私が留学から帰ってきたら、「岩瀬さん、あなた理科系でしょう。どうしてビジネススクールに行ったんですか」と言われました。これはアメリカにいた人にとっては、全く理解ができない質問ですね。アメリカでは、学部では理工系に行って、数年働いてからビジネススクールに行くのが、企業で偉くなる王道だと考えられていますから。

　日本では、すべての人が理科系の人と文科系の人に分かれるという認識がありますが、一つ一つの科目に理科系、文科系があっても、人に理科系、文科系などないですよね。一方しかわからなかったら、社会人として役に立ちません。国民・市民の科学リテラシーがないのが問題だと言われていますが、それよりも、研究者の社会リテラシーがない方がずっと問題だと、私はいろいろなところで話してきました。研究者には、世の中についての最低限の常識がない人もいます。理科系の人は理科系のことだけやっているのが当たり前だという、変な常識がありますが、いろんなことを一通り知らなかったら、社会の役に立つ仕事はできません。

≫女性研究者支援について、アメリカの大学の多くでは Association of Women Faculty（AWF）のような組織があります。女性教員同士で助け合いながら、より働きやすい職場にして行こうという動きがあり、非

Part III　インタビュー編

国の施策に頼りすぎず、
問題意識を持って外に出ていくことが大切

黒川 清
Kiyoshi Kurokawa

日本医療政策機構代表・政策研究大学院大学教授

Profile　　　　　　くろかわ きよし

東京生まれ。1967年、東京大学大学院医学研究科修了。ペンシルバニア大学（University of Pennsylvania）医学部生化学科助手、UCLA医学部上級研究員ののち、1973年同校助教授、南カリフォルニア大学（University of Southern California）准教授、UCLA医学部教授を歴任。その後、1989年東京大学医学部第一内科教授、東海大学医学部長・総合医学研究所長、東京大学名誉教授、日本学術会議会長、内閣府総合科学技術会議議員、内閣特別顧問などをへて、日本医療政策機構代表（現職）、政策研究大学院大学教授（現職）。会員・受賞歴に、紫綬褒章、Institute of Medicine of the National Academies of U.S.A.、レジョンドヌール賞など。

Photo credit: Tetsuo SAKUMA

　常に成果が挙がっているようです。日本での試みについてお2人のご意見をお聞かせいただけますか

岩瀬：今、日本の科学技術政策でも、女性研究者の支援が非常に大きいテーマになっています。大学から、こんな取り組みをやってみたいという提案をしてもらって、いい提案を出してくれたところに、幾ばくかの支援をして、それをきっかけに大学が自分で女性研究者の支援を始めるというしくみです。例えば、（アメリカのAWFと）似たような機関を作ったり、女性の研究者が仕事をやりやすいようにメンターシステムを作ったり、あるいは、女子学生が研究の世界に入ってきやすいように、若手の女性研究者が近所の高校に行うなど、いろいろなことをやるわけです。実際にとても評価がよくて、本当にやってよかったと思います。環境整備するだけでなく、女性の研究者を雇ったら、人件費の何割かを出してあげるという、アファーマティブ・アクション（Affirmative action: 肯定的措置、女性などの職場環境における、不利な現状を是正するための改善措置）というのもやっています。

黒川：5年前に、日本―カナダの外交関係樹立75周年で、若手女性研究者の交流プロジェクトを始めました。毎年、双方から2人ずつ1週間ほど訪問するのですが、その中で若い女生徒にロールモデルを見てもらう目的で、必ず中学・高校などでセミナーもするのです。

　このような素晴らしい経験をした研究者たちが、周りの人たちや学会などにこうした経験をどんどん広げ、皆さんにもさせたいという意識が弱いのでは、と感じることがあります。国にばかり寄りかからないで、自分たちでできることを周りに広げることは大切です。大学にもそういう意識は少ないと思います。

≫黒川先生が国レベルでの科学技術政策に関われるようになったきっかけを教えてください

黒川：日本学術会議のサイドになってみて、その周りの状況を見ていると、明らかに科学技術政策の流れが変わってきている。自分がどういう立場になって、何が期待されていて、世

界から見てどうなんだろうと考えたら、自然に、自分がやらなくてはいけないことが見えてきます。多くが、自分たちの研究分野が優れているということばかり主張して、狭い視点から自分の分野に利益を誘導しようとしているけれど、(科学技術政策というのは) そういうことではありません。

≫これから留学を目指される方へのメッセージをお願いします
岩瀬：日本も、昔に比べると豊かになって、大学もいろいろな施設が整って立派になってきたという面もあります。しかし自分の経験からすると、やはり違うところに行って経験するというのは大事だと思います。国内の経験だけでやれる仕事も、多少はあるかもしれないけれども、世界的なレベルで活躍しようと思ったら、外国での経験がなくては難しいでしょう。だから、本当に志のある人は、教育の一部を外国で受けるのは当然だと思います。
黒川：外から日本を見てみると、世界が1つになってきているのに、日本の若い人たちは逆に内向きになっているのがわかります。他の国、例えばベトナム、インド、中国と、1年でもいいから、どんどん交換留学しようというプログラムは、実はいろいろあります。しかし不思議なことに、日本だけ応募者が減ってきているんですね。もう少し視野を広げてみると、すごく大きな経験ができるのに、もったいないです。外に行くと、違う仲間がたくさんできるということが重要です。今はインターネット、メール、SNS、それからメーリングリストもあるので、そのあとすぐにつながりができる。また、こちらから行くだけでなく、向こうの学生も日本に連れて来てもらうという、常に1:1の交換をどんどんしていくと、違う国の子どもや学生たちの受け入れが、日本社会のコミュニティー全体にだんだんと浸透することになります。

　日本は海外の大学への正規留学生が非常に減っていて、たいへん心配です。中国、インド、韓国などを含め、アジアのいろいろな大学から、たくさんの留学生が日本や他国に行くのに、日本は、海外留学の申請も極めて限定的な状態です。1年間でいいから交換留学を積極的にするということが大事です。1年間交流していると、日本からも行くけれど、向こうからも来るようになりますよ。また、日本の大学は、日本語でしか授業していないというところが多いので、せめて2割くらいは、英語で授業しなさいと言いたいです。最初は下手な英語でも、とにかくしゃべらないとうまくならない。そういうことを考えて欲しいですね。

　少なくとも世界の共通語は英語ですから、特に将来、世界のリーダーになろうと思っているような日本の人たちには、TOEICを800点は取らせるくらいに、大学がある程度のことを自発的にするべきだと思います。大学院も同じく、毎年日本から500人ぐらい、海外にPh.D.を取ってらっしゃいと言って留学させて、5年間ぐらいきちんとスカラシップをあげて、生活費も付けてはどうかと思います。その代わり、海外からも500人ぐらいPh.D.を取りにいらっしゃいと日本に招くプログラムをやると、5年、10年のうちに、あっという間に日本は明るい、もっともっと活気のある社会になると思います。

　今のままでは日本だけが完全に鎖国状態で、偏差値秀才だけが増えてしまいます。何が世界に起こっているのか実感がないという人ばかりになって、日本だけ孤独になっていくのは、ちょっと寂しいと思っている人が多いです。ウェブを活用して情報収集をするなら、私のウェブサイトを見るのもいいし、Steve Jobsのスタンフォード大学での2005年度卒業式スピーチを聞いてもいいと思います。若い人たちは自分でしっかり世界を広く見て、外に出

Part Ⅲ インタビュー編

て行くことをおすすめします。

●Part Ⅲ インタビュアー
Interview 1、2、3、5、6、7、8：杉井 重紀（カガクシャ・ネット代表）
1973年、静岡県生まれ。京都大学農学部農芸化学科卒業後、カリフォルニア大学バークレー校聴講生をへて、ダートマス大学分子生物学専攻Ph.D.課程修了。現在、サンディエゴ・ソーク研究所にて上級研究員。メタボリックシンドロームにおける脂肪細胞の役割および、脂肪から採った幹細胞の再生医療への応用に関する論文を発表。

Interview 3：平野 節
1982年、神奈川県横浜市生まれ。東京大学大学院農学生命科学研究科博士課程。

Interview 4：小葦泰治（カガクシャ・ネット、エグゼクティブメンバー）
2001年関西大学工学部生物工学科卒業、京都大学大学院生命科学研究科を中退し渡米、2008年 ニューヨーク大学大学院マウントサイナイ医学部（Mount Sinai School of Medicine of New York University）Ph.D.取得。同年6月よりメリーランド大学薬学部 Computer-Aided Drug Design Center 博士研究員。

Interview 7：遠藤 謙
1978年、静岡県生まれ。慶應義塾大学理工学部機械工学科卒業、同大学院理工学研究科修了。科学技術振興事業団ERATO北野共生システムプロジェクトにて学生技術員、千葉工業大学未来ロボット技術研究センター研究員をへて、現在マサチューセッツ工科大学メディアラボにて博士候補生。人間の解剖学、生理学、バイオメカニクスに基づいたハイテク義足の開発に努める一方で、義肢装具技術を用いた途上国開発活動も行っている。

Interview 5

取材・文：杉井重紀、山本智徳（2009年11月19日 於：MITメディア・ラボ）

独創性とビジョンを
説得力あるポートフォリオを駆使してアピールすること

石井 裕
Hiroshi Ishii

マサチューセッツ工科大学教授、メディア・ラボ副所長

Profile いしい ひろし

1956年、東京生まれ、札幌で育つ。北海道大学電子工学科卒業後、同大学院情報工学専攻修士課程修了。同博士号。電電公社（後のNTT）在籍時代の「クリア・ボード」新技術の開発実績を評価され、1995年よりマサチューセッツ工科大学（MIT）メディア・ラボにて、日本人初のファカルティ・メンバーになる。「タンジブル・ユーザーインターフェース」の業績で、新たな分野を築いた。現在はTangible Media Groupのディレクターとして、学生を指導する。2001年に「テニュア」を取得しMIT教授、2008年よりメディア・ラボ副所長を兼任。2006年、日本人としては初のCHI（Computer Human Interface）アカデミー賞を受賞。

Photo credit: Webb Chappell

さまざまな画期的な発明をし、数々のメディアに登場してきた石井教授。トップ校の教授として、厳しい競争を勝ち抜いてきた経験から、これから留学を目指す人たちへのメッセージをいただいた。

≫マサチューセッツ工科大学（MIT）で教授になるまでの経緯を教えてください。また、MITで一番苦労されたことはどんなことですか

NTT時代に開発した「クリアボード」システムを学会で発表し、それが高く評価され、当時所長のニコラス・ネグロポンテにMITメディア・ラボへ誘われました。10分考えたあと、Yesの返事をしました。ところが、MITに来てからネグロポンテに言われたことは、「今までの君の研究は素晴らしいが、MITでは同じ研究を続けてはならない。ゼロから新しいことに挑戦しろ」。それから、不眠不休で全く新しいテーマを考え抜いて、「タンジブル・ユーザーインターフェース」のアイデアへとつながりました。

非常に厳しい競争の世界なので、苦労の連続ですね。「人の2倍働き、3倍の成果を出す」ことをモットーにしてやってきました。

≫多くの日本人留学生が英語に苦労しますが、先生はどのようにして英語力を身につけられましたか

やはり実践を通してですね。アメリカに来る前から、とにかく英語を使うことです。私は、学生時代は英語はダメでしたが、NTT時代にFENラジオや英語の原書を読み、英会話のテープを肌身離さず聞いていました。

≫MITの大学院プログラムに入学を許可されるために重要な点は、どのようなことですか

アドミッション（Admission）のページにも書いてありますが、基本的にものすごくクリエイティブであることです。とても厳しい競争なので、人目を引く経歴や研究実績、高い

Part Ⅲ　インタビュー編

コミュニケーション能力がないと、まず入れないと思います。

≫石井先生の研究室は、大変人気のある研究室だそうですが、院生の受け入れを許可するために重視する素質や基準はなんですか

　クリエイティビティ、すなわち創造性です。また、技術力に加え、アートやデザインのセンスと、緻密な論理的思考力も重視します。

≫博士課程の大学院生活を成功させるための秘訣を教えてください

　まずは深いオリジナルなフィロソフィー（哲学）とコンセプトがないといけない。2つ目は、それをわかりやすくコミュニケーションする能力。もちろん、実際にものを作れないといけないので、アイデアをすばやく形にする技術力は重要です。しかし突出した成功をおさめるには、深いオリジナルなアイデア、強力なコミュニケーション能力、その2つがキーだと思います。

≫若い研究者が将来成功するためには、どんなことを心がければよいですか

　たぶん一般的なレシピのようなものはないでしょう。今、本当に競争的な世界でクリエイティブにやろうとした場合に、そもそも質問に答えがない。あればその通りみんなやって成功するわけで、それがないところが怖いんじゃないかと思います。成功するには、既存のアイデアや知識を新しい視点から組み合わせることによって、独創的アイデアを生み出すしかないでしょう。

≫今後5～10年の間で面白そうな研究分野やテーマがあれば考えを聞かせてください

　ナノとかバイオも面白いと思いますが、自分の分野以外はわからないです。自分の分野もホットだと思いますが、基本的にデザインの領域、アートの領域にまで踏み込んだメディアは大変面白い。今までやってきたタンジブル・ビッツに限定するつもりは、全くないです。

≫これから留学を目指す人たちにメッセージをお願いします

　何のために留学するのかということを真剣に考えることが、一番大事ではないかと思います。貴重な時間（青春）とお金を使うわけですから、曖昧な目的や期待を持って留学しても、あまり実るものがないでしょう。本当に厳しい戦いをするのであれば、それなりの武装が必要で、それなしに来るというのはおそらく報われないものだと思います。何のためにどこに行くのかを踏まえた上で、しっかりと準備することが大事だと思います。

Interview 6

取材・文：杉井重紀（2009年11月24日　デューク大学）

女性だからといって自分にブレーキをかけないで。
高い意識を持って留学してほしい

篠原眞理
Mari Shinohara

デューク大学免疫学科 助教授

Profile
しのはら まり

1986年京都大学農学部食品工学科卒業後、サントリー入社、1994年 State University of New York at Syracuse 大学院入学、同大学院Ph.D.課程修了。その後、ダートマス大学（Dartmouth College）で博士研究員、ノボノルディスク・プロジェクトリーダー、Dana-Farber Cancer Institute（ハーバード・メディカルスクール）助手をへて、2009年よりデューク大学（Duke University）免疫学科にて助教授（Assistant Professor）。自然免疫反応におけるオステオポンチンの役割や、自己免疫や感染治療への応用の可能性など、画期的な数々の論文を発表。

異なる分野で多くの素晴らしい研究実績をあげながら、自分にブレーキをかけていたため紆余曲折し、念願かなってようやく自分の研究室が持てたという篠原博士。自身の経験から発せられるメッセージは、特に女性にとっての良きロールモデルになるであろう。

≫アメリカの大学院を選んだ理由を教えてください

　もともと基礎研究には興味があったので、大学院にそのまま行くことも考えていたのですが、大学4年のときに学科のすべての女子学生が集められ、「大学院に女の子はいらない」とある教授に言われてしまいました。私も、望まれていないのに行くことはないと思って、深くは考えずに会社に入りました。研究職としての仕事をしていましたが、やっぱり基礎研究がしたいなと思い始めて、いろいろ調べてみると、アメリカの大学院では授業料や生活費が出るという。それに英語も勉強できるということもあり、現実的・経済的な面も含めて、アメリカの大学院へ行くことにしました。

≫英語はどのように克服しましたか

　まだ克服はしていないのですが、（英語のレベルは）2段階あると思います。第一段階は意思の疎通ができるようになるまで、これは日々英語で話すようにするしかない。大学院のときはずっと、アメリカ人のハウスメイト5人と私1人で一軒をシェアしていたので、それはよかったと思います。もう一段上の第二段階は、仕事で使う英語。研究生活では、科学的な文章を書くという、プロフェッショナルとしての英語のレベルが必要になります。これについては、英語が母国語の人たちのための教材で勉強しました。

≫博士号取得後、日本の外資系企業に就職されましたが、その後、なぜまたアメリカに戻ってこようと思ったのでしょうか

　キャリアを早く発展させるという意味では、時間を無駄にしたかもしれません。ずっと基

礎研究に興味があったのですが、「女の子はそんなにがんばらなくていいのでは」というのが日本人の一般的な考え方でしたし、本当にやりたいことに突き進んでいいかというためらいがずっとあったので、結婚を機に日本へ帰りました。でも1年半という短い間に、やっぱり本当にやりたいことをやったほうがいいんだ、と思うようになりました。製薬会社での経験から、自己免疫疾患に関する研究に興味を持ち、ハーバード（Harvard Medical School）へ行くことにしたのです。

≫篠原先生はデューク大学の大学院（Duke University Graduate Program in Immunology）の入試選考委員をされたそうですが、選考の状況について教えてください

2月にデュークに来たので、最終選考の面接に関わったのですが、全体的な雰囲気として、あらゆる意味でよくできる学生を探しているという感じはしました。テストのスコアもかなり重視しています。GREが満点に近いような応募者もいました。しかし、面接で見るのは人間的に円熟しているかどうかです。留学生の割合は1/2〜1/3くらいでしょうか。

≫研究室に入れる大学院生を選ぶときに、重視することは何でしょうか

私自身としては、成績はあまり関係ないと思っています。むしろアドバイスを素直に受け入れられる人です。院の学生はまだ成長段階なので、自分がパーフェクトだと思っている人はなかなかきついと思います。そしてやる気があって、きっちりと一生懸命仕事ができる人。考えて仕事をすることが大事とわかる人。それとわがままでない人。やはりラボは他の人との関係も大事なので、いくら実験ができて成績が良くても、まわりとうまくやれないような人では難しいでしょう。

≫女性として成功する秘訣を教えてください

日本では、女性ということを意識して、むしろ目立たないようにしていましたが、アメリカに来てからは性別をあまり気にせず、一研究者として、一人の人間として、男女の区別なしにやっていくことに重きをおいています。日本では、女性というのを意識しすぎて、何年も自分にブレーキをかけてためらっていたので、すごく時間を無駄にしたと思います。しかし日本も変わってきているし、これからは、女性の方は自分にあまりブレーキをかけないほうがいいのではないでしょうか。

≫これから留学を目指す人にメッセージをお願いします

高い意識を持ってやって欲しいということです。高いというのは、モラルややる気も含みます。勉強や仕事は人から言われたからするのではなくて、大学院やそれから先へ行こうという人には、自分のためにすることなのです。意識を高く持っていれば、人から言われたとか、考えなくなるのではと思います。

Interview 7

取材・文：杉井重紀、遠藤謙（2009年11月23日 於：MIT）

機会を捕まえて飛び出してくる勇気が大事。
後ろはないと思って来なさい

浅田 春比古
Haruhiko (Harry) Asada
MIT 教授、d'Arbeloff Laboratory for Information Systems and Technology 所長

Profile
あさだ はるひこ

1950年、京都生まれ。京都大学工学部卒業後、1979年同大学院博士課程修了。カーネギーメロン大学（CMU: Carnegie Mellon University）研究員、1982年マサチューセッツ工科大学（MIT）助教授（Assistant Professor）。その後、京都大学助教授、1989年MIT 准教授（Associate Professor）を経て現職。「Robot Analysis and Control」「ダイレクトドライブ・ロボット入門」等の著作の他、ロボティクス研究の第一人者として知られる。Ford Professor of Engineering、Dynamic Systems and Control Outstanding Researcher Award (ASME) など、数々の賞を受賞。

ロボット工学の分野で知らぬ者はいないほどの大御所にもかかわらず、非常に気さくな浅田教授。自分の体験談を元にして、留学を成功させるためのポイントをお話いただいた。

≫ カーネギーメロン大学からMITへ助教授として行った経緯と、MITに来て良かった点を教えてください

　MITの Daniel Whitney と前々から交流があって、最初は彼のところへ行きたかったのですが、結局、青天の霹靂でCMUに行くことになりました。その後もWhitneyは私を気にかけてくれて、MITのラボにセミナーをしに来てくれと言われ、何も知らずに行ったらそれがジョブインタビューでした。

　英語は日本人の中ではできた方だと思います。学生で京都にいたとき、外国人の観光客をつかまえて、英語でボランティアのガイドをしていました。実は、Whitneyともそうやって出会ったのです。MITには独特な雰囲気があります。一言で言えば、ダイナミック。トップの大学に時々いる、とんでもなく頭のいい人と仕事ができることが楽しいです。

≫ 今後面白そうな研究分野やテーマを教えてください

　今、私のFunding（研究資金）の2/3くらいはロボティクスで、1/3はバイオです。狙っているのは、Biological roboticsです。そのうち筋肉も作れるようになるでしょう。今は血管系ができるようになってきました。Endothelial cell（内皮細胞）が発育してループを作って、血管のチューブのようなものを作ります。まだ血液を流すところまではいっていませんが、Microfluidics（マイクロ流体工学）の、完全に人口的な環境の中でできるようになってきました。生体は、個々の独立したものがそれぞれのルールによって動いていて、それが集まって1つの機能を発揮します。これは非常に不思議なことで、20世紀の科学がやり残した重要問題の、ナンバー1か2ではないかと思います。

≫MITの大学院に入学して成功している学生の共通点はありますか

　入学時のGPAはオールAがほとんどですが、成功しない人もたくさんいます。優秀なのに成功しない人の半分くらいは、うまくいかない理由ばかり正確にたくさん見つけられる人や、新しいアイデアの欠点ばかり目がいく人です。こういう人は、研究のベースとなる知識は常に変わっていくというダイナミクスがわかっていない。知識を固定的に考えてしまい、結果的に何もできません。

　研究者にとって楽観性というのは絶対必要ですね。知識だけにこだわりすぎない、無知からくる情熱も重要です。また、先生との関係も重要ですから、自分に合っていて、才能を伸ばしてくれる研究室を探すことが大事です。若いときは、何かのきっかけで才能が伸びますから、（教える立場として）そのプロセスをみるのは非常に楽しいですよ。今も、取ったときはあまりたいしたことはないかと思っていたのに、あれよあれよと言う間に伸びている学生がいます。

≫これから大学院留学を目指す人へのメッセージをお願いします

　日本もいいところが沢山あるけれども、もっと飛び出してくる元気な人がほしい。私は日本で学位（博士号）を取った後に来ましたから、出遅れたと思っています。やっぱり学生の間に来ていないとだめだと思います。何かの機会を捕まえて飛び出してくる勇気を持つのは、とにかく大事ですね。飛び出してくるからには後ろはないと思って来ないといけません。私は1、2年で帰るつもりだなんて人には言っていましたが、そうではなく、ここ（アメリカ）でやっていこうと思っていました。

　いくらアメリカが衰えても、英語は残ります。アメリカは悪く言えばドルと英語でもっているようなものですが、（英語圏には）それなりの広さがあります。MITだって、他から来た連中が中心になってやっています。そういう意味では、残念ながら日本語圏の世界は小さいですね。日本語の論文もずいぶん書きました。何にもならなかったとは思いませんが、やはり意味がないです。

　夏休みはこちらだと3カ月ありますが、Summer school / jobという制度があって、大学間の流動性を高めるのに非常にいいと思います。その間の2カ月くらい別の大学の研究室に入って、実験の技術を学び取るとか、そういうところに出かけていく機会でもあれば、指導教官や大学院の先輩に指導してもらえます。レファレンス（推薦状）を書いてもらえるきっかけにもつながります。日本でもこういったExtra curriculumの機会がもっとあれば、その人のやる気や能力が見えてきます。誰かがしつらえてくれた環境の中でレールに乗っているだけでなく、自分で見つけてサマースクールに応募するとか、他の研究室でやってみるとか、そういう機会をどんどん見つけてください。

Interview 8　取材・文：杉井 重紀（2009年12月13日　於：東京農工大学小金井キャンパス）

自分の命は一度しかない。
悔いがないように、より可能性が開ける道を選んで

北澤 宏一
Koichi Kitazawa

独立行政法人科学技術振興機構（JST）理事長

Profile
きたざわ こういち

1943年、長野県生まれ。東京大学理学部卒業。同大学院修士課程修了、博士課程中退、マサチューセッツ工科大学（MIT）材料・冶金専攻 Ph.D.課程修了。MITセラミックス部門研究員をへて、東京大学工学部助手、講師、助教授、教授を歴任。高温超伝導の研究で世界をリードする。2002年、科学技術振興事業団・専務理事に就任、現在、独立行政法人科学技術振興機構（JST）・理事長。日本IBM科学賞、米国セラミックス学会フルラս賞、応用物理学会業績賞、紫綬褒章などを受賞。代表著作に、『科学技術者のみた日本・経済の夢（アドスリー）』等がある。

2009年12月。本書の刊行に先がけて、カガクシャ・ネット主宰、アルク後援の理系大学院留学イベント「アメリカ理系大学院留学セミナー＆世界で活躍する理系人公開インタビュー」が、東京農工大学で開かれた。

第一部は、現役または修了の大学院留学生5人が留学に関するセミナーと質疑応答を行い、第二部は大学院留学経験者で世界的に著名な活躍をされている、北澤博士と東原博士をお招きして、約1時間30分にわたって公開インタビューを行った。日曜日にもかかわらず、多くの参加者が来場し、事後アンケートでも大変好評だった公開インタビューの一部を掲載する。

≫今までを振り返ってみて、海外に行ってよかったと思うことは何でしょうか

北澤：単純明快ですが、海外に行かないと日本が見えないということだと思います。海外に行って初めて、（日本にいるときは）普段、何とも思っていなかったことが、日本の非常に大きな問題点だったり、非常にいい点だったりということが見えてきます。そして今現在、世界は完全にグローバル化されて、日本企業は世界では非常に活躍している反面、日本人自体はグローバル化されていない。そういう問題のために、日本のいろいろな制度が国際化に遅れてしまって、今の日本は、ここ20年、世界に置き去りにされてしまったような国になっているわけです。

　これからの日本をどうするかということを考えるときに、やはり外から見た日本というのがわかるような人たちがやっていかないと、日本を良くする事ができない。そういう観点から考えてみますと、私自身海外に行って日本を見てきたというすごい自信にもなりました。そして海外の人と友達になって、今現在もそのときに作った友達のネットワークというのが役に立つことがあります。海外から日本という国を客観的にとらえることができるようになったということが、留学したことの一番のメリットだったと思います。

東原：僕も北澤先生がおっしゃったことと同じ部分を感じていましたが、もうひとつ大事だ

Part Ⅲ　インタビュー編

人生の決め所には逃げ道を用意しないこと。
迷わずに信念を貫いてがんばって

東原 和成
Kazushige Touhara
東京大学農学生命科学研究科 教授

Profile　　　　　　　　　　　　　　　　とうはら かずしげ

1989年、東京大学農学部農芸化学科卒業。ニューヨーク州立大学ストーニーブルック校（State University of New York at Stony Brook）化学科Ph.D.取得。デューク大学（Duke University）医学部博士研究員。その後、東京大学医学部助手、神戸大学バイオシグナル研究センター助手、東京大学新領域創成科学研究科・准教授を経て、現職。においやフェロモン感知の嗅覚の受容体の研究で、世界トップレベルの成果をあげる。文部科学大臣表彰若手科学者賞、RH Wright Award in Olfactory Research などを受賞。代表著作に『さあ、アメリカ留学！』『医学・生物学研究者のための絶対話せる英会話』（いずれも羊土社）などの理系留学・英語関連書籍がある。

なと思うのは、人間としての社会性が身につくことですね。人間が社会性を獲得するためには、ある時期にある程度、破綻しない程度のストレスがかかる必要があります。例えば、大学入試のときにみなさんは、一生懸命勉強して、すごいストレスがかかって、それを乗り越えてきています。大学院留学の最初の1年目というのは、同じようにいい意味でストレスがかかります。それによって、自分に対する自信ができるのと同時に、周りが見えてきて、社会性ができてきます。簡単な言葉で言うと、自分が成長できるということです。そういったソフトな面でのメリットが非常にあったと感じています。

≫日本人にとって一番苦労することの1つに言葉がありますが、英語はどのように克服しましたか

北澤：当時わが家で、すき焼きパーティーを何度も開きました。また、私は日本ですでに博士課程に行っていたので、その分、経験もあり、他のクラスメートに勉強を教えることができました。こうして毎日彼らと一緒に過ごすうちに、話せるようになったと思います。もう1つは、何をしているときでも、英語でぶつぶつつぶやく。これはいいと思います。たとえば電車に乗って窓の外に景色が見えたら、"Here comes Tokyo Station."、そんな感じで、目に映っている景色を、英語でぶつぶつ言うことをやっていました。

東原：私の場合は、英語を克服しようと思っても、結局できませんでしたね。大学院へ行くとき、それなりにTOEFLなどを勉強したので、（テストの）リスニングの英会話は聞きとれるようになりました。しかし向こうに行ったら、みんなそのとおりに全然しゃべっていない。だんだん自分の英語が良くなってきたなと思えた時期は、同時に論文もいいものが出せるようになってきて、いろんな意味で、研究面で成長していった時期だった気がします。今から思うと、英語は非常にロジカルな言語で、やはり自分の中で論理性というのができ始めてから、ちゃんと英語がしゃべれるようになってきたなと感じます。私の場合は向こうに7年間いて、帰国してから13年になりますが、帰国してからの方が、研究職をやっていく上

での英語力はアップしています。

≫博士課程での大学院生活を成功させる秘訣はありますか
北澤：博士課程というのは単なる大学院生活ではなくて、もう世界の研究の中核部分を担っているわけですから、そういう意味で、自分自身がどのポジションにいるのかというのを、わかっているはずだと思うのです。その中でどうやって自分を確立していくか。それが確立できそうもないと思ったら、なるべく早く研究をやめて、違う生活に入ったほうがいいと私は思います。
東原：博士課程ですから、自分は絶対にPh.D.を取るんだというモチベーションを常に高く持っている必要があります。そういう意味で、精神力を維持することがまず大事です。精神力をつけるために、食生活と、身体を動かすことで、体力面を維持することが、とても大事だと思います。

≫今後留学する人にとって、面白そうな研究テーマを選ぶコツのようなものがあれば、教えてください
北澤：ブレイクスルーは、一見すると全く違った研究分野に、自分の研究技術と知識を新たに取り入れて、溝をうめることによって起こります。その分野の何が急所なのかということを考えて、あえてそれに挑戦していかないと、発見は起こらない。単にサイエンスやネイチャーに論文を出そうという研究レベルには、日本はすでに到達していると思うので、もう一歩先を目指してほしいと思います。
東原：同じように、私はこれからの研究というのはtrans-discipline、つまり異なる学問分野を融合してやっていくというのが、面白い時代だと思います。その中で、われわれは何を本質的にやるべきなのかといったクエスチョンを明確に持つことと、いろんな分野の人が集まって的確なアプローチをとることが大事です。あえて言うならば、今、はやっていることはやらないで、今あまり日が当たっていないようなところで、皆さんが興味のあるところをやり続けると、一生のうちで一回くらいは日が当たる時期が来ます。私はぜひそういうことをやってほしいなと思います。

≫「日本での就職は困難ではないのか」と「日本に戻れないという不安はあるのか」という会場からの質問があります。これについてはどうお考えですか
北澤：もちろん、日本での就職先がないという可能性はあります。ただ、それでもいいじゃないですか。アメリカで就職してしまって、いずれ国籍を取れと言われて取ってしまって、日本が受け入れてくれないんだったら、それでいいと思います。それでも、日本が良くて、どうしても戻って来たいと思うのであれば、定年になったら戻ってくればいいと思います。活躍する間は向こうにいて、定年になったら、日本は安全な国だから戻ってこようという方は、たくさんおられますから。その意味で、戻れないという不安はあまり問題ないと思います。
東原：私の経験からすると、就職が困難な人というのは、他の人との交流をはかっていない人です。特にアメリカにいると民族意識が高くなって、日本人同士で仲良くなったりするの

で、そういう人たちとの出会いを大事にする。私は今でも、アメリカで出会った日本人と、年賀状のやりとりをしています。そういった出会いを常に大事にして、継続することによって、皆さん自身ががんばっていれば、おのずと就職先もチャンスもやってくると思います。逆に就職ができないと言って悶々としている人というのは、閉じこもってしまっている人ではないかと思います。

　私は日本とアメリカとで分野を変えたので、日本で頼れる先生が全くいない状態でした。どうやって職を探したかというと、自分の成果をいろいろな学会で発表して、そのときに知り合った先生方に、今の自分は帰国する意思があると伝えて、何か情報があったらお願いします、と言い続けるしかありませんでした。それを1年か2年くらいやり続けていたら、ある先生に「こういう話があるんだけど、会ってみないか」と言われて、お会いしてポジションをいただいたのです。

≫最後に、これから留学を目指す人へのメッセージをお願いします
北澤：私は留学には3種類あると思います。今、日本人で一番多いのが、お金をはたいて、遊びに行く留学。第二のタイプの留学は、「根あり草」といって、就職してから、日本との関係を保ちながらの留学です。これらの2つは決して悪くない。そんなことができるのは日本人だけだし、チャンスがあれば行くべきです。

　これらに対して第三の道は、大学院の「根無し草」留学というやつで、苦しい道です。私もそうでしたが、皆さんが迷ったら、ぜひこの「根なし草」留学をやってみたらどうですかと言います。しかし、もしも皆さんが安全性を追求して、ご家庭もリッチで、今でもこれからも日本でプリンスとして生きていきたいと思ったら、留学はおやめなさいと言います。今の日本はそういう人の数が多いから、日本は留学する人が減っているのではないかと思います。安全性を重んじて、安定志向でやっていきたい、それで海外へ行くと日本と断ち切られてしまうのではないかと、不安に思ってしまう人が多くいます。

　こういう不安を持っている学生に対してよく言うのは、「この地球もあと30億年もすれば太陽に飲み込まれてしまうから、いずれ人類は消えてなくなるんだよ。自分の命だって一度しかないから、どういう生き方をしたからといって、まぁ大した問題じゃない。だったら、なるべく自分としては面白い道を選んで、いろいろ試して生きたほうが、後になって考えると悔いがないよ」ということです。私は成功してもしなくても、自分がやったと最後に思って死んでいくのが、一番いいと思います。

　私自身の経験からしますと、一緒に育ってきたほかの人たちよりも、自分のほうが実力があったとは到底思えない。しかし、結果的に見ると、私だけが海外へ行っていろんなことを経験しましたし、分野も物理から化学に変わりました。化学の分野へ行くと、あなたは物理のことを知っていますね、物理の分野へ行くと、あなた化学のことを理解していますね、と言われます。そして海外へ行くと、私は日本のことを良く知っているし、日本にいると、海外のことをよく知っている。このことが、私が今まで人生を歩んできた上で、もしかしたら一番評価されたかもしれないなと思うわけです。だからみなさんが迷ったら、より可能性が開けるような道を選んだら、大変だけれども後で悔いはないのではないですか。
東原：私が考えているのと、北澤先生がおっしゃったことと、かなりオーバーラップしています。私が1995年に帰国したころ、まだそれほど留学経験者がいなかったので、留学につ

いて質問をしに来た人がけっこういました。その中で3つパターンがありました。1つ目は留学することを決めている人。2つ目は迷っていると言いながら、おしりをたたくと、ぼーんと留学してしまう人。3番目は、日本の大学院へ行こうか、アメリカの院へ行こうか迷っている人。この3番目の人は結局、ほとんど海外留学しませんでした。そういう人は日本の大学院へ行った後も、迷いながらブラブラしている人が多いですね。二者択一でもないし、道を選ぶものでもないのです。こういう人生の決め所というのは、逃げ道を用意しておくとか、滑り止めを用意しておくとかではないと思います。こうしたいという信念を貫いてほしいですね。

　私のところへ来て、メリットやデメリットは何でしたか、と聞きに来る人は、結局留学しなかった人がほとんどです。そうではなく、結果的にやれる人は、どんな道に進んでも、デメリットをなくして、すべてメリットにしてしまいます。信念を持って留学したいと思って、あまり考えすぎずに一生懸命がんばれば、すべてメリットになると思います。

　あと1つ言いたいのは、これから大学院を受けようという人は、トップ大学を狙う必要はないですよ。トップレベルの大学でないといい研究はできない、と思っている人は多いかもしれません。でもアメリカでは、二流大学でも素晴らしい研究トレーニングをしてくれます。私は点数が足りなくて、二流大学に行きましたが、立派な教育を受けられました。

　皆さんそれぞれが、そういったポテンシャルを持っているんです。いろいろ迷ったりするから、まっすぐ道へ進めないと思うので、信念を貫いて、がんばってほしいです。

東京農工大セミナー会場は、理系大学院留学を希望する熱心な参加者でいっぱいになった

Appendix | 参考情報 ①

●書籍●

『アメリカ留学公式ガイドブック』（日米教育委員会 編著　アルク 刊）
　　在日アメリカ大使館から推薦されている本。毎年春頃にリニューアルされ、留学準備からアメリカ生活までの、基本情報が詰まっている。

『アメリカ大学院で成功を勝ち取る超★理系留学術』（青谷 正妥 著　化学同人 刊）
　　アメリカ滞在20年の間、5大学院で学び15の四年制・二年制大学で教えた筆者が紹介する、アメリカ理系大学院の指南書。

『留学入試エッセー　理系編』（アルク入試エッセー研究会 編　アルク 刊）
　　アメリカ大学院留学には必須のエッセー対策本の理系編。エッセーの構成から合格者たちのサンプルエッセーまで、豊富な例を用いて解説。

『新装版 大学院留学のためのエッセーと推薦状』（カーティス・S・チン 著　アルク 刊）
　　本書はMBA留学・ロースクール留学希望者だけでなく、他の分野でも役立つ入試エッセーと推薦状の効果的な書き方・準備を、多数のサンプルとともに解説している。

●団体・ウェブサイト●

カガクシャ・ネット　http://kagakusha.net/
　　理系大学院留学を応援する、現役留学生・卒業生とそれを目指す人たちのネット上の集い。

日米教育委員会　http://www.fulbright.jp/
　　日米政府出資による教育交流プログラム。公式な米国留学情報を提供し、各種留学セミナーも頻繁に催されている。

Educational Testing Service　http://ets.org/
　　アメリカ大学院留学にはほぼ必須とされる、TOEFL や GRE などのテストを実施している団体。

US News and World Report: Best Graduate Schools
http://grad-schools.usnews.rankingsandreviews.com/
　　最も有名な、アメリカの大学院ランキング（分野別もあり）。$14.95払うと、最長1年間、オンライン上で詳細データも見られる。書籍版も毎年発刊されている。

PhDs.org　http://www.phds.org/
　　大学院選びのコツ、大学院ランキング、大学院修了後の就職活動、さらには求人情報まで、大学院生向けの情報が満載されている。

Graduate Schools & Graduate Degrees Guide
http://www.gradschools.com/
　　アメリカを始めとして、世界中の大学院プログラムのデータベースとリンクが、分野別に掲載されている。大学院出願に関する情報もある。

Peterson's　http://www.petersons.com/
　　アメリカに存在するほぼ全ての大学院プログラムのデータが集められている。書籍版のPeterson's Graduate Schools in the US も刊行されている。

Piled Higher and Deeper　http://www.phdcomics.com/
　　スタンフォード大でPh.D.を取得した作者自身の経験をもとに、典型的なアメリカの大学院生の日常生活を綴った4コマ漫画。アメリカのみならず、世界中に多くのファンがいる。

University Letter Head
Kagakusha University
1-2-3 #456, Nagata-cho,
Chiyoda-ku, Tokyo 987-6543,
Japan

November 1, 2010

Graduate Admissions Committee
Microbiology Doctoral Training Program
Science University
12345 Pennsylvania Ave NW
Washington, DC 00001, USA

Dear Head of Department:

I am proud to have the opportunity to recommend Miss Hanako Yamada as a candidate for admission to your graduate program of Microbiology Doctoral Training Program at Science University. As the Dean of the Department of XXXXX, and through my lectures, practical training of XXXXX, and other extracurricular activities, I have known her well since she entered our program at Kagakusha University in April 1999. In addition, her laboratory has many research projects related to ours. With these points, I can comprehensively evaluate her ambitious personality and excellent research abilities.

She studies virus infection in pregnant mice by various methods including in situ hybridization (ISH), virus titration using cell culture and histopathological methods. With her enthusiasm, she was searching for the best method of ISH signal detection. She often came to our laboratory to ask questions about ISH techniques optimizing for placenta. I was impressed by her enthusiastic attitude. She finally found best methods for placenta, submitted papers about it and presented her results at meetings of the Japanese Society of Veterinary Science in 2001 and in 2002. Hanako also showed ability to understand things systematically through our practice training. Her wide knowledge of pathology such as necropsy helped her with the understanding of anatomical system of animals. She earned all A's in her major fields: virology, immunology, anatomy and pathology. Furthermore, she is liked and respected by her 30 classmates, who elected her the class president of veterinary medicine course. She arranged school festival events for community and study groups for class examinations.

Her only weakness is that she tends to overestimate her endurance and sometimes she planned experimental schedule that was too hard to finish. For example, she used 8 pregnant mice at one time with tight time points. Each mouse had 8 or 9 fetuses and she had to treat 64 fetuses for different treatments (ISH, EM, titration and H&E). However she now recognizes what she can accomplish in a given time.

Finally, I want to emphasize her proficiency in English. She frequently asks foreign graduate students from Argentina, Thailand, Korea, and Pakistan for advice and in return for them, she helps them in Japanese with calling, ordering things or official procedures.

I believe firmly that she will contribute to your department in her research with her broad scientific background and experimental skills and experiences. I strongly recommend Miss Yamada to your department.

Sincerely yours,

Hanako Yamada
Dean: Faculty of XXXXX
Kagakusha University

＊推薦状・エッセー・レジュメ等のサンプルは、合格した出願者の作成文書をもとに掲載しておりますが、表現が英語として必ずしも適当でない箇所があります。あくまで参考としてご利用ください。

A statement of my personal goals

Since I was in kindergarten, I wanted to be a veterinarian because I love nature, animals and all living creatures. I will receive a DVM degree from Kagakusha University in March 2003. I realized the fact that there are many diseases whose treatments are not known through my clinical training. That is why I am interested in the laboratory experiment as a tool for developing the cure for such diseases. In my place as a veterinarian, I am interested in zoonotic infection, too.

The purpose of my graduate study is to become one of the best researchers in the world who tries to clarify what makes us sick, how diseases are developing in animals and in humans. As mentioned above, for many diseases there is still no cure. For this aim, my short-term goal is to obtain knowledge, research techniques and skills to investigate the mechanisms of diseases through my doctoral training. The PhD degree will prove my work as a postdoctoral fellow and then at NIH or International Medical Center of Japan to continue my research clarifying the mechanisms of interaction between cells and pathogens. My goals are to become one of the best researchers and to contribute to the cure for diseases.

I have done research for three years on encephalomyocarditis (EMC) virus infection in pregnant mice in Professor XXX's laboratory. EMC virus mainly causes myocarditis and reproduction failure in pigs. These are problems in farms in USA or in Europe. Although much research has been done on this virus focusing on myocarditis, we focused on the aspect of reproductive failure using pregnant mice model. For the behavior of this virus is similar to that of human enterovirus, it is applicable to human in some parts. Studying EMC virus is effective in both veterinary and human medical areas. The experimental methods we used were histopathology (hematoxylin and eosin stain), virus titration, in situ hybridization (ISH), and electron microscopy (EM). For ISH, I made RNA probe specific for EMC virus protein.

I found that placentas always show higher virus titer and signals detected strongly by ISH were restricted to spongiotrophoblast cells and trophoblast giant cells of placenta. Furthermore, crystalline-like particles (what I believe were virus particles) were observed in those cells with EM. The fact that particular cells were infected with the virus was interesting and I want to study more about these mechanisms. I tried to detect the receptor for EMC virus, VCAM-1, but it was not restricted to particular cells. Apoptosis signals by TUNEL methods were not detected either. Now I am trying to examine these cells using in vitro system. I submitted two papers detailing my findings and attended meetings to present these results. I have obtained fundamental research skills, techniques such as staining methods for histopathological observation, immunohistochemistry, in situ hybridization for detecting RNA and cell culture for in vitro experiments, and knowledge about some viruses, cells and histopathology. To advance with these, I want to study as a graduate student. I am interested in the research of Dr. YYY., mosquito-parasite interaction and pathogenesis and the research of Dr. ZZZ, host-microbe interaction and pathogenesis. I discovered that veterinary medicine in the USA is much more advanced than in Japan in the point that there are many separated departments in that field compared to Japan.

That is also true to other researches. These led me to think about studying in the USA. The broad and specially subdivided programs of AHABS at Science University attracted me. Friends of mine studying veterinary science or veterinary medicine there informed me about the graduate school at Science University. I visited several universities in the USA to look at them by myself and talk to some of the faculty face to face. Science University is my top choice. Talking with some faculties including Dr. AAA, Dr. BBB, Dr. CCC at the Department of AHABS, I realized that I could obtain enough skills and knowledge necessary for my future career. I also met to talk to faculty at Pathology, Medical College. Returning to Japan, I started to research the Veterinary Science Graduate Programs at Science University. I want to work with the projects of Dr. FFF, Dr. GGG, or Dr. HHH.

My research skills will enable me to contribute to your program. Finally I want to emphasize my research purpose of investigation for diseases not only in human but also in animals. I am confident that obtaining a PhD degree in Animal Health and Biomedical Sciences from Science University will be a great help for my future career.

HANAKO YAMADA

1-2-3 #456 Nagata-cho, Chiyoda-ku ~ Tokyo 987-6543, Japan
+81-3-1234-5678   hyamada@kagakusha-u.ac.jp

QUALIFICATIONS

PUBLISHED RESEARCHER AND SCHOLAR with a strong background in Mechanical Engineering and experience in analytical collaboration. Innovative, diligent problem solver who embraces challenges, creating solutions and driving results. Articulate communicator who has written papers and presented them at international conferences. Adaptable individual with global perspective.

Objectives: Ph.D. from Science University, as a foundation for a corporate career in Mechanical R&D.

Technology Skills: MS Visual C++ ~ C, C++, VB (ASP), Java (JSP/Servlet) & HTML ~ LAN / Wireless LAN ~ MATLAB / Simulink, Signal Processing & Control System Toolboxes ~ MS Office

Languages: Fluent in *English* and *Japanese*

EDUCATION

KAGAKUSHA UNIVERSITY, Tokyo, Japan
Bachelor of Engineering - Mechanical Engineering, expected March 2010
- **Thesis**: *Localization and Navigation of Multiple Autonomous Underwater Vehicles*
- **Research**: As a member of Prof. Tanaka's lab, designed experimental setups independently and:
    o Verified the importance of acoustic communication systems for localization.
    o Clarified the impact of the unscented Kalman filter for position estimation.
- **Athletics**: *Captain,* University Tennis Club, 2009 – 2010   /   *Coach,* Swimming Club, 2007 – 2009

TOKYO EIGO INSTITUTE, Tokyo, Japan
School of Intercultural Communication, Intensive English Program, Completion Pending, March 2010
- **Achievements**: Promoted rapidly to Advanced English level due to exceptional fluency.
- **Supplemental**: Completed a separate intermediate English program: writing, logic and critical review.

PROFESSIONAL EXPERIENCE

JAPAN INTERNET SERVER, INC., Tokyo, Japan   2007 – 2009
Technical Engineer, 2008 – 2009 (Part-time)
- Established a successful LAN for a client company, generating $10,000 for *JAPAN SERVER*.
- Developed online file converter applications based on Java.

Server Support Staff Member, 2007 – 2008 (Part-time)
- Achieved zero virus-and-worm rate by safeguarding the server and disseminating user alerts.
- Responded to a wide variety of user support requests and inquiries.
- Promoted to Technical Engineer due to expertise and industriousness.

PUBLICATIONS

- H. Yamada and I. Tanaka: Toward Integrated Acoustic Systems for Underwater Vehicles, *Journal of Oceanic Engineering*, Vol. 1, No. 1, pp.1-8 (2010)
- H. Yamada and I. Tanaka: Experimental Analysis of the Unscented Kalman Filter For Position Estimation, *International Oceanic Engineering Conference 2009*, pp. 123-130 (2009)

AWARDS

- Nanashino Award (#1 Student in Department of Mechanical Engineering)   2010
- Fujisan Foundation Fellowship   2007 - 2010

著者紹介

青木 敏洋 (Toshihiro Aoki) 【担当】Part I/Ch.2-2,3-7, Part II/Ch.1-4,2-1,2-2,3-1
【略歴】p.28 に掲載 【現居住地】Boston suburbs, Massachusetts

私がアメリカ工学系大学院出願の準備をしている時、情報が非常に少なくとても苦労した事を今でも覚えています。手探りで情報を集めて実際に大学院留学を経験（中）した、生の情報・経験がたくさん詰まったこの本には、筆者達の「こんな本が欲しかった」という想いが込められています。この本が読者の方々の出願準備の一助になること、そして皆さんの大学院留学達成を心から願います。

出雲 麻里子 (Mariko Izumo) 【担当】Part I/Ch.2-1, Part II/Ch.3-1,3-2
【略歴】国際基督教大学卒業。Vanderbilt University, Department of Biological Sciences, Ph.D. 課程卒業。繊維芽細胞を用いて概日時計を研究。その後、Northwestern University でポストドクフェロー。ラボの引っ越しに伴い、現在は、University of Texas Southwestern Medical Center に所属。哺乳類の概日時計について、神経科学の観点から分子遺伝学とイメージング及びレポーター技術を用いて研究。 【現居住地】Dallas, Texas

留学準備の手引きだけでなく、最前線の研究紹介や、研究者へのインタビューなど、大変ユニークな内容で、読み物としても面白いと思います。著者達の経験と活かしたい教訓がぎっしり詰まったこの本が、皆さんの留学準備のお役に立てることを、心から願っています。

伊勢 武史 (Takeshi Ise) 【担当】Part I/Ch.2-3
【略歴】高卒だったが25歳で一念発起してコミカレ留学。その後 University of Wyoming に編入し生態学の研究を志す。学士取得後、Harvard University の Ph.D. 課程に進学。在学中に行った温暖化についての研究は Nature 別冊に掲載され、New York Times 紙などで脚光を浴びる。現在は、海洋研究開発機構横浜研究所で、地球シミュレータを用いた気候変動と生態系の相互作用の研究に従事。 【現居住地】神奈川県横浜市

不本意な現状にクサってクダ巻いてた僕ですが、ある日、自分をしばってるのは周囲の環境じゃなく、自分の気持ちに過ぎないと気づきました。価値観を変えれば世界は変わるというわけで、留学生活に飛び込みました。奨学金としていただいた学費と生活費。不思議と経済的な不自由はありませんでした。感謝です。留学中のコツは、自分の能力を過不足なく評価することと、死ぬ気でがんばらないこと。持続可能なペースは大事ですよ。

今村 文昭 (Fumiaki Imamura) 【担当】Part I/Ch.2-1,2-3,3-3,3-4,3-5,3-7
【略歴】上智大学理工学部化学科卒。Columbia University, College of Physicians and Surgeons, Institute of Human Nutrition 修士課程修了。Tufts University, Friedman School of Nutrition Science and Policy, Nutritional Epidemiology Program Ph.D. 課程修了。現在、Harvard School of Public Health, Department of Epidemiology にてリサーチ・フェロー。 【現居住地】Boston, Massachusetts

大学院への進学は、世界のどの課程を選ぼうと、人生を左右する決断となるでしょう。この本から、北米の理系大学院留学について客観的で詳しい情報が伝わることを願っています。また、この本は、留学とは関係なく、北米において、科学者がどのように社会に輩出されているのか、そのヒントをも提供しています。留学についてのみならず、北米の科学者を育成する仕組みの良い点を、日本の教育や社会が吸収することを願っています。

岩田 愛子 (Aiko Iwata) 【担当】Part I/Ch.2-1, Part II/Ch.4-3
【略歴】p.180 に掲載 【現居住地】West Lafayette, Indiana

現在は Ph.D. 取得を目指して奮闘中ですが、日々多くの刺激を受けて、研究や大学院生活を楽しんでいます。渡米することは人生にとって大きな決断でしたが、日本ではできない

著者紹介

ような経験をしたり、教授や仲間との出会いがあったりして、渡米してよかったと今は思っています。この本が大学院留学を考えている、あるいは出願準備をされている読者の方にとって助けになり、励みになるように願っています。

小葦 泰治 (Taiji Oashi) 【担当】Part I/Ch.3-2, Part II/Ch.1-1,1-2,1-3,5-1,5-2,5-3,5-4, Part III/Sec.4

【略歴】関西大学工学部生物工学科卒。Mount Sinai School of Medicine of New York University (Ph.D.)。現在、University of Maryland School of Pharmacyにて、世界第3位のスパコンKrakenなどを用い、創薬ならびに、実験では解析の難しい病気関連タンパク質の原子レベルでのシミュレーション研究に従事。2011年に世界最速となるスパコンBlue Watersプロジェクトにも学外協力で参加。 【現居住地】Baltimore, Maryland

留学を決意し、行動に移す際に思い出して欲しい言葉があります。それは吉田松蔭先生の次の詩です。『志を立てるためには、人と異なることを恐れてはならない。世俗の意見に惑わされてもいけない。死んだ後の業苦を思いわずらうな。また目前の安楽は一時しのぎと知れ。百年の時は一瞬にすぎない。君たちはどうかいたずらに時を過ごすことのないように。』日本の未来を背負って立つ若い方々の世界での活躍に期待しています。

斎藤 広隆 (Hirotaka Saito) 【担当】Part I/Ch.2-3

【略歴】東京大学大学院農学生命科学研究科生物・環境工学専攻修士課程修了後、University of Michigan, Department of Civil and Environmental Engineering, Ph.D. 課程修了（2003年）。その後DOE Sandia National Laboratories, Geohydrology Departmentポスドク研究員、University of California, Riverside, Department of Environmental Sciencesポスドク研究員、日本学術振興会海外特別研究員（UC Riverside）を経て、現在東京農工大学農学部にて特任准教授（日本型テニュアトラック教員）。専門は環境土壌物理学・地球統計学で、土中物質移動および循環の定量評価および解析による地球環境問題や地域農業に関する問題解決のための研究に従事。 【現居住地】神奈川県横浜市在住

世界に出なくとも、日本国内で最先端の研究に触れることができるので、博士号を目指す留学が減っていると言われています。しかし留学の目的は果たして、先端の研究に触れることだけでしょうか。このグローバル化の時代、世界のさまざまな価値観を持つ人たちと知り合い、また日本という国を世界に知ってもらうには、留学することが一番効果的です。本書を手にした若い人たちが、少しでも「留学したい」と刺激を受けますように。

嶋 英樹 (Hideki Shima) 【担当】Part I/Ch.2-4

【略歴】p.21に掲載 【現居住地】Pittsburgh, Pennsylvania

インターネットで手軽に情報を発信できる時代ですので、読者の方々も留学や海外インターンシップなどをされたら、あとに続く人たちのためにもぜひ情報をシェアしてみてはいかがでしょう。カガクシャ・ネットなどのメーリングリストで出願希望者の相談に乗ったりするのもいいでしょうし、ブログを書くのもおすすめです。

杉井 重紀 (Shigeki Sugii) 【担当】Part III/Secs.1,2,3,5,6,7,8

【略歴】p.114に掲載 【現居住地】San Diego, California

主に最後のインタビュー企画を担当させてもらいましたが、世界で活躍している方々は、やはりマインドが違う、とつくづく実感しました。紙面の関係で全てを載せきれなかったインタビューについては、kagakusha.netのホームページで全文紹介しますので、そちらも合わせて参考にして下さい。理系留学を本気で実現させたいという方、留学後も成功したいという方、カガクシャ・ネットへの積極的な参加をお待ちしています。

杉山 昌広 (Masahiro Sugiyama) 【担当】Part I/Ch.2-3
【略歴】1978年埼玉県生まれ。東京大学理学部地球惑星物理学科卒業後、渡米。Massachusetts Institute of Technology, Program in Atmospheres, Oceans, and Climate にて Ph.D. を、MIT Technology and Policy Programにて修士号を取得後、東京大学地球持続戦略研究イニシアティブにて特任研究員として勤務。現在、(財)電力中央研究所社会経済研究所主任研究員。 【現居住地】東京都狛江市

留学するのであれば是非アメリカのディベート文化に触れてください。科学だけではなく、政治から文化までディベートが関連していることがわかると思います。

宋 云柯 (Yunke Song) 【担当】Part II/Ch.3-3,3-4
【略歴】p.184 に掲載 【現居住地】Baltimore, Maryland

アメリカは、普通に暮らす分には、日本ほど快適ではないかもしれませんが、競争を恐れず、努力を惜しまず、日々自分を高めようとする人にとっては、自分の可能性を広げ、多くの見返りを期待できる場所です。世界中から集まった優秀な学生とともに学び、「世界のトップレベル」を知ってみたいと思う方には、ぜひとも留学をお勧めします。本書が読者の皆様の留学準備のお手伝いになれば幸いです。

中山 由実 (Yumi Nakayama) 【担当】Part I/Ch.3-5, Part II/Ch.3-1,4-1,4-2
【略歴】2003年に東京大学農学部獣医学課程を卒業、2003年から2008年夏までUniversity of Wisconsin-MadisonでPh.D.、2008年の秋からMount Sinai Medial Centerでポスドクとして働いています。 【現居住地】New York City, New York

出願当時は毎日カガクシャ・ネットからの情報をチェックして、質問が浮かぶたびに ML に相談していました。些細なことでも経験者の方に答えてもらうと非常に心強く感じた事を覚えています。より多くの人に、アメリカ大学院進学について本当にできるのだ！と実感を持っていただけたらと思います。この経験を通じて、他の分野でのアメリカの大学院のシステムについても知ることができたことは、私自身にとっても大変有意義でした。

布施 紳一郎 (Shinichiro Fuse) 【担当】Part I/Ch.3-1,3-2,3-3,3-4,3-7, Part II/Ch.4-1,4-6
【略歴】慶応義塾大学理工学部卒（2001年）、東京大学院医科学修士修了（2003年）。Dartmouth CollegeにてPh.D. 課程修了（2008年5月、Microbiology/Immunology専攻）。2008年9月より米国ボストンにてヘルスケア専門の戦略コンサルティング・ファームに勤務。欧米大手製薬企業、米国バイオテック企業を相手に新規医薬の開発・商業化、提携・M&A戦略支援、新規市場開拓、営業体制改善などプロジェクトに参画。 【現居住地】Boston, Massachusetts

アメリカ大学院への出願は国内での進学に比べて準備に時間が必要となりますが、留学経験から得られるものはとてつもなく大きなものです。是非挑戦することをお勧めします。

山本 智徳 (Tomonori Yamamoto) 【担当】Introduction, Part I/Ch.1-1,1-2,3-6, Data 1-4, Part II/Ch.4-5, Part III/Secs.1,5　本書全体の編集
【略歴】p.150 に掲載。カガクシャ・ネット副代表 【現居住地】Baltimore, Maryland

私が初めてアメリカの地に足を踏み入れたのは、大学院留学が始まった2004年夏でした。期待と不安の入り交じった気持ちで降り立った、ファーストフードのにおいに満ちた空港が、昨日のことのように思い出されます。あの日から5年半が経過し、今まさに次のステップへと飛び立とうとしています。大学院生活を有終の美で飾れるよう頑張ります。

| 留学応援シリーズ | 理系大学院留学 ──アメリカで実現する研究者への道 |

| 発 行 日 | 2010年3月31日（初版） |
| | 2012年12月10日（第2刷） |

監　　　修	山本智徳（カガクシャ・ネット副代表）
著　　　者	カガクシャ・ネット：青木敏洋／出雲麻里子／今村文昭／岩田愛子／小葦泰治／杉井重紀／宋云柯／中山由実／布施紳一郎／山本智徳
編　　　集	英語出版編集部
表紙デザイン	株式会社 ディービー・ワークス
本文デザイン	香取紅美子（Benny design）
Ｄ Ｔ Ｐ	株式会社 秀文社
印刷・製本	萩原印刷株式会社

発　行　者	平本照麿
発　行　所	株式会社 アルク
	〒168-8611　東京都杉並区永福2-54-12
	TEL：03-3327-1101　FAX：03-3327-1300
	Email：csss@alc.co.jp
	Website：http://www.alc.co.jp/

落丁本、乱丁本は、弊社にてお取り替えいたしております。
弊社カスタマーサービス部（電話：03-3327-1101　受付時間：平日9時〜17時）までご相談ください。
本書の全部または一部の無断転載を禁じます。
著作権法上で認められた場合を除いて、本書からのコピーを禁じます。
定価はカバーに表示してあります。

ⓒ2010 Shigeki Sugii/Tomonori Yamamoto/ALC Press Inc.
Printed in Japan
PC：7010001
ISBN：978-4-7574-1856-1

アルクのシンボル「地球人マーク」です。
地球人ネットワークを創る